M000288615

LA SABIDURÍA DE *Vivir*

Florence Scovel Shinn

TODAS SUS OBRAS

The Collection / La sabiduría de vivir
© Florence Scovel Shinn, 2021
Por acuerdo con Tribeca Books por medio de
Austin Macauley Agency

© Amelia Guevara, diseño de portada
© Joel Cervantes, traducción

UN SELLO EDITORIAL DE

D.R. © Selector, S.A. de C.V. 2022
Doctor Erazo 120, Col. Doctores,
C.P. 06720, Ciudad de México

ISBN: 978-607-453-764-2

Primera edición: enero de 2022

Impreso en México
Printed in Mexico

Índice

6

La puerta secreta hacia el éxito

El poder de la palabra hablada

El juego de la vida y cómo jugarlo

El juego

La mayoría de las personas asume la vida como una batalla, pero la vida no es tal, sino un juego, en el cual, sin embargo, es imposible ganar si no se cuenta con el conocimiento de la ley espiritual. Tanto el Antiguo como el Nuevo testamentos nos proporcionan con una maravillosa claridad las reglas del juego. Jesucristo enseñó que este juego se llama dar y recibir.

"Todo lo que alguien siembra, eso cosechará." Esto significa que aquello que una persona da por la palabra o por la acción, eso recibirá. Si siembra el odio, obtendrá odio; si ama, será amado entonces; si critica, no eludirá de la crítica; si miente, alguien le mentirá; si hace trampas, lo entramparán. Nosotros aprendemos que la imaginación juega un papel primordial en el juego de la vida.

"Cuida tu corazón (o tu imaginación) más que cualquier otra cosa, pues de él manarán las fuentes de la vida" (Proverbios, 4:23). Esto significa que todo lo que una persona imagina se exterioriza tarde o temprano, en su vida. Conozco a un hombre que le temía a una determinada enfermedad, muy poco frecuente y difícilmente contagiosa, pero él la proyectaba sin parar y leía artículos sobre ella, hasta que llegó el momento en que la enfermedad se manifestó en su cuerpo. El hombre murió víctima de su propia imaginación enfermiza.

Nosotros determinamos que, para participar con éxito en el juego de la vida, es necesario enfocar bien nuestra imaginación, porque entonces nuestra imaginación se anima a no representar nada más que el bien. Atrae a tu vida todos los deseos justos por medio de tu corazón, la santidad, la riqueza, el amor, las amistades, la perfecta expresión de ti y la realización de los más altos ideales.

A la imaginación también la llamo *las tijeras del espíritu* porque, de hecho, recorta sin parar, día tras día, las imágenes que uno mismo forma y, tarde o temprano, uno mismo encuentra en el plano exterior las propias creaciones. Para formar convenientemente su imaginación, las personas deben conocer la naturaleza de su espíritu, la forma en como funciona; los griegos afirmaban: "Conócete a ti mismo".

El espíritu posee tres planos: subconsciente, consciente y superconsciente. El subconsciente no es más que fuerza sin dirección. Es similar al vapor o a la electricidad porque realiza aquello que se le ordena; no posee un poder intrínseco.

Todo lo que una persona siente de manera profunda o imagina claramente queda impreso en el subconsciente y se manifiesta en los menores detalles.

Por ejemplo, una mujer que conozco siempre se hace pasar por viuda... desde niña. Siempre viste de negro, con un largo manto, y a sus familiares eso les parece muy divertido y gracioso. Cuando se convirtió en mujer, se casó con un hombre al que amaba intensamente. Al poco tiempo, él murió y ella comenzó a vestir un largo manto de duelo, durante muchos años. Su subconsciente, marcado por la imagen que ella misma se había formado en el pasado, se exteriorizó sin tener en cuenta su dolor.

Al consciente lo he llamado espíritu mortal o carnal porque es el espíritu humano que ve la vida tal y como se manifiesta; se enfoca en la muerte, los desastres, la enfermedad, la miseria y las limitaciones de todos los tipos y fija todo esto en el subconsciente.

Al superconsciente lo llamo el Espíritu de Dios porque en cada ser humano es el plano de las ideas perfectas. Ahí radica el "modelo perfecto" del que habla Platón, el Plan Divino, pues hay un plan divino para cada persona.

"Hay un lugar que usted debe ocupar y que ninguna otra persona puede ocupar; usted tiene una tarea por hacer que ninguna otra persona puede cumplir."

Tenemos una imagen perfecta de esto en el superconsciente. Esta imagen se proyecta a veces como un relámpago en el consciente y parece un ideal fuera de su alcance, algo demasiado bonito para ser verdad. En realidad, este es el destino verdadero del ser humano, proyectado por la Inteligencia Infinita que hay en él mismo.

Sin embargo, muchas personas ignoran su verdadero destino y tratan de forzar las situaciones que no les son propias y que les causarán fracasos y desilusiones en el caso de que lleguen a propiciarlas.

Una joven, por ejemplo, vino a verme para pedirme el "pronunciamiento de la palabra" con la finalidad de casarse con un hombre del que ella estaba muy enamorada (a él lo llamaremos A. B.). Le dije que sería una violación de la ley espiritual el hecho de que pronunciara la palabra para el hombre de elección divina, el hombre que le pertenecía por derecho divino. Y añadí: "Si A. B. es el hombre, usted no podrá perderlo; si no lo es, encontrará a su tiempo al equivalente". Ella se encontraba con A. B. constantemente, pero él no se le declaraba. Una noche, la joven vino a verme y me dijo: "¿Sabe que después de una semana A. B. no me parece tan extraordinario?". Yo le contesté: "Quizá él no sea su hombre en el Plan Divino, y puede ser que haya otro". Poco tiempo después, la joven conoció a una persona que se enamoró inmediatamente y que le declaró que ella era su ideal. De hecho, le dijo todas las cosas que ella había esperado escuchar de A. B. Para esta joven, todo eso resultaba asombroso. No tardó en empezar a responder a sus voces interiores y abandonó por completo su interés por A. B.

Este es un ejemplo de la ley de la sustitución. Una idea justa ha sustituido a una falsa y, en consecuencia, no hubo una pérdida o un sacrificio.

Jesucristo dijo: "Busca el Reino de Dios y Su Justicia y todo lo demás te será dado por añadidura", y afirmó también que el Reino está dentro de nosotros. El Reino es el plan de las ideas justas del modelo divino.

Jesucristo enseñó que nuestras palabras juegan un papel capital dentro del juego de la vida. "Por todas tus palabras serás justificado, y por tus palabras serás condenado."

Muchas personas causan un desastre en sus vidas por palabras desconsideradas.

Un día, una señora me preguntó por qué su vida se había vuelto tan pobre y tan mezquina. Tenía un hogar repleto de cosas bonitas y poseía mucho dinero. Al investigar un poco más, descubrimos que se había cansado de dirigir su casa y que repetía sin parar: "¡Yo no quiero todas esas cosas, a mí me gustaría vivir dentro de una maleta!". A lo que añadió: "Hoy ya se ha realizado eso". Su palabra la había precipitado. El subconsciente no tiene sentido del humor y la gente provoca sus propios males debido a sus bromas.

Tengo otro buen ejemplo: una persona que poseía una gran fortuna se divertía constantemente, y aseguraba que lo hacía así porque "se preparaba para entrar en un asilo". Al cabo de pocos años estaba al borde de la ruina, por haber impreso en su subconsciente la imagen de la mediocridad y de la pobreza.

Por fortuna, la ley tiene doble rasero, y una situación desgraciada puede ser transformada en una ventajosa.

Una consultante vino a mi casa en un cálido día de verano para solicitarme un "tratamiento" para la prosperidad (en metafísica *tratar* significa someterse a la acción de la oración). Estaba agotada, abatida, desalentada y me dijo que sólo le quedaban ocho dólares. Yo le contesté: "Es perfecto, nosotros vamos a bendecirlos y multiplicarlos como Jesucristo multiplicó los panes y los peces". Precisamente por eso Él ha enseñado que todos los hombres tienen el poder de bendecir y de multiplicar, de curar y de prosperar.

—¿Y después qué debo hacer?

—Seguir su intuición. ¿Siente usted atracción por alguna cosa o algún lugar?

Intuición viene de *intueri*, ver desde el interior, es decir, ser enseñado desde el interior. La intuición es la guía infalible del ser humano. Hablaré más detalladamente de sus leyes en otro capítulo. Esta señora reflexionó: "No sé, me parece que debería volver al seno de mi familia; tengo solamente el dinero justo para el viaje de ida". Su familia vivía en un pueblo alejado y pobre; la razón, el intelecto, parecía decirle: "Quédese en Nueva York, encuentre trabajo y gane dinero".

Pero en lugar de eso yo le dije: "Adelante, regrese a su casa, no rechace jamás una intuición", y a continuación pronuncié para ella las siguientes palabras: "Espíritu infinito, abre la vía de la gran abundancia para la señora X, atrae irresistiblemente todo lo que a ella le pertenezca por derecho divino". Le recomendé repetir esta oración sin parar. Ella partió inmediatamente. Algunos días más tarde, en una visita, reencontró a una vieja amiga de su familia. A través de esta amiga, recibió millares de dólares de una manera milagrosa. Después, me dijo lo siguiente: "Cuente la historia de la señora que vino a verle con ocho dólares en el bolso y una intuición".

La abundancia existe siempre en el camino de las personas, pero no puede manifestarse más que por el deseo, la fe o la palabra pronunciada. Jesucristo indicó claramente que es el ser humano quien tiene que dar el primer paso.

"Pida y recibirá, busque y encontrará, llame y se le abrirá." (Mateo, 7:7).

En las Escrituras se lee: "En lo que se refiere al trabajo de mis manos, mándame".

La Inteligencia Infinita, Dios, siempre está lista para realizar los deseos de los humanos, ya sean deseos pequeños o grandes.

O bien, todo deseo expresado o silenciado es una demanda. Podemos asombrarnos al ver un sueño bruscamente realizado.

Un año, por Pascua, viendo bonitas rosas en los escaparates de las floristerías; yo deseaba recibir una y, poco después, me imaginé una rosa depositada ante mi puerta. El día de Pascua me llegó un maravilloso ramo de rosas. Al día siguiente le di las gracias a la amiga que me lo había regalado y le dije que era exactamente lo que había deseado. Ella me dijo: "¡Pero si yo no te envié un ramo de rosas! Yo te envié azucenas".

La floristería había confundido su pedido con otro y me envió el ramo de rosas simplemente porque yo había puesto en acción la ley, y debía recibir un ramo de rosas.

Nada se interpone entre el ser humano, sus más altos ideales y cada deseo de su corazón, si no son la duda y el temor. Por eso si la persona desea algo ardientemente, todos sus deseos se realizarán al instante.

En este libro explicaré de forma más completa la razón científica de esto y cómo el miedo puede ser borrado del consciente. Este es el único enemigo del hombre: miedo de la pobreza, del fracaso, de la enfermedad, de las pérdidas; todos los sentimientos de inseguridad sobre cualquier plano que sea. Jesucristo ha dicho: "¿Por qué tienes miedo, hombre de poca fe?" (Mateo, 8:26). Creemos que debemos sustituir el miedo por la fe, pues el miedo no es más que la fe invertida: es la fe, ligada al mal en lugar del bien.

Este es el objetivo del juego de la vida: ver claramente el bien y rechazar de la mente todas las imágenes del mal. Eso se obtiene fijando sobre el subconsciente la realización del bien.

Un hombre muy brillante, que ha alcanzado un gran éxito, me contó que tuvo bruscamente un rechazo de todo temor en su conciencia y un día leyó un escrito en letra mayúscula: "NO SE INQUIETE, ESO NO SE PRODUCIRÁ PROBABLEMENTE JAMÁS". Estas palabras impresionaron su subconsciente; él tiene ahora la firme convicción de que sólo el bien quiere entrar en su vida y, en consecuencia, solamente el bien se manifiesta.

Más adelante trataré diferentes métodos de impresionar el subconsciente. Él es un fiel servidor, pero debe recibir órdenes convenientes. El ser tiene constantemente cerca un testigo atento: su subconsciente.

Cada palabra, cada cosa que se dice se graba dentro del subconsciente y se realiza con detalles sorprendentes. Se parece a un cantante cuya voz quedara grabada. Si el hombre tose o vacila, la grabación lo registrará también. Rompa las grabaciones malas y viejas del subconsciente, las "canciones" de nuestras vidas que no queremos conservar, y sustitúyalas por las nuevas y bonitas.

Pronuncie en voz alta, con fuerza y convicción, estas palabras: "Yo quiebro y demuelo (por mis palabras) todo lo que, dentro de mi subconsciente, es falso. Todo eso regresará a la nada, pues todos los pensamientos vanos salieron de mi imaginación. Ahora, grabo los nuevos discos por el poder de Cristo que hay en mí, que es la salud, la riqueza, el amor y la expresión perfecta de mi Ser, ahí está la cuadratura de mi vida, el juego completo."

Un poco más adelante enseñaré cómo puede cambiar el hombre las condiciones de su vida, mediante el cambio de las palabras que utiliza. Aquel que no conozca el poder de la palabra se encuentra retrasado con respecto a su tiempo.

"La muerte y la Vida son el poder de la lengua" (Proverbios, 18:21).

La Ley de la prosperidad

Sí, El Todopoderoso será tu defensa y a ti no te faltará el oro.

Uno de los más grandes mensajes que las Escrituras han dirigido al ser humano es que Dios es la fuente y que, por su palabra, la gente puede hacer surgir todo lo que le pertenece por derecho divino. Sin embargo, debe tenerse una fe integral en la palabra que él pronuncia.

Isaías dijo: "Mi palabra no retorna a mí sin efecto, sin haber ejecutado antes mi voluntad y haber cumplido con mis designios". Nosotros sabemos ahora que las palabras y los pensamientos poseen una fuerza vibratoria tremenda, y que dan forma constantemente al cuerpo y a todos los asuntos mundanos.

Una consultante acudió a verme un día; se sentía extremadamente inquieta y me dijo que el día quince de ese mismo mes, le iban a reclamar una importante suma de dinero. No veía ninguna manera de obtenerla y estaba desesperada.

Yo le expliqué que Dios es su fuente y que esta fuente existe para todas las demandas.

¡Y pronuncié la palabra! Di gracias para que ella recibiera este dinero en el momento oportuno y de una manera conveniente. Luego le dije que era necesario que tuviera una fe perfecta y que actuara de acuerdo con esa misma fe. El día quince llegó y el dinero no se había materializado. Me llamó por teléfono para preguntarme qué tenía que hacer.

Yo le contesté: "Hoy es sábado y, por lo tanto, nadie le exigirá que entregue ese dinero. Su papel debe consistir en actuar como si ya fuera rica y, de ese modo, dará la prueba de una fe perfecta, la fe de quien cuenta con ese dinero para el lunes". Me rogó que almorzara con ella para fortificar su valor. La encontré en el restaurante y le afirmé: "Este no es el momento para economizar. Pida un almuerzo exquisito, actúe como si hubiera recibido el dinero que está esperando. Todo aquello que solicite en oración, puede estar convencida de que ya lo ha recibido".

Al día siguiente, me llamó nuevamente para pedirme que pasara el día con ella.

—No —le dije—, usted está divinamente protegida y Dios jamás se retrasa.

Por la noche, me volvió a llamar, esta vez muy emocionada. "¡Querida, se ha producido un verdadero milagro! Esta mañana me encontraba en el salón cuando llamaron a mi puerta. Yo advertí a la asistenta: 'No deje entrar a nadie'. La muchacha miró por la ventana y me avisó que se trataba de mi sobrino. 'Es aquel que tiene una gran barba blanca', me dijo.

"'Bien, déjalo pasar. Deseo verlo", le dije. Mi sobrino, al no obtener respuesta, ya se marchaba y había doblado la esquina cuando escuché la voz de la asistenta que lo llamaba y él regresó sobre sus pasos.

"Estuvimos hablando durante una hora y en el momento de partir, me dijo: 'Ah, a propósito, ¿cómo están tus asuntos financieros?'. Le contesté que necesitaba dinero y él me respondió: 'Pues bien, tía, yo te pasaré tres mil dólares en el primero de mes'. No me atreví a confesarle que me iban a reclamar mi deuda. ¿Qué debo hacer ahora? Sólo recibiré ese dinero el primero de mes, pero lo necesito para mañana mismo."

Le expliqué que continuaría el "tratamiento". (Nosotros llamamos *tratamiento*, en metafísica, cuando decimos que sometemos a una persona o situación a la acción de la oración.) Y añadí: "El Espíritu no llega jamás tarde. Doy gracias porque usted ha recibido el dinero en el plano invisible y por aquello que se manifestará en el momento apropiado".

Al día siguiente, por la mañana, su sobrino la llamó y le dijo: "Pasa por mi despacho esta misma mañana y te daré el dinero". Ese mismo día, poco después de las doce, el dinero ya estaba disponible en su cuenta del banco y ella firmó los cheques tan rápidamente como le permitió su emoción.

Si pedimos el éxito preparándonos para el fracaso, sólo obtendremos aquello para lo cual nos preparamos. Un señor acudió a verme para que le pronunciara la palabra con el objetivo de que le fuera anulada cierta deuda. Me di cuenta de que se pasaba la mayor parte del tiempo pensando en qué le diría a la persona a la que debía ese dinero en el momento en que le comunicara su imposibilidad de cumplir con el pago de la deuda. De ese modo, no haría sino neutralizar mi palabra. Le pedí que se viera a sí mismo en el momento de pagar su deuda.

Tenemos una maravillosa ilustración de lo que acabo de decir en la misma Biblia, con los tres reyes que, dentro del desierto, sin agua para sus hombres y para sus caballos, consultaron al profeta Eliseo, quien les comunicó este mensaje asombroso:

"Así habla el Señor: 'excavad dentro de este valle una fosa. No veréis ni viento, ni lluvia y, sin embargo, este valle se llenará de agua y podréis beberla, tanto vosotros, como vuestros acompañantes y vuestro ganado'."

Las personas deben estar preparadas para recibir aquello que han pedido, aunque no tengan a la vista la menor señal de que así será.

Una mujer deseaba encontrar un departamento en un año en el que había una gran escasez de ellos en Nueva York. Esto parecía una tarea imposible y sus amigos todavía contribuían más a aumentar su inquietud al decirle: "Qué lástima, usted se verá obligada a dejar sus muebles en un garaje y a vivir en un hotel". Pero ella contestaba: "No se inquieten por mí. Soy superhumana y ya verán cómo encontraré un departamento".

A continuación, pronunció la palabra: "Espíritu infinito, abre la puerta para que se encuentre el departamento conveniente". Esta mujer sabía que existe una respuesta para cada demanda, que ella era espiritualmente libre, que trabajando en el plano espiritual y "que uno con Dios constituye una mayoría".

Ella tenía la intención de comprar unas nuevas mantas, pero "la tentación", el pensamiento negativo, a través de la razón, le sugirió: "No las compres; quizá, después de todo, no encontrarás el departamento que buscas, y luego no sabrás qué hacer con esas mantas". Entonces, ante estos pensamientos, se dijo a sí misma: "¡Al comprar esas mantas voy a cavar mi pozo!". Sin embargo, se preparó para encontrar su casa, actuó como si ya lo tuviera y terminó por encontrarla de una manera milagrosa, algo que sólo pudo atribuir a su fe, ya que había por lo menos otras doscientas personas que querían ese mismo departamento. La compra de aquellas mantas representó un verdadero acto de fe.

Es inútil recordar que las fosas excavadas por los tres reyes dentro del desierto se vieron inundadas de agua hasta el borde.

Sintonizar con las cosas espirituales no resulta nada cómodo para la mayoría de la gente. Los pensamientos adversos de duda, de temor, surgirán del subconsciente. Estas son las "armas extranjeras" a las que se debe hacer huir. Eso explica por qué a menudo "hay más sombra antes de la aurora".

Una gran demostración suele verse precedida por pensamientos dolorosos.

Una vez descubiertas las altas verdades espirituales, lanzamos un desafío a las antiguas ideas escondidas dentro del subconsciente y es cuando se manifiesta el error que debe ser exterminado. Este es el momento de hacer frecuentes afirmaciones, de alegrarse y de dar gracias por todo aquello que ya se ha recibido.

"Antes de que ellos llamen, yo les contestaré." Eso significa que cada bien está perfectamente hecho siempre que el ser humano lo reconozca así, pues es a él a quien pertenece.

Uno no puede obtener nada más que aquello que se ve a sí mismo recibiendo.

Los hijos de Israel recibieron la certeza de que podrían poseer todas las tierras que vieran. Lo mismo sucede con todos los hombres. No se posee aquello que no existe dentro de la propia visión mental. Toda gran obra ha sido manifestada antes por la visión, o a menudo se obtiene justo en el momento de una brillante demostración surgida de un fracaso aparente y del desaliento.

Los hijos de Israel esperaban la "Tierra Prometida", pero no se atrevían a entrar en ella, pues decían que estaba poblada por gigantes que les daban la impresión de ser langostas. Esta es una experiencia común a todos los hombres.

Sin embargo, aquel que conoce la ley espiritual no se deja engañar por las apariencias y se regocija mientras está "todavía en cautividad". Esto quiere decir que persiste en ver la verdad y que da gracias por todo aquello que se ha cumplido, por todo lo que ya ha recibido.

Jesucristo nos ofreció sobre esto un maravilloso ejemplo. Él declaró a sus discípulos: "No digan nada, porque todavía faltan cuatro meses para la cosecha". Su visión clara traspasa el mundo de la materia y Él ve claramente el mundo de la cuarta dimensión, las cosas tal y como son en la realidad, perfectas y completas en el Espíritu Divino. Es así como el hombre debe mantener constantemente la visión del objetivo de su viaje y solicitar la manifestación de aquello que ya ha recibido, tanto si se trata de la salud perfecta, como si se trata del amor, la prosperidad, la facultad de expresarse perfectamente, un hogar, amigos.

Todas estas cosas son ideas perfectas y acabadas, registradas dentro del Espíritu Divino (el superconsciente del hombre); ellas deben manifestarse no a él sino a través de él. Por ejemplo, un hombre acudió a verme para pedirme un "tratamiento" para lograr un negocio. Para él era indispensable encontrar, dentro de un cierto límite de tiempo, cincuenta mil dólares. El tiempo estaba próximo, así que, desesperado, acudió a verme. Nadie le quería confiar el capital y la banca le había negado categóricamente su solicitud de crédito.

Yo le dije: "Supongo que usted está enfadado con la banca, perdiendo así sus fuerzas. Usted puede dominar todas las situaciones si sabe dominarse a sí mismo. Regrese al banco mientras yo trato el asunto".

He aquí cuál fue mi tratamiento: "Por el amor usted está identificado con el espíritu de todos lo que trabajan dentro de este banco. Que la idea divina parta de esta situación". El hombre exclamó: "¿Qué piensa usted? Esto es imposible. Mañana es sábado, el banco cierra a las doce y mi tren no llega allí antes de las diez. Además, la fecha límite termina mañana y, de todas maneras, ellos no van a querer oírme. Ya es demasiado tarde".

Yo le contesté: "Dios no se inquieta por el tiempo, nunca es demasiado tarde para Él. Con Él, todas las cosas son posibles", y añadí: "No sé nada de negocios, pero conozco muy bien a Dios".

A lo que él me contestó: "Todo esto es magnífico cuando la escucho, pero en cuanto me vaya, será una situación angustiosa para mí".

El hombre vivía en un pueblo lejano y no supe nada más de él durante una semana. Después me llegó una carta. Decía lo siguiente: "Usted tenía razón. Pude encontrar el dinero que me dejaron prestado; jamás volveré a dudar de la verdad y de todo lo que usted me ha dicho".

Me encontré con este señor algunas semanas más tarde y le pregunté: "¿Qué ha pasado? Por lo visto usted ha podido disponer del tiempo necesario". Él me contestó: "Mi tren llegó con bastante retraso, de modo que sólo pude llegar al banco a las doce menos cuarto. Entré tranquilamente y les dije: 'Vengo a solicitar un préstamo', y ellos accedieron en seguida, sin ponerme ninguna clase de objeciones".

En ese último cuarto de hora del que disponía para solucionarlo todo, el Espíritu Infinito no llegó retrasado. En este caso, este hombre no fue capaz de hacer por sí solo su propia demostración. Tenía que recibir una ayuda de alguien para mantener la visión perfecta. Esto es lo que podemos hacer los unos por los otros.

Jesucristo conocía muy bien esta verdad, y dijo: "Si dos de entre vosotros hicieren en la Tierra cualquier petición, serán escuchados por mi Padre, que está en los cielos". Solo, muy absorbido por sus propios problemas de negocios, se siente uno lleno de dudas y de miedos.

El amigo, el "sanador", ve claramente el éxito, la salud o la prosperidad, y no desfallece, puesto que no hay motivo alguno para ello.

Es infinitamente más fácil hacer una "demostración" por los demás que por uno mismo. En consecuencia, no se debe dudar en pedir ayuda si se sintiera alguna debilidad.

Un atento observador de la vida dijo un día: "Ningún hombre puede fracasar si una sola persona cree que obtendrá el éxito". Este es el verdadero poder de la visión, y más de un hombre debe su éxito a una esposa, una hermana o un amigo que creía en él y que, sin dudarlo, ¡supo mantener la visión del modelo perfecto!

El poder de la palabra

Por tus palabras serás justificado, y por tus palabras serás condenado.

Aquel que conoce el poder de la palabra presta mucha atención a su conversación. Vigila las reacciones causadas por sus palabras, pues sabe que ellas "no retornarán al mismo punto sin haber causado su efecto". Por su palabra, el hombre se crea para sí mismo leyes.

Conocí en cierta ocasión a una persona que me dijo: "Yo pierdo todos los días el autobús. Invariablemente, pasa en el momento en que estoy llegando". Su hija dice: "Yo llego a tiempo todos los días al autobús. Llega regularmente al mismo tiempo que yo". Y esto continuó del mismo modo durante años. Cada uno había establecido una ley para sí mismo, una de fracaso y la otra de éxito. Aquí encontramos una explicación psicológica de las supersticiones

La herradura del caballo y el pelo del elefante no tienen por sí solos ningún poder, pero la palabra y la fe que afirman que traen buena suerte, crean un estado de optimismo dentro del subconsciente que atrae la "oportunidad". Sin embargo, observé que esto no tiene efecto en el caso de las personas más avanzadas espiritualmente, que conocen una ley más alta. Esto lo explica; no se puede volver hacia atrás y se deben desviar las "imágenes talladas".

Dos de mis alumnos tenían grandes éxitos en los negocios. Sin embargo, después de algunos meses, bruscamente, empezó a irles mal. Nos esforzamos entre todos por analizar la situación y descubrí entonces que en lugar de hacer sus afirmaciones y de remitirse a

Dios para su éxito y su prosperidad, habían adquirido dos figuras de monos de la "buena suerte". "Ah —les dije entonces—, ahora lo comprendo todo. Ustedes depositan su fe en los monos y no en Dios. Libérense de esos monos y hagan un llamamiento a la ley del perdón." Pues el hombre tiene el poder de perdonar, o sea, de neutralizar sus propios errores.

Decidieron lanzar los monos a los cubos de basura y todo empezó a irles nuevamente bien. Esto no significa que debemos eliminar de casa todos los amuletos de la "buena suerte", sino que debemos reconocer que sólo hay un único poder, Dios, y que los objetos no sirven sino para transmitirnos un sentimiento de optimismo.

Un día, una amiga muy infeliz encontró una herradura de caballo al cruzar la calle. En seguida se puso muy contenta y abrigó esperanzas. Estaba segura de que Dios le había enviado esta herradura de caballo para aumentar su coraje. Y, de hecho, teniendo en cuenta el estado en que se encontraba, aquello fue lo único capaz de impresionar a su subconsciente. Su esperanza se transformó en fe y, por lo tanto, tuvo una maravillosa "demostración". Ya he señalado que los dos hombres citados anteriormente se fiaban solamente de sus monos, mientras que mi amiga había reconocido la fuerza superior.

Por mi parte, debo decir que tardé mucho tiempo en apartar la idea de que una cierta cosa atraía siempre consigo una desilusión. Si se presentaba, invariablemente se producía una decepción inmediata. He comprendido que sólo hay un medio de cambiar mi subconsciente, afirmando: "No hay dos fuerzas, no hay más que una, Dios. En consecuencia, no habrá desilusión y esta cosa me anuncia una feliz sorpresa". En seguida verifiqué un cambio y los placeres inesperados.

Una de mis amigas declaró que nadie la haría pasar bajo una escalera. Yo le dije: "Si usted tiene miedo es porque cree en dos poderes, en el Bien y en el Mal. Pero Dios es absoluto, no puede haber una fuerza opuesta a menos que el hombre cree la falsedad y la maldad. Para demostrar que usted no cree más que en un único poder, Dios, y que no hay ni fuerza ni realidad en el mal, pase por debajo de la próxima escalera con la que se encuentre".

Poco tiempo después, mi amiga fue al banco. Deseaba abrir su caja fuerte y una escalera se encontraba en el camino. Era imposible llegar a la caja sin pasar por debajo de la escalera. Espantada, mi amiga se apartó. Pero al llegar a la calle, mis palabras resonaron en sus oídos y decidió entonces pasar por debajo de aquella escalera. Eso representó para ella realizar un gran esfuerzo, después de tantos años de superstición durante los que había quedado como prisionera de esta idea. Regresó al interior del local donde se encontraban las cajas de seguridad y descubrió entonces que la escalera ya no estaba donde antes había estado. En ese momento se produjo lo siguiente: una vez que decidió poner punto final a una aprensión, el motivo quedó descartado.

Esta es la ley de la no resistencia, que se comprende muy poco.

Alguien ha dicho que la valentía contiene el genio y la magia. Haga frente sin miedo a una situación que parezca amenazadora y verá cómo deja de existir, cómo desaparece por sí sola. Eso es lo que explica que el miedo a encontrarse con la escalera fuera precisamente la causa de que ésta apareciera en su camino, mientras que el valor la hiciera desaparecer.

Así pues, las fuerzas invisibles trabajan constantemente por el hombre que "tira siempre de los hilos", sin saberlo ni siquiera él mismo. A causa de la fuerza vibratoria de las palabras, aquello que decimos es precisamente lo que atraemos. Las personas que hablan continuamente de enfermedad, invariablemente la atraen.

Cuando nos iniciamos a la verdad, no podemos vigilar demasiado las palabras. Por ejemplo, una de mis amigas me dice a menudo por teléfono: "Venga a verme para que podamos charlar un poco a la antigua usanza". Ese "charlar a la antigua usanza" representa una hora en la que se pronunciarán entre quinientas y mil palabras destructivas, durante la que los principales temas de conversación serán las pérdidas, las penurias, los fracasos y la enfermedad. Así que yo le contesté: "No, gracias, estas charlas son muy onerosas, y yo ya tengo suficiente de eso en mi vida. Estaré contenta de charlar a la manera nueva y de hablar sobre lo que queremos, en lugar de hacerlo sobre aquello que no queremos".

Un viejo refrán afirma que el hombre sólo utiliza la palabra para tres deseos: curar, bendecir o prosperar. Precisamente aquello que un hombre diga de los demás, eso mismo dirán de él, y aquello que él desee para los demás, eso mismo le desearán a él.

Si un hombre le desea "mala suerte" a otro, atraerá sobre sí esa misma mala suerte. Si desea ayudar a cualquiera a lograr un éxito, deseará su propio éxito y se ayudará a sí mismo.

Los cuerpos pueden ser renovados y transformados por la palabra y mediante una clara visión, y la enfermedad completamente apartada del consciente. La metafísica afirma que toda enfermedad tiene una correspondencia mental y que para curar el cuerpo es necesario curar antes el alma.

Es el subconsciente, el alma, lo que debe ser "salvado", y salvado precisamente de los pensamientos negativos.

En el salmo XXIII leemos: "Él restaura mi alma". Esto quiere decir que el subconsciente, el alma, debe ser restaurada por medio de las ideas justas. El "matrimonio místico" se produce entre el alma y el espíritu, es decir, entre el subconsciente y el superconsciente. Es necesario que ambos estén unidos. Cuando el subconsciente está lleno de las ideas perfectas del superconsciente, Dios y el hombre no son más que uno. "Yo y mi Padre somos uno." Es decir, que el hombre está unido en el plano de ideas perfectas; él está hecho a la imagen y semejanza (imaginación) de Dios, en el plano en el que son dados el poder y la dominación sobre todas las cosas creadas, sobre su espíritu, su cuerpo y sus negocios.

Se puede decir que toda enfermedad, toda desgracia, proviene de la violación de la ley del amor. Yo les transmito un nuevo mandamiento: "Amaos los unos a los otros", pues dentro del juego de la vida, el amor, es decir, la buena voluntad, gana en todos los niveles.

El hecho siguiente lo demostrará. Una persona que conozco había sufrido durante muchos años una enfermedad terrible en la piel. Los médicos afirmaban que era incurable y ella estaba al borde de la desesperación. Esta señora era actriz, creía que se veía obligada a renunciar a su carrera y no tenía otros ingresos. Sin embargo, se le ofreció entonces un contrato muy bueno y la noche de su primera actuación tuvo un gran éxito. La prensa le otorgó numerosas críticas halagüeñas y nuestra amiga, llena de alegría, estaba maravillada. No obstante, al día siguiente le rescindieron el contrato. Un artista, celoso de su éxito, obtuvo su anulación. Fue entonces cuando sintió cómo la amargura y el odio se apoderaban de su ser y exclamó en voz alta: "¡Oh, Dios mío, no me dejes odiar a ese hombre!" Aquella misma noche trabajó durante horas en silencio.

Más tarde me dijo: "No tardé mucho en entrar en un silencio muy profundo. Me parece que ahora me encuentro en paz conmigo misma, con aquel hombre y con el mundo entero. Continué trabajando así durante las dos noches siguientes y al tercer día me di cuenta de que mi enfermedad de la piel ¡estaba completamente curada!".

Al pedir la expresión del amor, de la buena voluntad, había cumplido la ley (pues el amor es el cumplimiento de la ley), y la enfermedad (que provenía de un resentimiento anclado en el subconsciente) desapareció.

La crítica continua produce los reumatismos, pues los pensamientos sin armonía forman en la sangre depósitos ácidos que se sitúan en las articulaciones. Los tumores tienen por causa los celos, el odio, el rechazo a perdonar las ofensas, el miedo, etcétera. Cada enfermedad o molestia está creada por un estado de espíritu.

Yo les dije un día a mis alumnos: "No se trata de preguntar a alguien ¿qué tiene?, sino ¿contra quién está usted?". La negativa a perdonar las ofensas es la causa más frecuente de la enfermedad. Las consecuencias de todo ello son la esclerosis de las arterias y del hígado, así como las enfermedades en los ojos. Esa negativa se ve acompañada por males sin fin.

Un día visité a una señora que me dijo que estaba enferma por haber comido una ostra en malas condiciones. "No —contesté—, la ostra era inofensiva. Es usted quien ha envenenado la ostra. ¿Contra quién está usted?" Ella me respondió: "¡Oh!, contra diecinueve personas aproximadamente". Se había peleado con diecinueve personas y se había vuelto irritable ¡atrayendo hacia sí misma a la ostra dañina!

Toda falta de armonía exterior indica una discordancia mental. "El exterior se parece al interior." Los únicos enemigos del hombre están en sí mismo. "Los enemigos del hombre estarán en su interior". La personalidad es uno de los últimos enemigos que debemos superar pues este planeta está recibiendo su iniciación al amor. Acordémonos del mensaje de Jesús: "Paz en la Tierra a los hombres de buena voluntad". El hombre sabio intenta perfeccionarse sirviendo a su prójimo. Trabaja sobre sí mismo, aprende a enviar a cada uno bendiciones y pensamientos de buena voluntad, y lo más maravilloso es que cuando se bendice a un ser, éste pierde todo el poder para perjudicarnos.

Un hombre vino a pedirme un "tratamiento" para tener éxito en los negocios. Vendía máquinas, y la competencia había afirmado poseer una máquina superior. Mi amigo pensaba que fracasaría. Yo le dije: "En primer lugar, necesitamos limpiar todas sus dudas. Necesita usted saber que Dios protege sus intereses y que la idea divina debe surgir de esta situación. Es decir, que la máquina que conviene será vendida a aquel que tenga necesidad". Y añadí: "No abrigue un solo pensamiento de crítica acerca de este hombre. Bendígale durante toda la jornada y esté preparado para no vender su máquina si esa es la idea divina".

Entonces fue a ver a su cliente, sin el menor resentimiento, sin resistencia alguna, bendiciendo incluso a su competidor. Más tarde, me contó que el resultado fue bastante notable, la máquina del competidor se negó a funcionar y el hombre que había venido a consultarme vendió la suya sin la menor dificultad.

"Pero, yo les digo, amen a sus enemigos, bendigan a aquellos que les maldicen, hagan el bien a aquellos que les odian y rueguen por aquellos que les maltratan y les persiguen."

La buena voluntad produce un gran aura de protección hacia aquellos que la cultivan y "toda arma forjada contra ellos no tendrá efecto". En otros términos, el amor y la buena voluntad destruyen a los enemigos que están en contra nuestra y, en consecuencia, ¡no tenemos enemigos en el exterior!

"La paz reina en la Tierra sobre aquellos que envían pensamientos de buena voluntad a los hombres."

La ley de la no resistencia

"No se resista al mal. No se deje conmover por el mal, pero trate de superar el mal por medio del bien."

Nada en el mundo podrá oponerse con efectividad a una persona que sea absolutamente no resistente.

Los chinos dicen que el agua es el elemento más fuerte, pues es perfectamente no resistente. El agua puede perforar a la roca y barrer todo lo que hay por delante de ella.

Jesucristo dijo: "No se resistan al mal", pues Él sabe que no existe en realidad el mal y, en consecuencia, no hay ninguna razón para resistirse. El mal surge de la "vana imaginación" de las personas, es decir, de la creencia en dos poderes: el del bien y el del mal.

Según una vieja leyenda, Adán y Eva comieron la fruta "del árbol Maya de la ilusión" y distinguieron de ese modo dos poderes en lugar de un único poder: Dios.

Por consiguiente, el mal es una ley falsa que el ser humano ha elaborado a causa de un *psychome*, o sueño del alma, lo que significa que el hombre está hipnotizado por la creencia en el pecado, en la enfermedad, en la muerte, etcétera; por el pensamiento carnal, y que sus negocios y su cuerpo adquirieron la forma de sus ilusiones.

Hemos visto en el capítulo anterior que el alma es el subconsciente y que todo lo que el hombre siente profundamente, en bien o en mal, es reproducido por su fiel servidor. Su cuerpo y sus negocios representan lo que había imaginado. El enfermo imaginó la enfermedad; el pobre la pobreza; el rico la riqueza.

La gente me pregunta: "¿Cómo es posible que un niño pequeño pueda atraer la enfermedad, ya que es demasiado joven para saber él mismo su significado?". Respondo que los niños son sensibles y receptivos a los pensamientos de quienes los rodean y que a menudo no hacen otra cosa que exteriorizar las creencias de sus propios padres.

Escuché un día a un metafísico afirmar: "Si usted mismo no es capaz de dirigir su propio subconsciente, cualquier otro se encargará de hacerlo por usted".

Las madres atraen inconscientemente sobre sus hijos la enfermedad y los desastres, terminándolos continuamente y mirando sus síntomas.

Una de mis amigas, por ejemplo, preguntó a una madre si su hijita había tenido rubéola. Respondió enseguida: "¡Todavía no!". Esto implica que esperaba esta enfermedad, con lo que de ese modo preparaba precisamente aquello que no quería para ella ni para su hija.

Sin embargo, aquel que está centrado y establecido en la verdad, aquel que no tiene más que pensamientos de buena voluntad hacia el prójimo y que no experimenta temor alguno, no puede ser alcanzado, ni verse influido por los pensamientos negativos de otros. Al emitir siempre buenos pensamientos, sólo recibe buenos a cambio.

La resistencia es el Infierno, pues sitúa a la persona en un "estado de tormento".

Un metafísico me dio un día una maravillosa receta para asegurarme todos los premios del juego de la vida: es el colmo de la no resistencia. Ese hombre me dijo: "Hubo un tiempo en el que bautizábamos a los niños y, por supuesto, les dábamos varios nombres. Hoy en día ya no acostumbramos a bautizar más a los niños, pero bautizamos los acontecimientos y le damos a cada uno el mismo nombre. Si estoy en presencia de un fracaso, ¡lo bautizo como Éxito, en nombre del Padre, del Hijo y del Espíritu Santo!".

Vemos así la actuación de la gran Ley de la transformación, fundada por la no resistencia. A través de su palabra, este hombre transformó en éxito todos sus fracasos.

¿Querrá usted otro ejemplo? Una señora que necesitaba dinero y que conocía la ley espiritual de la opulencia, se veía obligada en sus negocios a encontrarse con un hombre cuya presencia le transmitía un sentimiento de pobreza. Él hablaba de penurias, de límites; ella se dedicaba a percibir sus pensamientos de mediocridad, sentía aversión hacia él, y le acusaba de ser la causa de sus fracasos. Sin embargo, ella sabía que, para demostrar sus recursos divinos, él necesitaba en principio tener el sentimiento de haber recibido. El sentimiento de opulencia debe preceder al de su manifestación. Un día, bruscamente, se dio cuenta de que ella "persistía" en distinguir dos poderes en lugar de uno solo. Se apresuró a bendecir al hombre en cuestión y bautizó la situación como un "Éxito". Luego afirmó: "Ya que no hay más que una sola fuerza, Dios, este hombre está aquí para mi bien y mi prosperidad" (precisamente lo que le parecía que no se había producido). Poco después, y por intermediación de ese hombre, ella encontró a una persona que, a cambio de un servicio prestado, le entregó una gran suma de dinero. En cuanto al hombre en cuestión, se fue hacia un pueblo alejado y se apartó de repente de su vida. La mujer afirmó: "Todo hombre es un medallón de oro dentro de la cadena de mi bien", pues todo hombre es una manifestación de Dios, que espera la ocasión, dada por él mismo, de servir al plan divino referente a su vida.

"Bendigan a su enemigo, y desviarán sus flechas", que se verán transformadas en bendiciones.

Esta ley es verdadera tanto para las naciones como para los individuos. Bendigan una nación, envíenle pensamientos de amor y de buena voluntad a cada uno de sus habitantes y ya no podrá perjudicarlos más.

No es más que por entendimiento espiritual que el hombre puede comprender la no resistencia. Mis alumnos me dicen a menudo: "No queremos ser como alfombras". Les respondo: "Cuando sirvan con la sabiduría de la no resistencia, nadie podrá pisotearles".

Y he aquí otro ejemplo: un día esperaba impacientemente una

importante llamada telefónica. Me resistía a todas las llamadas que entraban y no llamé a nadie por el temor de no recibir la que yo esperaba. En lugar de declarar: "Las ideas divinas no entran nunca en conflicto, así que esta comunicación llegará a su debido tiempo", y dejar el tema al cuidado de la Inteligencia Infinita, comenzaba a dirigir yo misma las operaciones, es decir, me dedicaba a librar mi propia batalla, cuando ésta, en realidad, pertenecía a Dios ("la batalla está en el Eterno"). Me sentía tensa y ansiosa. Durante una hora no se escuchó el sonido del teléfono. Entonces me di cuenta de que estaba descolgado y que no había línea. Mi ansiedad, mi temor y mi fe en el desorden habían tenido como resultado un colapso total del teléfono. Comprendiendo mi error, me puse inmediatamente a bendecir la situación y a bautizarla como éxito afirmando: "No puedo perder ninguna comunicación que me pertenezca por derecho divino; estoy dirigida por la gracia de Dios, y no por la ley".

Una amiga se precipitó hacia el teléfono más cercano para pedir a la compañía que restableciera la comunicación. Entró en una tienda llena de gente y el comerciante dejó a sus clientes e hizo él mismo la reclamación. Mi teléfono fue "arreglado" y apenas dos minutos más tarde recibí una llamada muy importante seguida, una hora después, por la que yo esperaba.

Nuestras naves vuelven a través de una mar en calma (alusión a un célebre dicho inglés).

En la medida en que una persona se resista a una situación, la mantendrá. Si huye de ella, ésta le perseguirá.

Un día, yo le comentaba esto a una amiga que me respondió: "¡Ah, cuánta verdad hay en tus palabras! Yo no era feliz en mi casa cuando era joven, no quería a mi madre, que tenía un espíritu crítico y autoritario; entonces me fui de casa para casarme, pero sustituí a mi madre por mi marido, que es exactamente igual que ella y, por lo tanto, me he encontrado con la misma situación".

Reconcíliate rápidamente con tu adversario. Lo que quiere decir: "Conviene que la situación es buena; no estés turbada y desaparecerá por sí misma". "Ninguna de esas cosas me afectan." Esta es una afirmación excelente.

Una situación discordante proviene de un estado discordante en casa de quien la sufre. Cuando no haya en nosotros mismos nada que se haga eco de esa discordancia, esta desaparecerá para siempre de nuestra vida.

Vemos, pues, que hemos de trabajar sobre todo en nosotros mismos.

La gente me pide: "Ruega para que mi marido o mi hermano cambie". Yo les respondo: "No. Voy a rezar para que cambies tú, porque cuando tú cambies, tu marido y tu hermano cambiarán también".

Una de mis alumnas tenía la mala costumbre de mentir. Le advertí que este método la llevaría al fracaso y que, si mentía, también le mentirían a ella, a lo que me contestó: "Es igual, no puedo impedirlo".

Un día hablaba por teléfono con un hombre del que se sentía bastante enamorada. Una vez terminada la conversación, se volvió hacia mí y me dijo: "No creo nada de lo que me dice; estoy convencida de que me está mintiendo". Yo le respondí: "Pues bien, ya que tú mientes, alguien te mentirá también y ten por seguro que aquel que te miente es aquel de quien desearías escuchar la verdad". Algún tiempo después, esa misma alumna me comunicó: "Ya estoy curada de la mentira". "¿Qué es lo que te ha curado?", le pregunté. "Acabo de vivir con una señora que ¡mentía más que yo!", fue su respuesta.

Con frecuencia nos curamos de nuestros propios defectos observándolos en los demás. La vida es un espejo y no vemos prójimo más que en nuestro propio reflejo.

Vivir en el pasado es nefasto y es también una violación de la ley espiritual. Jesucristo dijo: "Es ahora el tiempo propicio, el día de la Redención ha llegado".

Como sabemos, la mujer de Lot fue transformada en una estatua de sal por haberse dado la vuelta para mirar cuando se le había ordenado que no lo hiciera.

El pasado y el futuro son los ladrones del tiempo. Conviene bendecir el pasado y olvidarlo; bendecir el futuro con la certidumbre de las alegrías sin fin que nos traerá, y vivir plenamente en el momento presente.

Escuchad esto: una señora se quejaba de que no tenía dinero para comprar los regalos de Navidad. "El año pasado todo fue diferente: tenía mucho dinero y había hecho buenos regalos, pero este año no tengo más que deudas".

"Nunca podrá hacer usted una demostración pecuniaria mientras no se apiade de sí misma y mientras viva en el pasado. Viva plenamente el momento presente y prepárese para ofrecer regalos de Navidad. Excave sus propios pozos y el dinero aparecerá." "Ya sé lo que voy a hacer —exclamó ella—. Voy a comprar un bonito papel y un lazo plateado para envolver mis regalos." "Hágalo así —le dije—, y los regalos vendrán a colocarse en sus propios envoltorios."

Así pues, esta vez todavía había pruebas de coraje y de fe en Dios, ya que la razón aconsejaba: "Que los reservase, porque seguramente no los recibiría otro".

Mi consultante hizo exactamente lo que había dicho que haría, y algunos días antes de Navidad recibió un presente muy generoso. La adquisición del papel de regalo y de la cinta había impresionado de tal modo al subconsciente y le había ofrecido tales expectativas, que éste había abierto el camino a la manifestación del dinero. Mi amiga todavía dispuso del tiempo necesario para comprar sus regalos de Navidad.

Vivir el momento presente es esencial.

"¡Vive plenamente este día! Ese es el saludo de la aurora."

Un día yo repetía sin parar (silenciosamente): "Espíritu Infinito, no permitas que me falle la suerte", y algo muy importante me fue revelado esa misma noche. Es muy necesario comenzar el día con las palabras de la verdad.

Desde el despertar, haga una afirmación. Por ejemplo: "¡Que tu voluntad sea hecha hoy! Hoy es un día de realizaciones; doy gracias por este día tan perfecto, en el que los milagros se sucederán y los prodigios no pararán".

Convierta esto en una costumbre y usted mismo verá realizarse los milagros, y los prodigios se desarrollarán en su vida.

Una buena mañana abrí un libro y leí: "¡Observa con admiración a aquel que está delante de ti!". Me pareció que era mi mensaje del día, y repetí sin parar: "¡Observa con admiración a aquel que está delante de ti!". A las doce en punto, recibí una gran suma de dinero que estaba deseando para un objetivo concreto.

En el próximo capítulo indicaré las afirmaciones que nos dan los mejores resultados. Sin embargo, no debemos hacer uso jamás de una afirmación a menos que ésta deje plenamente satisfecha nuestra conciencia y que nos parezca absolutamente convincente; frecuentemente, una afirmación se verá cambiada para convenir a ciertas personas.

La afirmación siguiente ha proporcionado éxito a mucha gente: "Tengo un trabajo maravilloso, divinamente dado, sirvo lo mejor que puedo y estoy muy bien pagado".

Ofrecí los dos primeros versos a uno de mis alumnos y él añadió los dos últimos.

Eso constituye una afirmación muy poderosa, pues todos los días tenemos que encontrar un pago perfecto por un servicio perfecto. Por otra parte, resulta fácil hacer penetrar los versos en el subconsciente. Mi alumno se puso a cantarlos mientras trabajaba y poco tiempo después la afirmación se transformaba en realidad.

Otro de mis alumnos, un hombre de negocios, resolvió sustituir su "trabajo" por "negocio". Al día siguiente, realizó un negocio de los más brillantes, a pesar de que llevaba varios meses inactivo.

Cada afirmación debe ser esmeradamente hecha y debe expresar todo aquello que sea necesario. Conozco a una persona que necesitaba buscar trabajo. Encontraba muchos, pero en ninguno de ellos se le pagaba bien. Pensaba añadir a sus pensamientos: "Sirvo lo mejor que puedo y se me paga muy bien por ello".

¡La abundancia es un derecho divino del hombre! ¡Tiene derecho a la superabundancia!

"¡Sus graneros deben estar llenos, y su copa a punto de rebosar!" Ahí encontramos la idea de Dios para el hombre, y eso es lo que hará que se rompan las barreras de la penuria formadas en la propia conciencia. La Edad de Oro relucirá para él y ¡cada uno de sus deseos legítimos se verá realizado!

La Ley del karma y del perdón

El ser humano no recibe más de lo que da. El Juego de la Vida es un juego parecido al lanzamiento de un búmeran. Aquello mismo que un hombre piensa, sus acciones y sus palabras termina por manifestarse, tarde o temprano, con una precisión que es realmente asombrosa.

Aquí nos encontramos con la Ley universal del karma, que significa *retorno* en sánscrito: "Todo aquello que alguien siembra, eso mismo cosechará."

Una de mis amigas me contó la historia siguiente, que ilustra perfectamente esta ley:

"Una de mis tías me ayudó sin darse cuenta de lo que hacía a liberarme de mi karma personal; aquello mismo que yo decía, otro me lo repetía. Yo estaba a menudo irritada en casa y, un día le dije a mi tía, que hablaba durante la cena: 'Deja de hablar, deseo comer en paz'.

"Al día siguiente, desayunaba con una señora a la que quería causar una buena impresión. Yo hablaba con animación, hasta que ella me dijo: 'Deja ya de hablar, ¡deseo comer en paz!'"

Mi amiga se encuentra en un nivel elevado de conciencia; por lo tanto, su karma actúa más rápidamente que el de una persona que está todavía sobre el plano mental.

Cuanto más sabemos, más son las responsabilidades que nos vemos obligados a asumir. Aquel que conoce la Ley Espiritual y no la practica, sufre mucho las consecuencias. "El temor al Señor (la Ley) es el comienzo de la sabiduría." Si comprendemos que la palabra del Señor significa Ley, muchos pasajes de la Biblia se volverán más claros.

"La venganza es mía, para mí la retribución", dijo el Señor (la Ley). Esta es la Ley que venga, no Dios. Dios ve al hombre perfecto "creado a su propia imagen" (imaginación) y dotado "de los poderes de la dominación".

Ahí está, pues, la idea perfecta del hombre, tal como se halla registrada en el Entendimiento Divino, esperando que el ser humano la reconozca, pues él no puede ser más que aquello que quiere ser y no puede alcanzar lo que quiere alcanzar.

Observamos nuestro éxito o nuestro fracaso, nuestra alegría o nuestra tristeza, antes de que éstas surjan de las escenas que están en nuestra imaginación. Hemos observado este hecho en la madre que imagina la enfermedad de su hijo, o la mujer que "quiere" el éxito de su marido.

Jesucristo dijo: "Conocerán la verdad, y la verdad los hará libres".

Así que constatamos que la libertad (que nos libera de condiciones desgraciadas) procede del conocimiento, el conocimiento de la Ley Espiritual. La obediencia precede a la autoridad y la ley obedece a aquel que obedece a la ley. La ley de la electricidad tuvo que haber sido padecida antes de que pudiera servir al hombre. Aquel que la emplea con ignorancia puede estar delante de un enemigo mortal. Así en ella está la ley del Espíritu.

Una señora que poseía una gran fuerza de voluntad deseaba llegar a ser la propietaria de una casa perteneciente a uno de sus familiares y se formaba con bastante frecuencia imágenes mentales en las que se veía a sí misma viviendo en aquella casa. Después de cierto tiempo, el propietario murió y ella heredó la casa.

Muchos años más tarde, antes de que llegara a conocer la Ley Espiritual, esta mujer me preguntó un día: "¿Cree usted que yo haya tenido algo que ver con la muerte de este hombre?".

"Sí —le respondí—. Su deseo era tan fuerte que lo barrió todo, pero usted ya ha pagado ese karma. Su marido, al que usted amaba muchísimo, murió poco después, y esta casa se transformó para usted en una especie de jaula de oro durante muchos años."

Sin embargo, ni el primer propietario de esta casa, ni el marido de la mujer habrían podido verse afectados por su pensamiento si hubieran estado firmemente anclados en la Verdad. Pero lo cierto es que ambos se encontraban bajo los efectos de la ley kármica. Esta señora, al sentir hasta qué punto deseaba aquella casa, debería haber dicho: "Inteligencia Infinita, dame la casa que me conviene, que sea tan encantadora como ésta, la casa que es mía por derecho divino".

La elección divina le habría ofrecido una satisfacción perfecta y aportado a cada uno su propio bien. El modelo divino es el único con el que se puede trabajar con la más completa de las seguridades.

El deseo es una fuerza formidable. Debe ser canalizado convenientemente, si no, irá inmediatamente seguido por el caos.

El hombre no debe pedir nunca más que aquello que le pertenece por derecho divino.

Volviendo a nuestro ejemplo anterior: si la señora en cuestión hubiera tenido la costumbre mental de decir: "Si esta casa que deseo es mía, no la puedo perder; si no me pertenece, dame, Señor, su equivalente", el propietario quizás habría encontrado una solución armoniosa (si eso hubiera estado en la elección divina) o bien otra casa habría sustituido a la primera. Todo aquello cuya manifestación se ve forzada por la voluntad personal será siempre una "mala adquisición"; por lo tanto, siempre conducirá al fracaso.

El ser humano ha recibido esta afirmación: "Que se haga Mi voluntad, y no la tuya". Y, cosa bien curiosa, siempre obtiene aquello que desea cuando renuncia a su voluntad personal, permitiendo así que la Inteligencia Infinita pueda actuar a través de él.

"Quédate tranquilo y espera en silencio la liberación del Señor" (la Ley). En otra ocasión, una señora vino a verme presa de una gran angustia.

Se sentía realmente muy angustiada después de saber que su hija había decidido hacer un viaje que a ella le parecía muy arriesgado.

Según me dijo, había utilizado todos los argumentos posibles, enumerando los peligros que asumía al emprender este viaje, pero su hija no la quiso escuchar y decidió partir.

Le dije a esta madre: "Usted impone su voluntad personal a su hija, y no tiene el derecho; además, su miedo no hace sino atraer este viaje, pues la gente atrae a sí misma aquello que teme". Y añadí: "Relájese, retire su influencia mental, remítala a las manos de Dios, y sírvase de esta afirmación: "Dejo esta situación en manos del Amor Infinito y Sagrado; si este viaje está previsto en el Plan Divino, yo lo bendigo y no me resisto más, pero si no está divinamente determinado, doy gracias porque no se produzca".

Uno o dos días más tarde, su hija le anunció: "Madre, renuncio a mi viaje", y la situación retornó a su "posición original".

Aprender a mantener la calma es algo que parece difícil para el ser humano. Volveré a tratar más detalladamente esta ley en el capítulo dedicado a la no resistencia.

Daré ahora otro ejemplo de la manera en que cosechamos aquello mismo que sembramos. Una persona me dijo que le habían dado en el banco un billete falso. Se sentía bastante molesta por ello. "El banco jamás reconocerá su error", se lamentaba. Yo le respondí:

"Analicemos la situación y busquemos el motivo que atrajo ese billete hacia usted". Ella reflexionó un momento, y dijo: "Ya sé, envié una moneda falsa a un amigo para gastarle una broma". Así pues, la ley le había enviado a ella el billete falso, pues la ley no comprende las bromas.

Yo le dije entonces: "Debemos apelar a la ley del perdón y neutralizar esta situación".

El cristianismo se fundamenta sobre la ley del perdón. Cristo nos ha redimido de la maldición de la ley kármica, y Cristo en cada persona es su propio Redentor y su propio Salvador, en toda condición discordante.

Así pues, le dije: "Espíritu Infinito, nosotros hacemos una llamada a la ley del perdón y te damos gracias por aquella (la señora) que está bajo la protección de la gracia y no bajo el peso de la ley, y que no puede perder este dinero que le pertenece por derecho divino".

"Y ahora —añadí después—, vaya al banco y diga, sin miedo alguno, que el billete que ellos le dieron por error era falso." La mujer obedeció y, ante su enorme sorpresa, el personal del banco le pidió disculpas, y le cambiaron su billete con mucha cortesía.

Así pues, el conocimiento de la ley da al ser humano el poder de deshacer sus errores. El ser humano no puede forzar el ambiente exterior para que sea lo que ni siquiera es él mismo. Si desea riquezas, debe estar lleno de riquezas en su conciencia.

Un día, una señora vino a solicitarme un tratamiento para la prosperidad. Ella se interesaba bien poco por su interior, que estaba en el más completo desorden.

Yo le dije: "Si usted quiere ser rica, es necesario que antes se ordene a sí misma. Todos aquellos que poseen grandes fortunas son ordenados, y el orden es la primera ley del cielo". Después añadí: "Mientras que el orden no reine en usted misma, la riqueza huirá de usted".

Inmediatamente, esta mujer empezó a arreglar su casa, dispuso los muebles de forma diferente, organizó los cajones, limpió las alfombras, y de ese modo no tardó mucho en alcanzar una importante retribución pecuniaria, en forma de un presente que le hizo un familiar. Cambió y dirigió sus negocios pecuniarios vigilando su entorno, y, ahora, todo se dirige hacia la prosperidad, sabiendo que Dios es su fuente.

Muchas personas ignoran que dar es invertir, y que atesorar, ahorrar en exceso, conduce invariablemente a experimentar pérdidas.

"Aquel que da con liberalidad será más rico que aquel que ahorra en exceso, pues este no hace más que empobrecerse."

He aquí la historia de un señor que deseaba comprarse un abrigo de piel. Acompañado por su señora, se dedicó a visitar numerosas tiendas, pero no pudo encontrar lo que buscaba. Todos los abrigos que le presentaban le parecían de aspecto mediocre. Finalmente, encontró uno que valía mil dólares, pero el dueño de la tienda dio su autorización para que le redujeran el precio a quinientos dólares, al considerar que la temporada ya estaba bastante avanzada.

El hombre poseía alrededor de setecientos dólares. La razón le aconsejaba: "No debes gastarte casi todo lo que posees en comprar un abrigo". Pero el hombre, que era muy intuitivo, no razonaba jamás. Miró a la mujer, y le dijo: "Sí, vamos a comprar este abrigo y voy a hacer un gran negocio". Ella consintió, aunque sin gran entusiasmo.

Alrededor de un mes más tarde, el hombre recibió un pedido por valor de diez mil dólares. El abrigo le había dado una tal conciencia de la prosperidad que él la había atraído; sin este abrigo, no habría podido realizar este importante negocio. Fue una inversión que le permitió obtener grandes ingresos.

Si el hombre no hubiera escuchado sus intuiciones, que le decían que debía gastar o dar, esa misma suma de dinero se la habría gastado de todos modos sin obtener beneficio alguno, o de una manera inadecuada.

Una señora me contó que en el día de Acción de Gracias había informado a su familia que no ofrecería la cena tradicional. Tenía el dinero necesario, pero decidió ahorrar. Algunos días más tarde, un ladrón entró a hurtadillas en su habitación y le robó el montante exacto de la cena. La ley sostiene siempre a aquel que gasta sin miedo y con sabiduría.

Ocurrió en cierta ocasión que una de mis alumnas salió de compras acompañada por su pequeña sobrina. La niña quería un juguete, pero su tía le dijo que no podía permitirse comprarlo en aquellos momentos. De repente, se dio cuenta de que estaba cediendo a la idea de la pobreza, en lugar de remitirse a Dios, ¡a su providencia! Así pues, compró el juguete y, cuando regresó a su casa se encontró en la calle la cantidad exacta que había pagado poco antes.

Nuestros recursos son infinitos e infalibles cuando nuestra confianza es absoluta, pero la confianza y la fe deben preceder a la demostración. "Que sea hecho según tu fe". "La fe es la sustancia de las cosas que esperamos, la evidencia de las cosas que no vemos", pues la fe mantiene la visión estable, las imágenes adversas se disipan y "en el tiempo requerido, nosotros cosecharemos si no vacilamos".

Jesucristo nos ofreció la buena nueva (el Evangelio), que enseña una ley más elevada que la ley del karma. Es la ley de la gracia o perdón. Esta ley libera a las personas de la ley de la causa y el efecto, de la ley de las consecuencias. "Por la gracia y no por la ley".

Se nos dice que cosecharemos lo que hayamos sembrado; los dones de Dios se derraman sin parar sobre nosotros. "Todo aquello que posee el Reino está en él." Este estado de bendición continuo espera a aquel que ha logrado superar el entendimiento y el pensamiento mortales.

Las tribulaciones existen en la comprensión mortal, pero Jesucristo dijo: "Ten valor, yo he vencido al mundo".

El pensamiento carnal se corresponde con el pensamiento del pecado, de la enfermedad y de la muerte. Jesús comprendió su irrealidad absoluta y afirmó que enfermedad y tristeza pasarán y que hasta la propia muerte, su último enemigo, será vencida.

Hoy, desde el punto de vista científico, sabemos que la muerte puede ser vencida al imprimir en el subconsciente la convicción de la juventud eterna y de la vida eterna.

El subconsciente, es la fuerza sin dirección, ejecuta sin discutir las órdenes que recibe. Al trabajar bajo la dirección del superconsciente (el Cristo o Dios en el ser humano) se alcanzará la "resurrección del cuerpo".

La persona no rechazará más su cuerpo en la muerte, sino que se transformará en un "cuerpo eléctrico" como cantó el poeta Walt Whitman, pues el cristianismo está fundamentado sobre el perdón de los pecados y sobre "un sepulcro vacío".

Entregar la carga

(IMPRESIONAR AL SUBCONSCIENTE)

Cuando el ser humano llega a conocer su propio poder y el proceso de su mente, su mayor deseo consiste en encontrar el medio más fácil y rápido que le permita impresionar su subconsciente a través de la idea del bien, ya que un conocimiento intelectual de la verdad no da resultados.

En cuanto a mí, encuentro que el medio más fácil es el de "entregar la carga".

Un metafísico explicaba en otros tiempos lo siguiente con referencia a este tema: "Lo que da peso dentro de la naturaleza, sea esto lo que fuere, es la ley de la gravitación. Si pudiéramos transportar una gran masa rocosa a una altura suficiente, más allá del planeta, habría dejado de tener peso".

Eso era precisamente lo que Jesucristo entendía cuando decía: "Mi yugo es suave y mi carga ligera".

Había sobrepasado la vibración del mundo y se movía en la cuarta dimensión, donde todo es perfección, realización, vida y alegría.

Él dijo: "Vengan a mí, ustedes que padecen y que tienen problemas, y yo les daré el reposo". Y añadió: "Tomen mi yugo, pues mi yugo es suave y mi carga ligera".

Lo leemos de esta forma, en el Salmo IV: "Que recaiga tu peso sobre el Señor". Numerosos pasajes de la Biblia proclaman que la batalla es la batalla de Dios, y en modo alguno la del humano y que éste deberá "mantenerse siempre tranquilo" y esperar la liberación del Señor.

Esto indica con toda claridad que es en el superconsciente (Cristo en nosotros) donde se libra la batalla para que el humano se vea aliviado de sus cargas. Vemos, pues, que este viola la ley llevando su carga, pues esa carga no es más que un pensamiento, o un estado adverso y, ese pensamiento, ese estado, encuentra sus verdaderas raíces en el subconsciente.

Parece casi imposible llegar a dirigir el subconsciente por la conciencia, es decir, por el razonamiento, pues la razón (el intelecto) se ve muy limitada por sus concepciones y está repleta de dudas y miedos.

La actitud científica consiste en colocar la carga sobre el superconsciente (Cristo en nosotros) donde "se convierte en la luz", o bien, terminar por desvanecerse para regresar a "su nada original". Una persona que tenía una urgente necesidad de dinero hizo esta afirmación: "Yo entrego esta carga a Cristo, que está en mí, y de ese modo voy al encuentro de la riqueza." Su carga era un estado de miedo y de pobreza, y aquel que la entrega a Cristo, el superconsciente, inunda el subconsciente de fe y riqueza, y esto tiene como resultado una gran prosperidad.

Leemos en las Escrituras: "Cristo nos llena de la esperanza de la gloria".

Pues bien, preste atención a lo siguiente: en cierta ocasión, alguien ofreció un piano a una de mis alumnas. Ella no disponía de ningún lugar adecuado para instalarlo en su pequeño estudio, a menos que tirase el viejo piano que ya poseía. Se sentía totalmente desconcertada ante la situación, ya que, por un lado, deseaba conservar el viejo piano al que había tomado cariño, pero, al mismo tiempo, no sabía cómo hacerlo. Estaba realmente muy agitada, pues el piano nuevo se lo iban a entregar casi inmediatamente. Entonces, repitió para sí misma: "Yo entrego esta carga a Cristo en mí, y habrá un espacio libre". Apenas unos momentos más tarde de decirse esto, un amigo le preguntó por teléfono si querría alquilarle su piano antiguo. Se lo envió apenas poco antes de que llegara a casa de mi alumna el piano nuevo.

En cierta ocasión, conocí a una señora que llevaba sobre sí una carga de resentimiento. Esta mujer decía: "Entrego esta carga de resentimiento a Cristo, que está en mí, y avanzo llena de amor, placer y felicidad". El todopoderoso superconsciente inundó el subconsciente de amor y, a partir de entonces, toda su vida se vio completamente transformada por ello. Durante años, este resentimiento la había mantenido en un estado de angustia que le tenía aprisionada el alma (el subconsciente).

Estas afirmaciones deben ser repetidas continuamente, durante horas, ya sea silenciosamente o en voz alta, con tranquilidad y determinación. Yo lo comparo con el acto de impresionar una placa fotográfica. Él debe "impresionarnos" con la palabra de la verdad.

Me he dado cuenta de que después de un cierto tiempo de haber "entregado la carga"; nuestra visión se aclara. Es imposible tener una visión clara allí donde sólo se debaten las angustias del entendimiento carnal.

Las dudas y el miedo no hacen sino envenenar el espíritu y el cuerpo; entonces, la imaginación se desencadena y se provoca de ese modo el desastre y la enfermedad.

Gracias a la repetición constante de la afirmación: "Yo entrego esta carga a Cristo que está en mí, y avanzo libremente", la visión se transforma y, al mismo tiempo, aparece un sentimiento de alivio que, tarde o temprano, sirve para producir la manifestación del bien, que es la salud, la felicidad o la prosperidad.

Una de mis alumnas me preguntó un día la explicación de por qué la oscuridad es más intensa en el preciso momento en que se hace la luz. En un capítulo precedente, he aludido al hecho de que, en el momento en que se produce una demostración importante, todo parece que va mal y la conciencia queda como oscurecida por un estado de depresión. Esto significa que las dudas y los miedos ancestrales se despiertan desde el fondo del subconsciente, y entonces conviene exterminarlos. Es entonces cuando la persona debe hacer sonar con fuerza sus címbalos, como Josué, y dar gracias por haber sido salvado, incluso en el caso de que parezca hallarse rodeado de enemigos (la penuria o la enfermedad). Mi alumna me preguntó todavía: "¿Cuánto tiempo nos quedaremos en la oscuridad?". Yo le respondí: "Hasta que se pueda ver en la oscuridad, o bien, hasta que entreguemos la carga que nos ha tocado sobrellevar".

Para impresionar el subconsciente, siempre es siempre esencial tener una fe activa. "La fe, sin obras, está muerta." Esto es lo que me esfuerzo por demostrar en estos capítulos que acabo de escribir.

Jesucristo dio una prueba de fe activa "ordenando a una muchedumbre sentarse" antes de dar las gracias por los panes y los peces.

Voy a dar otro buen ejemplo para demostrar la necesidad de esa fe. De hecho, la fe activa es un punto sobre el cual la persona pasa para tener acceso a su Tierra Prometida.

Debido a un malentendido, una mujer se separó de su marido al que amaba mucho. El rechazó todos los intentos de reconciliación de la mujer y se negó a hablar con ella de ninguna manera.

Al conocer la ley espiritual, esta mujer negó la apariencia de esta separación y afirmó:

"No hay un punto de separación en el Entendimiento Divino y, por consiguiente, yo no estoy separada del amor y de la compañía de quien me pertenece por derecho divino". Ponía cada día los cubiertos de su marido en la mesa, como demostración irrevocable de una fe activa, imprimiendo así, sobre el subconsciente, la imagen de su retorno. Transcurrió más de un año y ella continuaba sin cambiar de actitud. Un buen día vio volver a su marido a su lado.

El subconsciente está continuamente impresionado por la música, pues la música pertenece a la cuarta dimensión, libera el alma, hace posible milagros y nos facilita su realización.

Una de mis amigas enciende cada día su aparato de música con este fin. Así, se pone en un estado de perfecta armonía y libera su imaginación.

Otra persona, a la que conozco bien, se dedica a bailar al mismo tiempo que hacer sus afirmaciones. El ritmo y la armonía de la música y del movimiento dan a sus palabras una fuerza extrema. También es conveniente que el estudiante se acuerde de no despreciar los "pequeños acontecimientos cotidianos". Invariablemente, antes de una demostración, las "señales de tierra" se manifiestan.

Antes de llegar a las Américas, Cristóbal Colón vio pájaros que llevaban una ramita en su pico, señal inequívoca de que la tierra se hallaba muy próxima. Pues bien, lo mismo sucede cuando se produce una demostración; lo que sucede es que, con frecuencia, el estudiante se equivoca, toma las señales por la demostración misma y luego se siente decepcionado.

Por ejemplo, una señora había "pronunciado la palabra" pidiendo una vajilla. Poco tiempo después, una amiga le dio un plato bastante viejo y desgastado. La señora vino a verme y se lamentó: "Yo pedí una vajilla y no recibí más que un plato viejo".

"Este plato —le dije—, no es más que una señal de tierra; su vajilla está en camino. Considérelo como la historia de los "pájaros y las ramitas" de Colón." Y, en efecto, poco tiempo después esta señora recibió la vajilla deseada.

"Hacer ver", de manera continua, impresiona el subconsciente. Si parecemos ricos, si creemos estar llenos de éxito, en el "tiempo requerido lo cosecharemos".

Con frecuencia, los niños fingen "ser", pues bien "si no se convierte en un niño pequeño, no entrará en el Reino de los Cielos".

Conocí en cierta ocasión a una mujer joven y pobre, que no lo aparentaba. Se ganaba la vida trabajando en la casa de unos amigos ricos, y cobraba por ello un sueldo más bien modesto. Ellos le hablaban sin cesar de los muchos gastos que tenían y le aconsejaban ahorrar. Sin embargo, ella no se preocupaba de ahorrar y gastaba todo su dinero en compras, una vez un sombrero, otra un regalo; de ese modo, se sumergía en su propio mundo lleno de encanto. Sus pensamientos siempre estaban fijos en bonitas prendas de vestir, en objetos hermosos, pero jamás sentía envidia por los demás. Vivía inmersa en un mundo maravilloso y solitario, en el que las riquezas le parecían reales. No tardó mucho en casarse con un hombre muy rico y todas las bellas cosas con las que había soñado terminaron por materializarse. Yo no sé si su marido fue elegido por la Selección Divina, pero lo cierto es que la riqueza debió de manifestarse fuertemente en su vida como resultado de su propia imaginación, que sólo se centraba en la riqueza.

No hay paz ni felicidad para la persona que no aparta todo el miedo de su subconsciente. El miedo es la energía mal dirigida que debe cambiarse y transformarse en fe.

Jesucristo dijo: "¿Por qué tienes miedo, hombre de poca fe?". Todo es posible para aquel que cree.

Alguna vez, otra de mis alumnas me preguntó: "¿Cómo puedo librarme del miedo?". Yo le respondí: "Enfrentándose a lo que la asusta".

"La ferocidad del león se basa en vuestro miedo." Enfrentémonos al león y desaparecerá, intentemos escapar de él y nos seguirá.

Ya enseñé en los capítulos anteriores cómo "el león" de la pobreza desaparece en cuanto el individuo gastaba sin miedo alguno, probando así que Dios era su riqueza y esta abundancia, era, por lo tanto, infalible.

Numerosos alumnos míos se vieron liberados de las garras de la pobreza y están ahora en la opulencia, gracias a que habían perdido todo el miedo a gastar. El subconsciente queda muy impresionado por esta verdad de Dios, que es a la vez la dádiva y el donante; en consecuencia, si nosotros estamos unidos a Dios, quiere decir que estamos unidos a la dádiva. He aquí hay una maravillosa afirmación: "Doy gracias a Dios, el donante, por Dios, la dádiva".

Debido a sus pensamientos de separación y de penuria, el humano ha estado durante mucho tiempo separado del bien y de sus verdaderos recursos, hasta el punto de que hace falta emplear la dinamita para destruir esas falsas ideas del subconsciente, y la dinamita se presentará bajo la forma de una importante ocasión para vencer.

En todos los ejemplos anteriores, hemos visto que el individuo se libera a través de la destrucción del miedo. "Aquello que escojas hoy será aquello a lo que servirás", ya sea el miedo o la fe.

Quizá vuestro miedo se vea suscitado por la personalidad de otras personas. En este caso, no evites a aquellos que temas, ve hacia ellos tranquilamente y verás cómo se convierten en las "mallas de oro en los eslabones de tu bien" o bien desaparecerán armoniosamente de tu camino.

Quizá tema Ud. la enfermedad, los microbios. Aprenda a ser insensible a los riesgos de contagio y se sentirá inmunizado.

En efecto, no se puede contaminar nada a menos que su vibración esté en el mismo plano que los microbios, y el miedo rebaja a la persona al mismo nivel. Sin embargo, que quede bien entendido que el microbio que transmite la enfermedad es producido por el entendimiento mortal, pues todo pensamiento toma forma de algo. Los microbios no existen en el superconsciente, el Entendimiento Divino; son el producto de "la vana imaginación del humano".

En un abrir y cerrar de ojos surgirá la liberación del humano, y entonces se dará cuenta de que el mal se ve privado de sus poderes. El mundo material se desvanecerá en la cuarta dimensión, y el "mundo de las maravillas" aparecerá a continuación.

"Y yo vi un nuevo cielo y una nueva tierra, y no habrá más muerte, ni tristeza, ni lágrimas, ni dolores, pues ¡las cosas viejas pasarán!"

El amor

Toda persona de este planeta está siempre iniciándose en el amor. "Doy un nuevo mandamiento, que se amen los unos a los otros".

Ouspensky dijo, en *Tertium Organum*, que el amor es un fenómeno cósmico que abre al humano la cuarta dimensión, que es "el mundo de las maravillas".

El verdadero amor es desinteresado y está exento de todo miedo. Se derrama sobre el objeto de su afecto sin que pida nada a cambio. Su alegría está en la alegría de dar. El amor es Dios que se manifiesta con la gran fuerza magnética del Universo. El amor puro, exento de todo egoísmo, atrae a aquello mismo que le pertenece; no busca ni pide nada.

Nadie, por así decirlo, tiene siquiera una pequeña idea del verdadero amor. El humano es egoísta, tiránico y temeroso en sus afectos, y pierde, por este mismo hecho, a aquel que ama.

Los celos son el peor enemigo del amor, pues la imaginación se desencadena, empuja al ser amado hacia otro, e infaliblemente esta clase de miedos desvían la realidad si no logran ser debidamente neutralizados.

Una joven señora profundamente afligida vino a buscarme y me dijo que el hombre al que ella amaba la había abandonado por otra, diciéndole que nunca tuvo la intención de casarse con ella. La mujer se sentía lastimada por los celos y el resentimiento y me dijo que deseaba que él sufriera lo mismo que ella estaba sufriendo, y añadió: "¿Cómo me ha podido dejar a mí, que le amaba tanto?".

Yo le respondí: "Usted no le amaba. En realidad, usted le odiaba. Jamás puede recibir si antes no da, dé un amor perfecto y recibirá un perfecto amor. Aproveche esta ocasión para perfeccionarse, ofrezca un amor perfecto, sin egoísmos, sin pedir nada a cambio, no le critique, ni le ordene nada y bendígalo donde quiera que se encuentre".

"No —respondió ella—, yo no lo bendigo, ¡a menos que sepa dónde está!".

"Bien —le dije—, eso significa que este no es el amor verdadero. Cuando aprenda lo que es el amor verdadero, ese mismo amor verdadero le será entregado por ese hombre, o bien, por otro que será su equivalente, pues es posible que este hombre no sea la selección divina. Usted no lo querrá más. Así como es una con Dios, es una con el amor que le pertenece por derecho divino." Los meses pasaron y las cosas permanecieron como estaban, pero, mientras tanto, mi amiga trabajaba concienzudamente en ella misma. Yo le dije: "Cuando desaparezca la crueldad de usted, él también dejará de ser cruel, pues usted la atrae aquí por sus propias emociones".

A continuación, le hablé de una fraternidad de la India donde sus miembros no dicen jamás "buenos días", sino "yo saludo a la divinidad que hay en usted". Ellos saludan a la divinidad existente en toda persona, así como en los animales de la selva, que no pueden jamás causarles daño alguno, pues los miembros de esta fraternidad creen que Dios está presente en todo ser viviente.

Luego añadí: "Salude a la divinidad que hay en ese hombre, y diga conmigo: "Sólo veo su ser divino; lo veo tal como lo ve Dios, perfecto, hecho a Su imagen y semejanza".

Mi amiga comentó más tarde que había encontrado un nuevo equilibrio y así pudo librarse de su resentimiento. El hombre al que ella amaba era capitán, y siempre le llamaba Cap. Un día que vino a verme, mi amiga me dijo en voz alta: "Que Dios bendiga al Cap, donde quiera que esté".

"Ahí está el verdadero amor —me apresuré a declararle—. Y allí donde esté se hará un círculo completo y esta situación no volverá a suceder. Finalmente usted obtendrá su amor o atraerá a su equivalente."

Por aquella época tuve que cambiar de piso y me quedé sin teléfono durante una temporada. Por lo tanto, no tuve más noticias de ella durante algunas semanas. Luego, una mañana, recibí una carta en la que me decía: "Nos hemos casado".

Me apresuré a. visitarla y mis primeras palabras fueron: "¿Cómo volvió él?".

"¡Oh! —exclamó ella—, ¡pareció un verdadero milagro! Un buen día me encontraba con la sensación de que todo el dolor me había dejado. Esa misma noche lo encontré y me pidió que me casara con él. Nos casamos unos ocho días después y jamás he visto a un hombre tan enamorado."

Un viejo proverbio dice: "Ninguna persona es tu enemigo, ninguna persona es tu amigo, todos los seres son tus propios maestros." Es necesario ser impersonal y aprender de cada uno lo que cada uno tenga para enseñarnos; en resumen, una vez que aprendamos las lecciones, seremos libres.

Este hombre enseñó a esa mujer un amor desinteresado que cada persona, tarde o temprano, debe conocer.

El sufrimiento no es necesario para el desarrollo del humano. El sufrimiento es más bien el resultado de la violación de la ley espiritual, pero son pocas las personas capaces de despertarse del "sueño del alma" sin sufrimiento. Cuando la gente se siente feliz suele ser, por regla general, egoísta y, automáticamente, la ley del karma entra en acción. La gente sufre en seguida las pérdidas porque le falta la capacidad para la autocrítica.

Una de mis conocidas tenía un marido encantador, a pesar de lo cual ella decía a menudo: "No me agrada el matrimonio; no tengo nada que criticarle a mi marido, pero la vida conyugal no me interesa para nada".

Esta persona se interesaba por otras muchas cosas. Apenas se acordaba de que tenía un marido. Sólo se acordaba de él cuando le veía. Un buen día, él le comunicó que se había enamorado de otra mujer y que había decidido dejarla. Ella acudió a verme de inmediato, desolada y llena de amargura.

"Esto es precisamente el resultado de cómo ha pronunciado usted la palabra —le dije—. Dijo bien claramente que no apreciaba la vida conyugal. En consecuencia, su subconsciente trabajó para liberarla."

"Sí —admitió ella—. Ahora lo comprendo. Primero se consigue aquello que se desea, y luego no hace una más que quejarse."

No tardó en aceptar esta situación al comprender que ella y su marido eran más felices estando separados.

Cuando una mujer se vuelve indiferente o critica a su marido, es cuando deja de ser la inspiración para él; este, privado de las alegrías de los primeros tiempos de su unión, se siente desamparado e infeliz.

Un hombre deprimido, infeliz y pobre vino a consultarme. Su mujer se interesaba por las Ciencias de los números y había llevado a cabo un estudio sobre un tema numérico. Por lo visto, el resultado de su estudio no era favorable, pues me comentó:

"Mi mujer me dijo que no llegaré jamás a ninguna parte porque soy un dos".

Yo le respondí: "Su número me es completamente indiferente. Usted es una idea perfecta del Entendimiento Divino, y nosotros le pediremos el éxito y la prosperidad que le han sido preparados por la Inteligencia Infinita".

Al cabo de pocas semanas, el hombre se encontraba en una situación excelente y, uno o dos años más tarde, logró un éxito brillante como hombre de letras. Nadie puede tener éxito en los negocios a menos que los ame. La tela que el pintor pinta por amor al arte es la más bella obra. Es necesario desaconsejar siempre aquello que sólo sirve para hacer "hervir la marmita".

Ninguna persona puede atraer el dinero si lo desprecia. Muchos de los que se mantienen en la pobreza declaran: "El dinero no me interesa, yo no guardo ninguna consideración por los que lo tienen". Aquí está la explicación del porqué muchos artistas son pobres, porque menosprecian el dinero y, entonces, el dinero se aparta de su camino.

Me acuerdo de haber escuchado a un artista decir de un colega: "Ese es un artista sin valor, pues tiene una abultada cuenta en el banco". Esta actitud mental separa a las personas de sus riquezas. Para atraer una cosa hacia sí, sea cual fuere, es necesario estar en armonía con ella.

El dinero es una manifestación de Dios que nos libera de la necesidad y de las restricciones, pero debe mantenerse en circulación y ser utilizado para buenas finalidades.

Atesorar y ahorrar traen consigo reacciones fuertemente desagradables. Eso no significa, sin embargo, que no se deban poseer inmuebles, tierras, acciones y obligaciones, pues "los graneros de los justos estarán llenos"; pero no debemos ser ahorrativos si se nos presenta una ocasión para gastar, o si el dinero fuera necesario para algo. Al dar libre curso al dinero que tenemos, al hacerlo sin miedo y alegremente, se abrirá la vía que traerá más, pues Dios es nuestra más infalible e inagotable riqueza.

Aquí está la actitud espiritual que debemos tener en relación con el dinero y el Gran Banco del Universo. ¡No fallará jamás!

Una película titulada *Greed* (Avidez) nos ofrece un buen ejemplo de avaricia. La heroína de la historia ganó cinco mil dólares en una lotería, pero no quería gastarlos. Amontonó y abarrotó, dejando sufrir y morir de hambre a su marido, quien terminó viéndose obligado a buscar en la basura para sobrevivir. Amar el dinero por sí mismo se colocó en el lugar más bajo de todos. Una noche, ella fue asesinada y le robaron todo su dinero.

Aquí encontramos un buen ejemplo en el que "el amor por el dinero es la base de todos los males". El dinero, en sí mismo, es bueno y beneficioso, pero cuando se lo utiliza con finalidades destructivas, cuando se lo acumula y atesora, o bien cuando se lo considera como más importante que el amor, se convierte en una verdadera causa de la en- fermedad, de la tristeza y, finalmente, de la pérdida del propio dinero.

Siga el camino del amor y todas las cosas le serán dadas por añadidura, pues Dios es Amor, y Dios es nuestra verdadera riqueza; en cambio, si sigue el camino del egoísmo y de la avidez, la riqueza desaparecerá, o bien usted mismo se verá separado de ella.

Conozco el caso de una mujer muy rica que ahorraba todos los beneficios que obtenía. Raras veces hacía cualquier donación, pero, en cambio, compraba sin parar objetos de todo tipo.

Se sentía particularmente atraída por los collares. Una de sus amigas le preguntó un día cuántos tenía. "Sesenta y siete", respondió ella. Los compraba y los guardaba en cualquier parte, seguramente en un papel de seda. Eso sería legítimo si los hubiera lucido, pero ella violaba la ley de la circulación; sus armarios estaban llenos de ropa que jamás utilizaba.

Los brazos de esta persona se fueron paralizando progresivamente porque se apegaba muy ávidamente a todos estos objetos. Al cabo de poco tiempo se la consideró incapaz de gestionar su propia fortuna y esta le fue retirada. He aquí un buen ejemplo de cómo se suscita una pérdida por ignorancia de la ley.

Toda enfermedad y toda tristeza provienen de la violación de la ley del amor. Los bumeranes del odio, del rencor y de la crítica se revuelven contra nosotros mismos llenos de enfermedad y dolor. El amor es como un arte perdido, pero aquel que conoce la ley espiritual sabe que debe reconquistarlo, pues sin amor, él mismo no es más que "un címbalo que resuena".

Una de mis alumnas, por ejemplo, trabajó conmigo durante muchos meses para liberar su consciente del rencor. Llegó hasta un punto en el que no odiaba más que a una sola persona. Liberarla era algo difícil de lograr, sin embargo, poco a poco, mi alumna fue encontrando el equilibrio y la armonía que necesitaba, y un buen día desaparecieron todos sus resentimientos.

Ese día ella llegó radiante a mi casa y exclamó: "¡Usted no puede imaginar lo que me ha pasado! La persona que yo odiaba me ha dicho algo muy desagradable y, en lugar de dejarme arrastrar por la furia, me mostré gentil y llena de amor; entonces, ella se disculpó y ¡fue absolutamente encantadora conmigo! ¡Nadie podría imaginar lo bien que me siento ahora!".

El amor y la buena voluntad son inestimables en los asuntos humanos.

Una empleada vino a desahogarse conmigo sobre su jefa que, según ella, era fría, muy crítica y sin amor alguno.

"Bien —le aconsejé—, salude entonces a la divinidad que hay en ella y envíele pensamientos de amor."

Ella me respondió: "Imposible, es una mujer de mármol".

"¿Usted se acuerda de la historia del escultor que reclamó un cierto bloque de mármol? —le repliqué—. Cuando le preguntaron para qué lo quería, él respondió: 'Porque hay un ángel dentro de ese mármol', y logró crear una maravillosa obra de arte."

"Bien —dijo mi visitante—, lo intentaré." Una semana más tarde volvió a verme: "He hecho lo que usted me aconsejó y he podido comprobar que esta señora es más buena conmigo; me llevó a dar un paseo en su coche."

Ciertas personas están llenas de remordimientos por haber hecho algún mal a alguien, a veces durante muchos años.

Si este mal no puede ser reparado, su efecto puede ser neutralizado haciendo el bien a cualquier otra persona en el presente.

"Si hago una cosa, olvido lo que ya pasó y me dirijo al porvenir."

La tristeza, el remordimiento y las lágrimas destruyen las células del cuerpo y envenenan la atmósfera del individuo.

Un buen día, una señora que experimentaba una profunda tristeza, me pidió: "Tráteme para que pueda vivir feliz y contenta, pues mi tristeza me hace ser irritable con los miembros de mi familia, y recibo enseguida los golpes del karma." Así pues, me pidió que la tratara como se trataría a una madre que llora por su hija. Yo negué toda creencia en las pérdidas y las separaciones, y afirmé que Dios era la alegría de esta mujer, su amor y su paz.

Ella recuperó inmediatamente su equilibrio y, al cabo de poco tiempo, su propio hijo vino a decirme que detuviera el tratamiento, pues actualmente ella se sentía llena de alegría. Vemos, una vez más, cómo el entendimiento mortal se adhiere a sus propios dolores y lamentaciones.

En otra ocasión, una persona perteneciente a mi familia hacía alarde, sin parar, de las tristezas que la abrumaban, hasta el punto de que siempre tenía algo de lo que quejarse.

Antaño, si una mujer no se hacía cargo de sus hijos, pasaba por no ser una buena madre.

Hoy sabemos bien que las continuas quejas de las madres son precisamente las verdaderas responsables de las enfermedades y accidentes que les ocurren a sus hijos.

El miedo, en efecto, imagina fuertemente la enfermedad o la situación temida, y estas imágenes, si no son neutralizadas debidamente, terminarán por materializarse.

Bienaventurada la madre que puede decir sinceramente que entrega a su hijo entre las manos de Dios sabiendo, en consecuencia, que está divinamente protegido. Ella proyecta así una especie de fuerza protectora sobre su hijo.

Una mujer se despertó súbitamente en plena noche presintiendo que su hermano se encontraba en un grave peligro. En lugar de ceder a sus temores, afirmó la Verdad y se dijo a sí misma: "El humano es una idea perfecta del Entendimiento Divino, y él está siempre en su verdadero lugar; por lo tanto, mi hermano está en su verdadero lugar, divinamente protegido". Al día siguiente se enteró con asombro que su hermano se había encontrado muy cerca de una mina donde se había producido una gran explosión de la que él, afortunada y milagrosamente, se había salvado.

Es así como nosotros mismos somos los guardianes de nuestros hermanos (por el pensamiento) y cada uno debe saber que el objeto de su afección "reside en las Alturas, y reposa a la sombra del Todopoderoso".

"A aquel que no espera ningún mal, no le sucederá mal alguno."

"El amor perfecto expulsa el miedo. Aquel que teme no es perfecto en el amor." Finalmente, "el amor es el cumplimiento de la Ley".

Intuición, dirección

"En cualquier camino que sigas reconócele y Él te dirigirá."

Nada es imposible para aquel que conoce la fuerza de su palabra y que sigue las directrices de sus intuiciones. Por la palabra hace entrar en acción las fuerzas invisibles y puede restaurar su cuerpo y transformar sus negocios.

Es, por lo tanto, muy importante elegir las palabras adecuadas y las afirmaciones que vamos a proyectar en lo invisible. Aquel que se dedica al estudio de la Ley espiritual sabe que Dios es su riqueza, que la abundancia divina responde a todas las demandas y que la palabra le permite surgir.

"Pide y recibirás". El humano debe dar el primer paso. Aproxímate a Dios y Él se aproximará a ti.

Si alguien me pregunta qué se debe hacer para que se produzca una demostración, le respondo: "Pronuncie la palabra y no haga nada hasta que usted tenga una directriz precisa".

Pida una indicación y diga: "Espíritu Infinito, guíame, hazme saber si hay alguna cosa que yo deba hacer."

La respuesta vendrá por intuición, una reflexión de alguien, encontrada quizá en las páginas de un libro, etcétera. Las respuestas son a veces sorprendentes en cuanto a su exactitud. Así, por ejemplo, una señora deseaba una gran cantidad de dinero. Ella pronunció estas palabras: "Espíritu Infinito, abre la vía que traerá hacia mí la abundancia, que todo lo que es mío por derecho divino, venga inmediatamente con profusión". Luego, añadió: "Dame una indicación precisa, hazme saber de cualquier cosa que yo necesite hacer". Enseguida apareció en su cabeza este pensamiento: "Dale a cierta amiga (que le había ayudado espiritualmente) cien dólares". Pero tuvo otro que le decía: "Espera a recibir otra indicación antes de hacerlo". Esperó, y entonces, en ese mismo día, encontró a una conocida que, en el curso de una conversación, le contó:

"Hoy he dado un dólar a una persona, para mí es lo mismo que si usted hubiera dado cien".

Esta era una buena indicación; ella estaba segura de que tenía razón en lo de dar los cien dólares. Esta donación se reveló como un empleo excelente, pues poco tiempo después le llegó, de una manera sorprendente y extraordinaria, una suma grande de dinero.

Dar es lo que abre la puerta para recibir. Para crear verdadera actividad en los asuntos financieros, hay que dar. El diezmo, es decir, la ofrenda de la décima parte de los ingresos, es una vieja costumbre judía que jamás ha dejado de suscitar la abundancia. Son muchos los que, entre los más ricos de este país, tienen la costumbre de ofrecer el diezmo. No conozco ninguna otra inversión mejor que esta.

Recuperamos esta décima parte bendecida y multiplicada. Pero la donación deberá ser hecha con amor y alegría, pues "Dios ama al dador alegre". Las facturas deben ser pagadas voluntariamente; todo dinero debe ser entregado sin miedo y será acompañado por una bendición. Esta actitud de espíritu convierte al humano en dueño del dinero, que entonces se convierte en su servidor y la palabra que pronuncia abre las vastas reservas de la riqueza.

Es el humano mismo quien, debido a su visión limitada, limita su abundancia.

A veces, un estudiante que ha logrado una gran realización de riqueza, tiene miedo de actuar. La visión y la acción deben caminar juntas, como en el caso del señor que deseaba comprar el abrigo de piel.

Una consultante vino a pedirme que "pronunciara la palabra" en favor de una situación determinada. Yo le dije: "Espíritu Infinito, abre la vía para la situación que convenga a esta persona". No pida jamás "una situación", sino la situación justa, es decir, aquella que ya está preparada en el Plan Divino, pues sólo ella podrá proporcionarle satisfacción. Luego di gracias por aquello que ya se había recibido y para que la situación se manifestara rápidamente. Poco después, a esa persona le fueron ofrecidas tres oportunidades, dos en Nueva York y otra en Palm Beach, y ella no sabía con cuál quedarse. Yo le dije: "Pida una dirección precisa".

La fecha límite para la respuesta estaba a punto de caducar y ella no había tomado todavía una decisión. Entonces, un día me llamó: "Desperté esta mañana —me dijo—, y tuve la impresión de sentir el perfume de Palm Beach".

Ella ya había estado allí en el verano y conocía su aire embalsamado.

"En tal caso —le respondí—, ahí tiene con seguridad la indicación que tanto esperaba." Así pues, aceptó lo que le ofrecieron, lo cual, a su vez, le fue extremadamente favorable, en consonancia con las directrices que surgieron en un momento inesperado.

Un día caminaba por la calle cuando, súbitamente, decidí entrar en una determinada panadería que se encontraba un poco lejos de donde me hallaba en aquel momento.

La razón me decía: "No hay nada en esta panadería que puedas necesitar".

Sin embargo, decidí no ponerme a razonar, y me fui para allá. Cuando llegué observé a mi alrededor y me pareció que, en realidad, no necesitaba nada. Pero, de repente, encontré a una señora en la que había estado pensando y que necesitaba una gran ayuda que yo podía ofrecerle. Así pues, cuando se busca una cosa a menudo se encuentra con otra.

La intuición es una facultad espiritual que no tiene explicación, pues no hace más que enseñar el camino.

Con frecuencia se recibe una dirección durante un "tratamiento". La idea que surge puede parecer incongruente, pero ciertas directrices de Dios son misteriosas.

En el desarrollo de un curso, un buen día me encontraba dedicada a efectuar "tratamiento" para que cada estudiante recibiera una indicación bien definida. Después del curso, una alumna vino a decirme: "Mientras usted 'trataba', yo tuve la idea de sacar mis muebles del garaje y de alquilar un apartamento".

Y sin embargo había acudido a verme por un problema de salud. Yo le dije que, si tuviera un hogar, su salud estaría mejor y añadí: "Creo que su enfermedad, que es digestiva, proviene del hecho de que usted deja todas sus cosas de lado. La congestión de las cosas provoca la congestión del cuerpo. Usted ha violado la ley de la circulación y su cuerpo paga ahora las consecuencias".

Después, di gracias de que "el Orden divino se hubiera vuelto a restablecer en su espíritu, en su cuerpo y en sus asuntos".

No sabemos hasta qué punto los asuntos actúan sobre la salud. Toda enfermedad comporta una correspondencia mental. Una persona puede curarse instantáneamente cuando comprende que su cuerpo es una idea perfecta del Entendimiento Divino y, en consecuencia, que está sana y es perfecta. Pero si continúa pensando de una manera destructiva, si es avara, si odia, si teme, si condena, la enfermedad se reproducirá.

Jesucristo sabía que toda enfermedad proviene del pecado. Después de haber curado a un leproso, le dijo: "Ve y no peques más por temor a que un mal mayor te aflija".

Así es, el alma (el subconsciente) debe ser lavada y volverse blanca como la nieve para que la cura sea permanente. Los metafísicos hacen profundos sondeos para descubrir esa clase de "correspondencias".

Jesucristo dijo: "No juzgues a fin de no ser juzgado."

Muchos atraen la enfermedad y la tristeza cuando condenan a los otros. Aquello que alguien desea para el prójimo es lo que atrae para sí mismo.

Una amiga vino a verme llena de cólera y de dolor porque su marido la había abandonado por otra. Mi amiga censuraba a esta mujer y repetía sin parar: "Ella sabía que él era casado y no tenía el derecho de aceptar los galanteos de él". Yo le respondí: "Deja ya de condenar a esa mujer. En lugar de eso, bendícela y termina con esta situación porque, si no lo haces atraerás lo mismo sobre ti". Ella hizo oídos sordos a mis palabras y uno o dos años más tarde ella misma se enamoró de un hombre casado. Cuando se critica o se condena, es como si el hombre estuviese enchufado a un cable de alta tensión. Lo mínimo que puede esperar es un calambrazo.

La indecisión es una piedra de obstáculo en su camino. Para superarla, repita sin cesar: "Yo siempre tengo la inspiración directa y tomo rápidamente las buenas decisiones".

Estas palabras impresionan al subconsciente y no se tarda en encontrar la actitud alerta y verse despojado de toda duda. Aprendí que puede ser nefasto buscar esta directiva en el plano psíquico, pues en este plano hay numerosos espíritus y no un Espíritu Único.

A medida que el ser humano abre su espíritu a la subjetividad, se convierte en blanco de las fuerzas destructivas. El plano psíquico es el resultado del pensamiento mortal, es el plano de las "oposiciones". En él recibimos mensajes tanto buenos como malos.

La ciencia de los números, los horóscopos, mantienen al humano en el plano mental (o mortal), pues no se ocupan más que de la vía kármica.

Conozco a un señor que, según su horóscopo, debería estar muerto desde hace algunos años. Él se encuentra bien y dirige uno de los mayores movimientos de su país, para el bien de la humanidad. Para neutralizar una predicción nefasta, hay que poseer una gran fuerza mental. El estudiante debe declarar: "Toda predicción falsa será inhabilitada; todo plan que no viene de mi Padre celeste será eliminado y se disipará; la idea divina se realiza ahora".

Sin embargo, si recibimos un buen mensaje, un mensaje que anticipe la felicidad o la fortuna, debemos acogerlo y esperar su realización, lo que contribuirá a producir su manifestación. La voluntad humana debe servir para sostener la voluntad divina. "Yo quiero que la voluntad de Dios sea hecha."

La voluntad de Dios es conceder a cada uno los deseos legítimos de su corazón, y la voluntad del humano debe ser empleada para mantener, sin la menor vacilación, una visión que debe ser perfecta.

El Niño Prodigio declaró: "Yo me levantaré e iré en dirección a mi Padre".

A veces es necesario realizar un esfuerzo de voluntad para abandonar las "algarrobas y los cerdos" del entendimiento humano. Para el común de los mortales es mucho más fácil temer que tener fe: la fe es un esfuerzo de la voluntad.

Al despertar a la espiritualidad, el ser humano reconoce que todo lo que se halla en discordancia a su alrededor se corresponde con una desarmonía mental. Si alguien tropieza y se cae, siempre puede decir que tropezó y cayó debido a su propio entendimiento.

Un día, una de mis alumnas salió por la calle, sumida en unos pensamientos en los que se dedicaba a condenar a alguien. Se decía a sí misma: "Esta mujer es la más desagradable de la Tierra". Entonces, bruscamente, tres *scouts* aparecieron repentinamente tras dar la vuelta a una esquina y la hicieron caer al suelo. Ella no hubiera querido que eso sucediera así, pero inmediatamente apeló a la ley del perdón en un "saludo a la divinidad" que había en aquella otra señora. Las vías de la sabiduría son vías agradables y llenas de paz.

Cuando se hace una llamada al Ser Universal, hay que esperar sorpresas. Todo puede parecer que va mal, pero en realidad todo va bien.

Una estudiante aprendió que no hay pérdida en el Entendimiento divino y que, consecuentemente, ella no podría perder aquello que le pertenecía, y en caso de pérdida recibiría su equivalente.

Unos años antes, esta persona perdió dos mil dólares. Había prestado ese dinero a un pariente, que murió sin hacer mención del préstamo en su testamento. Esta alumna se sentía llena de amargura y de cólera pues no tenía ninguna prueba de que se hubiera producido esta transacción. Decidió negarse a aceptar la pérdida y pidió dos mil dólares a la Banca del Ser Universal. Comenzó por perdonar a su familiar, pues el rencor y el rechazo a perdonar cierran las puertas de este banco maravilloso.

Ella afirmó: "Niego esa pérdida; no hay pérdida alguna en el Entendimiento Divino, en consecuencia, no puedo perder estos dos mil dólares que me pertenecen por derecho divino. Cuando una puerta se cierra, otra puerta se abre".

Esta mujer vivía en un piso de un edificio que estaba en venta; el contrato tenía una cláusula por la que se estipulaba que, si la casa se ponía en venta, los inquilinos se verían obligados a mudarse en el término de noventa días. Bruscamente, el propietario hizo un nuevo contrato y aumentó los alquileres. De nuevo la injusticia surgió ante su camino, pero esta vez ella no se alteró. Bendijo al propietario y se dijo a sí misma: "Este aumento del alquiler significa que yo seré más rica, pues Dios es mi riqueza".

Los nuevos contratos establecieron los nuevos alquileres, pero, debido a un error providencial, la cláusula de los noventa días fue omitida. Poco después, el propietario tuvo la ocasión de vender su casa. Gracias al error cometido en los nuevos contratos, los inquilinos pudieron quedarse en los pisos que ocupaban durante un año. El gestor ofreció a cada uno de ellos doscientos dólares para que se marchasen. Muchas familias se cambiaron, y otras tres se quedaron, incluida la señora en cuestión. Transcurrieron uno o dos meses. El gestor volvió a ponerse en contacto con los inquilinos. En esta ocasión, le propuso a mi amiga: "¿Usted aceptaría la cuantía de mil quinientos dólares?". En ese mismo instante, ella se dio cuenta de lo que ocurría: "¡Mira por dónde, aquí están mis dos mil dólares!". Ella se dirigió a sus vecinos que todavía vivían en el mismo edificio: "Actuaremos juntos si nos quieren echar". Su dirección consistió, por lo tanto, en consultar con sus vecinos.

Ellos declararon: "Si le ha ofrecido a usted mil quinientos dólares, con seguridad nos darán dos mil dólares a cada uno". Y así fue, en efecto, ella recibió un cheque de dos mil dólares a cambio de marcharse.

Este hecho es una gran demostración de la ley, la injusticia aparente no pudo sino abrir la puerta a la demostración. Esto demuestra que no hay pérdida y que cuando la persona actúa según la ley espiritual, obtiene todo aquello que es de él en el gran Depósito del Bien.

"Yo te devolveré los años destruidos por las langostas."

Las langostas no son más que las dudas, los miedos, los resentimientos y las lágrimas del entendimiento mortal.

Por sí solos, estos pensamientos adversos pueden terminar por destrozar a la persona, pues "ninguno da al humano sino él mismo, y nadie le roba sino él mismo".

Nosotros estamos aquí para hacer la prueba de Dios y "para dar testimonio de la Verdad", puesto que sólo nosotros podemos demostrar que Dios hace surgir la riqueza de la penuria y la justicia de la injusticia.

"Pónganme a prueba —dice el Eterno a la muchedumbre—. Y verán si no abro para ustedes las compuertas de los cielos, si no derramo sobre ustedes una bendición tal que no tendrán lugar para guardarla" (Mal. III, 10).

La perfecta expresión de sí mismo o el designio divino

"Ningún viento puede extraviar mi barca ni cambiar el curso de mi destino."

Para toda persona existe una perfecta expresión de sí misma. Hay un sitio que ella debe ocupar y que nadie podrá ocupar en su lugar; hay cosas que ella misma debe hacer y que nadie podrá hacer por ella, ese es su destino.

Esta idea perfecta, mantenida en el Entendimiento Divino, espera que el humano la reconozca, pues la facultad de la imaginación es una creadora, necesaria para que el hombre perciba la idea antes de que esta sea realizada. Así pues, el llamamiento más elevado que puede recibir el ser humano se refiere al designio divino de su vida.

Es posible que no se tenga ni la menor idea de ello, pero lo cierto es que puede tener, profundamente escondido en sí mismo, algún talento maravilloso. Su llamamiento deberá ser: "Espíritu Divino, abre la vía para que se manifieste el designio divino de mi vida; que el genio que existe en mí sea liberado; que pueda comprender con toda claridad el Plan Perfecto".

El Plan Perfecto comprende la salud, la fortuna, el amor y la perfecta expresión de sí mismo. Ahí está la cuadratura de la vida que trae consigo la felicidad perfecta. Después de haber hecho este llamamiento, grandes cambios pueden producirse en la vida de una persona, pues todos los humanos están lejos del designio divino.

Conozco el caso de cierta persona de quien parecía que un ciclón hubiera devastado todos sus asuntos, pero estos se reorganizaban rápidamente y nuevas y maravillosas condiciones no tardaban en sustituir a las viejas. La expresión perfecta de sí mismo no se manifestará nunca como una tarea ingrata, pero tendrá un interés tan absorbente que parecería como si se tratara de un juego. Aquel que se inicia a la verdad también sabe que al penetrar en el mundo donde Dios dirige las finanzas, la riqueza necesaria para su más perfecta expresión estará al alcance de su mano.

Más de un genio ha tenido que pasar durante años por problemas financieros, pero aquellos que pronuncian la palabra con fe liberarán rápidamente los fondos necesarios.

¿Quiere ver un ejemplo de ello? Después de un curso, un estudiante acudió a verme y me enseñó un centavo. Entonces me dijo: "Sólo tengo siete centavos, y le daré uno a usted, pues tengo fe en el poder de su palabra; le pediré que pronuncie la palabra para mi perfecta expresión y mi prosperidad".

Pronuncié la palabra y no volví a saber nada de él durante un año. Al final, regresó un día con aspecto de sentirse feliz, en pleno éxito, con una cartera llena de billetes. Me dijo enseguida: "Después de que usted pronunciara la palabra, me apareció una oportunidad en un pueblo y encontré la salud, la felicidad y la riqueza."

Para una mujer, la expresión perfecta puede venir del hecho de ser una esposa notable, una madre ideal, una dueña de casa realizada, sin seguir necesariamente una carrera brillante.

Pida directrices nítidas y el camino le será trazado, con facilidad y lleno de éxito.

No debemos "representarnos" ni forjarnos una imagen cuando pedimos que el designio divino penetre en nuestra conciencia; recibimos la clara inspiración y empezamos a ver cumplidas grandes cosas. Ahí está la idea a la que es conveniente atenerse sin la menor vacilación. Aquello que el humano busca, busca también al humano. ¡El teléfono buscó a Bell!

Los padres jamás deberían imponer sus carreras o sus profesiones a sus hijos. Conociendo la Verdad Espiritual, ya en los primeros años de la vida del niño, o incluso antes de su nacimiento, deberían pronunciar la palabra para que se realice el Plan Divino.

Un tratamiento prenatal debería hacerse de la siguiente manera: "Que Dios que está en este niño se exprese perfectamente; que los designios divinos para su espíritu, su cuerpo y sus asuntos se manifiesten durante toda su vida, durante toda la Eternidad".

Que la voluntad de Dios sea hecha y no la del humano; según el modelo de Dios y no el del humano. Este es el mandamiento que encontramos constantemente en las Escrituras, y la Biblia es un libro que trata de la Ciencia del Espíritu y que enseña al humano a liberar su alma (el subconsciente) de la esclavitud.

Las batallas que se describen en ese libro representan las luchas del humano contra los pensamientos mortales. "Los enemigos del humano serán aquellos de su propia casa." Toda persona es Josué y toda persona es David que extermina a Goliat (el pensamiento, el entendimiento mortal) gracias a una pequeña piedra blanca (la fe).

Así, el humano debe vigilar para no ser un "mal servidor" que entierra su talento, para no servirse de aquellos dones que entrañan terribles penalidades.

Con frecuencia, el miedo impide al humano expresarse correctamente. El miedo ha atormentado a más de un genio; pero el miedo puede superarse por medio de la palabra pronunciada o por el "tratamiento"; el individuo pierde toda la conciencia de sí mismo y siente solamente que hay sólo un medio para expresar la Inteligencia Infinita.

Se encuentra entonces bajo la inspiración directa, liberado de todo miedo, lleno de confianza, pues siente al "Padre que hay en él" y que actúa.

Un joven asistía con frecuencia a mi curso, en compañía de su madre. Me pidió que pronunciara la palabra para un examen al que iba a tener que someterse.

Yo le aconsejé que hiciera esta afirmación: "Estoy unido a la Inteligencia Infinita; sé todo lo que debo saber sobre esta asignatura"; poseía excelentes conocimientos de historia, pero no estaba muy seguro de sus conocimientos en aritmética.

Tuve la ocasión de verle poco tiempo después: "Pronuncié la palabra para la aritmética y recibí una de las mejores notas, pero me fie de mí mismo para la historia y mis notas fueron muy bajas". El hombre recibe un golpe cuando está muy seguro de sí mismo, pues ha puesto toda la confianza en su personalidad y no en el Padre que está en él.

Otra de mis alumnas me dio el siguiente ejemplo: Un verano, hizo un largo viaje, visitó numerosos países cuya lengua ignoraba. A cada instante pedía las directrices y la protección divinas, y todo se resolvía milagrosamente. Sus equipajes jamás se retrasaron ni se perdieron. Siempre encontraba los mejores hoteles y todo le fue perfectamente servido. Regresó a Nueva York donde, al conocer la lengua, pensó que Dios ya no era necesario e hizo sus cosas sin rogarle más. Todo le salió mal; sus equipajes se perdieron en medio de la agitación y del desorden.

El estudiante de metafísica debe tener la costumbre de practicar la Presencia de Dios a cada minuto. Reconocerle en todas las direcciones, porque nada es insignificante, ni demasiado importante. A veces, un incidente pequeño puede transformar toda una vida.

Robert Fulton, que se hallaba mirando hervir dulcemente el agua en una tetera, se imaginó un buque transatlántico.

He visto con frecuencia a un estudiante retrasar su demostración por su resistencia, o bien, porque él mismo quería elegir su camino. De esta manera limitaba su fe y paralizaba la manifestación.

"¡Mis caminos y no tus caminos!", ordena la Inteligencia Infinita. En el caso de cualquier clase de energía, ya se trate del vapor o de la electricidad, es necesario un instrumento que no ofrezca ninguna resistencia, y ese instrumento es la persona.

Constantemente, las Escrituras le aconsejan al ser humano que esté tranquilo. "Oh, Judá, no tengas miedo, pero mañana sal a su encuentro, pues el Señor estará contigo. No tendrás que combatir en esta batalla, relájate, ten tranquilidad y contempla la liberación del Señor que está contigo."

Así lo constatamos en el caso anterior, en el que una señora recibió del propietario del inmueble donde vivía sus dos mil dólares cuando ella adoptó una actitud no resistente y de una fe imperturbable, y también en el caso de aquella otra que ganó el amor del hombre al que amaba "cuando hubo cesado todo sufrimiento".

El objetivo del estudiante en metafísica es el equilibrio, el dominio de sí mismo. El dominio de sí mismo es su fuerza, pues da a la fuerza Dios la posibilidad de fluir a través del ser humano, a fin de actuar según Su bien querer. Dueño de sí mismo, el estudiante piensa claramente y "toma rápidamente las decisiones correctas". "La suerte no le falta nunca."

La ira altera la visión, envenena la sangre: es la causa de enfermedades y de decisiones que conducen al desastre.

La ira suele incluirse entre los pecados capitales, tanto en sus reacciones como en sus efectos maléficos. El estudiante aprende que, en metafísica, la palabra pecado tiene un sentido mucho más amplio que aquel que se enseñaba antiguamente: "todo lo que es contrario a la fe es pecado". Se da cuenta de que el miedo y la inquietud son pecados mortales. Es la fe a la inversa, ya que, por medio de imágenes mortales deformadas, provoca precisamente aquello que rechaza. Su trabajo consiste en rechazar a sus enemigos (más allá del subconsciente). "Cuando el ser humano esté exento del miedo, será perfecto." Pero, como dijo Maeterlink, "los humanos tienen miedo de Dios".

Así pues, tal y como hemos visto en los capítulos anteriores, el humano no puede vencer el miedo más que enfrentándose a aquello que lo asusta. Cuando Josafat y su ejército se preparaban para salir al encuentro del enemigo, cantó: "Loado sea el Señor, pues su misericordia dura por toda la eternidad". Se dio cuenta entonces de que sus enemigos se estaban matando los unos a los otros, y que ya no quedaba nadie contra quien combatir.

Una persona había pedido a una de sus amigas que transmitiera un mensaje a una tercera persona. Esta amiga temía dar ese paso, pues la razón le aconsejaba: "No te pelees por este asunto y no te hagas responsable de este encargo". Se sentía bastante inquieta, a pesar de haber pronunciado su palabra. Finalmente, decidió "afrontar al león" e hizo un llamamiento a la ley de la protección divina. Se encontró entonces con la persona a la que debía comunicar el mensaje que se le había encargado, abrió la boca para hacerlo así y, en ese mismo instante, esa otra persona le dijo: "Tal persona dejó el pueblo", lo que hacía inútil el mensaje que debía transmitir, puesto que la situación dependía de la presencia en el pueblo de aquella persona. Como quiera que se le había rogado que actuara, es decir, que no resistiera, no se sintió obligada; precisamente porque no tenía miedo, la situación embarazosa desapareció por sí sola.

Los estudiantes retrasan a menudo su demostración manteniendo la idea de que estaba incompleta. Deberían hacer la siguiente afirmación: "En el Espíritu Divino, todo está alcanzado; por lo tanto, mi demostración está completa, mi trabajo es perfecto, mi hogar es perfecto y mi salud también es perfecta".

Cualquier cosa que pidamos son ideas perfectas archivadas en el Entendimiento Divino y que deben manifestarse "por la gracia y de una manera perfecta". Hay que dar las gracias por haber recibido en lo Invisible y prepararse activamente para recibir en el plano visible.

Otra de mis alumnas tenía la necesidad de hacer una demostración pecuniaria; acudió a verme para preguntarme por qué esta demostración no llegaba a producir un resultado.

"Quizá tenga usted la costumbre de no terminar aquello que emprende, y su subconsciente haya tomado la costumbre de no llegar a terminar las cosas" (como ocurre afuera ocurre adentro).

"Tiene usted razón —me respondió ella—. Empiezo a hacer muchas cosas que no termino jamás. Voy a entrar en mi casa y a terminar de hacer una cosa que empecé hace varias semanas. Estoy segura de que eso será el símbolo de mi propia demostración.

Se dedicó a terminar esa tarea y, al cabo de poco tiempo, consiguió terminar el trabajo. Poco después, el dinero le llegó de una manera curiosa. Aquel mismo mes, su marido recibió una paga doble de su salario. Convencido de que se trataba de una equivocación, lo comunicó así a sus jefes, y estos, debido a su honradez, le dijeron que se lo quedara.

Cuando alguien pide con fe, no puede dejar de recibir, pues Dios crea sus propias vías. A mí, en ocasiones, me hacen esta pregunta: "Suponga que se tienen varios talentos.

¿Cómo saber cuál de ellos elegir?". Pida recibir una dirección clara, y diga: "Espíritu Infinito, dame una indicación clara, revélame cuál debe ser mi perfecta expresión, enséñame cuál es el talento que debo utilizar actualmente".

He visto a personas liberarse, bruscamente, de una tarea y encontrarse plenamente competentes con poco o casi ningún aprendizaje. Yo afirmo: "Estoy totalmente equipada para el Plan Divino de mi vida", y afronto sin miedo las ocasiones que se presentan.

Ciertas personas dan voluntariamente, pero no saben recibir; rechazan los regalos, ya sea por orgullo o por cualquier otra razón negativa, y agotan así sus fuentes e, invariablemente, se encuentran un poco desprovistas de todo.

Así, por ejemplo, a una señora que había dado mucho dinero acudieron a ofrecerle una donación de varios miles de dólares. Ella la rechazó diciendo que no tenía necesidad. Poco después, sus finanzas se encontraron con problemas y la mujer tuvo que endeudarse exactamente por aquella misma cantidad que se le había ofrecido. Es necesario recibir con gracia el pan "que nos viene sobre las aguas"; libremente, usted ha dado; libremente debe recibir.

El equilibrio entre dar y recibir existe siempre, y aunque alguien debe dar sin esperar nada a cambio, viola la ley aquel que no acepta aquello que le ofrecen, pues todo viene de Dios, y el humano no es más que su canal. No se debe tener jamás un pensamiento de penuria con respecto a aquel que da.

Por ejemplo, cuando el oyente del que ya he hablado me entregó su centavo, yo no pensé: "Pobre hombre, no está en condiciones de darme este centavo". Lo he visto rico y próspero recibiendo su parte de la abundancia que existe. Fue ese pensamiento el que le indujo a actuar como lo hizo. Si no se sabe recibir, es necesario aprender y, para hacer brotar las fuentes, saber aceptar lo que se nos ofrezca, aunque sólo sea un sello. El Señor ama tanto a aquel que sabe recibir como al que sabe dar.

Con mucha frecuencia se me ha preguntado por qué alguien nace rico y saludable, y otro, pobre y enfermo. Allí donde se produzca un efecto, hay siempre una causa; el azar no eta cuestión encuentra su respuesta en la ley de la reencarnación. El humano pasa por numerosas vidas, por numerosas muertes, antes de conocer la Verdad que le permite ser libre.

Se siente atraído hacia la tierra a causa de sus deseos anteriores insatisfechos, para pagar sus deudas kármicas o para "cumplir con su destino".

Por lo tanto, aquel que nace rico y saludable mantuvo en su subconsciente, en el transcurrir de su vida anterior, las imágenes de riqueza y de salud, mientras que aquel que está enfermo y pobre, creó las imágenes de enfermedad y pobreza.

En cualquier plano que esté, el humano manifiesta la suma total de las convicciones de su propio subconsciente. sin embargo, el nacimiento y la muerte son leyes establecidas por los hombres, pues el pago del pecado, es la muerte", la expulsión de Adán de la conciencia por haber creído en dos poderes (el bien y el mal). El ser real y el ser espiritual no conocen el nacimiento, ¡ni la muerte! Él jamás nace y jamás muere, sino que "está en el comienzo y ¡estará siempre!".

Así pues, por el conocimiento de la Verdad, el humano se libera de la ley del karma, del pecado y de la muerte y manifiesta al humano creado a "imagen de Dios y según su semejanza". Su liberación se produce cuando ya ha cumplido su destino haciendo surgir la manifestación del designio divino de su vida.

Su Señor le dirá: "Está bien, buen y leal servidor, tú has sido fiel en unas pocas cosas, yo te restableceré en muchas (incluyendo la muerte misma); entra en el gozo de tu Señor (la vida eterna)".

Negaciones y afirmaciones

"Tú decretarás una cosa y ella te será dada."

Todo el bien que debe manifestarse en la vida de alguien es ya un hecho cumplido en el Entendimiento Divino. Para actuar, Él espera que el humano le reconozca o pronuncie la palabra, o sea que es el mismo humano quien debe decretar, para que la Idea Divina se manifieste en su plenitud, ya que, con frecuencia, decreta por "sus vanas palabras" el pecado y la tristeza.

Es de la máxima importancia que se pronuncien correctamente las peticiones, como ya se indicó en el capítulo anterior. Si se desea un hogar, amigos, una posición, o cualquier otra cosa buena, es necesario pedir la "selección divina". "Espíritu Infinito, abre las vías que conducen a mi verdadero hogar, mis verdaderos amigos, mi verdadera posición. Yo Te agradezco que se manifieste ahora mismo, por la gracia y de una manera perfecta".

El fin de la afirmación es de una importancia capital. Veamos a continuación una prueba de ello: una de mis conocidas pidió mil dólares. Su hija fue víctima de un accidente y recibió mil dólares de indemnización, o sea que ella recibió lo que había pedido, aunque de una "manera no perfecta". El pedido debe ser hecho de la manera siguiente: "Espíritu Infinito, yo Te ruego que los mil dólares que me pertenecen por derecho divino sean liberados ahora mismo y me lleguen por la gracia y de una manera perfecta".

A medida que se desarrolla su conciencia de la riqueza, es conveniente precisar que las enormes sumas de dinero que nos pertenecen por derecho divino lleguen hasta nosotros por la gracia y por los medios perfectos.

Es imposible dar un curso verdaderamente libre a aquello que no creemos posible, pues nos encontramos limitados por las pretensiones del subconsciente. Es necesario ampliar esas pretensiones a fin de recibir más.

El humano se limita, a menudo, en sus pedidos. Así, un estudiante pide seiscientos dólares, para una cierta fecha. Finalmente, los obtiene, pero poco después se da cuenta de que, en realidad, desearía recibir mil. Sin embargo, y según la palabra que fue pronunciada, se le dan los seiscientos.

"Ello tiene limitado al Santo de Israel." La riqueza es un asunto de conciencia. Los franceses tienen una leyenda que ilustra esta verdad:

Un pobre hombre sale a la calle donde encuentra a un viajero que le para y le dice: "Amigo mío, veo que está usted muy triste, coja este lingote de oro, véndalo y será rico para toda la vida".

El hombre, entusiasmado de alegría por la buena suerte, se llevó el lingote a casa. Inmediatamente, encontró trabajo y ganó tanto dinero que no tuvo necesidad de vender el lingote de oro. Transcurrieron los años y el hombre se hizo muy rico. Un buen día, se cruzó en su camino un mendigo; el hombre lo detuvo y le dijo: "Amigo mío, yo le daré un lingote de oro, véndalo y será rico por toda la vida". El mendigo cogió el lingote, lo examinó y se dio cuenta de que aquello no era más que cobre.

Así pues, vemos cómo el primero de estos dos hombres se hizo rico porque tenía un sentimiento de riqueza, pensando que el lingote era de oro. Toda persona trae consigo su propio lingote de oro; esta es la conciencia del oro, de la riqueza, que atrae la riqueza a su vida.

Al formular sus peticiones, es necesario empezar por el fin, es decir declarar haber recibido ya. "Antes de que me llamen, yo responderé." Al afirmarla continuamente, la fe se establece en el subconsciente.

No sería necesario repetir una afirmación si se tuviera una fe perfecta. No se debe suplicar, ni implorar, sino dar gracias constantemente por aquello que ya se ha recibido.

"El desierto se alegrará y se abrirá como una rosa." El hecho de alegrarse mientras aún estamos en el desierto (estado de conciencia) abre la vía de la liberación. La oración dominical es, a la vez, un mandamiento y una petición. "Danos hoy el pan nuestro de cada día y perdona nuestras ofensas, así como nosotros perdonamos a quienes nos hayan ofendido"; y termina la alabanza: "Pues es a Ti a quien yo pertenezco, por todos los siglos, el Reino, La Fuerza y la Gloria. Amén".

Así pues, esta oración es un mandamiento y una petición, una alabanza y una acción de gracias. El trabajo del estudiante consiste en llegar a creer que con Dios todo es posible.

Esto parece fácil, así, tomado en abstracto, pero es un poco más difícil cuando nos encontramos en presencia de una dificultad.

Por ejemplo, es necesario que una mujer atraiga una gran suma de dinero para una determinada fecha. Ella sabe que debe hacer cualquier cosa para obtener una realización (pues la realización es la manifestación), y pide sus directrices. Poco después, al pasar ante una gran tienda, se fija en un bonito abridor de cartas de esmalte rosado expuesto en el escaparate. Se siente atraída por el objeto y piensa en seguida: "Yo no tengo un abridor de cartas tan elegante para abrir cartas que contengan grandes cheques".

Compra entonces uno, pero su razón le dice que estaba loca por haber hecho tal gasto. Sin embargo, cuando lo tiene en su mano, se ve, en su imaginación, abriendo un sobre que contiene un cheque importante, y algunas semanas después, efectivamente, recibió el dinero que necesitaba. El abridor de cartas de esmalte rosado fue la forma mediante la cual había pasado a poner en marcha su fe activa.

Hay abundantes relatos sobre la fuerza del subconsciente cuando está dirigido por la fe.

Un hombre, por ejemplo, pasó la noche en una finca. Las ventanas de su habitación estaban todas cerradas y, en medio de la noche, al sentirse sofocado, se dirigió en la oscuridad hacia una de las ventanas. No logró abrirla y rompió con el puño el cristal de la ventana; después de eso, pasó una noche excelente.

A la mañana siguiente, se dio cuenta de que él sólo había roto los cristales de la estantería de libros, mientras que la ventana había permanecido cerrada durante toda la noche. Él estaba buscando el oxígeno y pensaba solamente en el oxígeno.

Cuando un estudiante empieza a hacer demostraciones de la ley espiritual, no debe volver atrás jamás: "Aquel que vacila no piense que recibirá lo que es del Señor".

Un estudiante negro dijo un día una cosa maravillosa: "Cuando pido cualquier cosa al Padre, soy categórico, y digo: 'Padre, no aceptaré menos de lo que pido, sino en todo caso, más'".

Así, el ser humano no debe transigir nunca. "Una vez que haya hecho lo necesario, mantenga su posición." A veces, este es el momento más difícil de la demostración. Constantemente nos sentimos tentados a abandonar, retrasarnos, transigir.

No se olvide que "También sirve a aquel que no hace sino esperar tranquilamente". Las demostraciones se realizan, a menudo en la decimoprimera hora, pues entonces el individuo se relaja, es decir, deja de razonar, y es en ese momento cuando la Inteligencia Infinita puede actuar.

"Los deseos sombríos reciben una respuesta sombría, y los deseos violentos reciben una respuesta violenta, o tardan en realizarse."

Una señora me preguntó por qué perdía o se olvidaba frecuentemente de sus gafas. Al analizar la cuestión, descubrimos que ella decía a menudo a los demás y a sí misma, con irritación: "Me gustaría librarme de estas gafas". Y su deseo impaciente se realizaba violentamente. Tendría que haber pedido una visión perfecta, pero no registraba en su subconsciente más que el deseo de librarse de sus lentes; así que continuamente los olvidaba o los perdía.

La dualidad de la actitud del espíritu provoca las pérdidas, las depreciaciones, como fue el caso de la persona que no apreciaba a su marido, o bien el miedo de la pérdida, que crea, en el subconsciente, la imagen de las pérdidas.

Cuando el estudiante llegue a liberarse de su problema (a entregar la carga), sólo entonces obtendrá una manifestación instantánea.

Una señora estaba en la calle, en medio de un violento aguacero, y su paraguas se averió. Tenía que hacer una visita a unas personas que no conocía y no quería llegar allí con un paraguas roto. Por otra parte, tampoco podía tirarlo, pues no le pertenecía. Desesperada, rogó: "Oh, Señor, hazte cargo de este paraguas; yo no sé qué hacer con él". Un instante después, una voz le dijo: "Señora, ¿quiere que le arregle el paraguas?". Un reparador de paraguas se encontraba a su lado. Ella se apresuró a aceptar su oferta.

El paraguas fue arreglado mientras ella se marchaba para realizar la visita que tenía que hacer; al regresar encontró un objeto prácticamente nuevo. Hay siempre al alcance de nuestras manos un reparador de paraguas cuando no sabemos qué hacer con el paraguas, es decir, con la situación que nos preocupa, si lo ponemos en las manos de Dios.

Una negación debe ir siempre seguida por una afirmación.

Ya era tarde, por la noche, cuando me llamaron por teléfono para tratar a un hombre al que jamás había visto. Él estaba aparentemente muy enfermo, Yo le dije: "Niego esta apariencia de enfermedad. Es irreal y, por lo tanto, no puede registrarse en su subconsciente; este hombre es una idea perfecta del Entendimiento Divino, pura sustancia de la perfección". A la mañana siguiente, el hombre se sentía mucho mejor y, al día siguiente ya se encontraba lo bastante bien como para reanudar sus actividades.

En el Entendimiento Divino no hay tiempo, ni espacio; por lo tanto, la palabra alcanza instantáneamente su destino y no vuelve vacía. Yo he tratado enfermos que se encontraban en Europa y los resultados fueron inmediatos.

Me preguntan a menudo cuál es la diferencia entre la imaginación y la visión, "visualizar" y "visionar". Imaginar es un proceso mental gobernado por la razón o por la conciencia; la visión es un proceso espiritual gobernado por la intuición o por el superconsciente. El estudiante debe entrenar su espíritu a recibir la inspiración y a realizar estas imágenes divinas mediante directrices claras. Hasta que alguien no sea capaz de decir: "No deseo otra cosa que aquello que Dios quiera para mí", sus deseos erróneos no se borrarán de su conciencia y el Maestro Arquitecto, Dios en él, no le dará planes nuevos. nuevos.

El plan de Dios, para todo humano, sobrepasa las restricciones del razonamiento, eso siempre es la cuadratura de la vida que contiene la salud, la fortuna, el amor, la expresión de sí mismo más perfectas. Más de una persona se construyó, en su imaginación, una casa de campo, cuando debería construirse un palacio.

Si el estudiante intenta forzar la demostración (por la razón), eso mismo la mata. "Yo apresuraré las cosas", dijo el Señor. El humano debe dejarse llevar por la intuición, o por directrices bien definidas. "Repósate en el Señor y espera con tranquilidad; fíate de Él, y te satisfará."

He visto actuar a la ley en condiciones extremadamente asombrosas. Por ejemplo, una estudiante me dijo que le era necesario obtener cien dólares para el día siguiente. Los necesitaba para pagar una deuda, así que era de una importancia vital que se los procurase. Yo pronuncié la palabra declarando que el Espíritu jamás se retrasa y que la riqueza está siempre al alcance de las manos.

Esa misma noche, la joven me llamó por teléfono para comunicarme que se había producido el milagro. Tuvo la idea de examinar los papeles que estaban en su caja fuerte del banco. Antes de verificar sus documentos, encontró, en el fondo de la caja, un billete nuevo de cien dólares. Se quedó muy sorprendida y, según me dijo, estaba segura de no haberlo olvidado allí, pues verificaba a menudo aquellos papeles. Puede ser que esto fuera una materialización, como la que Jesús efectuó cuando materializó los panes y los peces.

El ser humano alcanzará el estadio en el que "la palabra se hace carne", es decir, en el que se materializará instantáneamente. Los campos prestos para la cosecha se manifestarán inmediatamente, como todos los milagros de Jesucristo.

Únicamente el nombre de Jesucristo tiene una fuerza formidable. Él representa la Verdad manifestada. Él declaró: "Todo lo que pidan a mi Padre, en mi nombre, Él se los dará".

La fuerza de este nombre eleva al estudiante hasta la cuarta dimensión, allí donde se encuentra liberado de todas las influencias astrales y psíquicas, y donde se convierte en alguien "no atado por ningún condicionante, en alguien absoluto, del mismo modo que Dios no se ve atado por nada y es absoluto".

He visto producirse numerosas curaciones, en respuesta a las palabras: "En nombre de Jesucristo".

Cristo fue, a la vez, persona y principio; y el Cristo que hay en cada ser es su propio Redentor y su Salvador.

El Cristo interior es el Yo de la cuarta dimensión, el humano hecho a la imagen de Dios y según su semejanza. Es el Yo ("Yo soy") que no conoce el pecado, ni la enfermedad ni el sufrimiento, que no nació jamás y jamás murió. Es la "Resurrección y la Vida" en cada persona.

"Nadie vendrá al Padre, sino a través del Hijo", significa que Dios, el Universal, actúa sobre el plano de lo particular, por medio del Cristo; y el Espíritu Santo significa Dios en acción.

Así, cotidianamente, el ser humano manifiesta la Trinidad del Padre, del Hijo y del Espíritu Santo.

Pensar debería alcanzar la perfección de un arte. Aquel que llega a esta maestría debe tener gran cuidado para no pintar sobre la tela de su espíritu más que, según el designio divino, pinta sus cuadros con magistrales toques de fuerza y de decisión, con una fe tan perfecta que no hay poder capaz de alterar su perfección, sabiendo que eso se manifestará en su vida, como lo ideal que llega a convertirse en lo real.

Todo poder es dado al ser humano (por el pensamiento justo) para realizar su Cielo en la Tierra y alcanzar la meta del "Juego de la Vida".

Sus reglas son la fe exenta de miedo, la no resistencia y el amor.

Pueden cada uno de nuestros lectores, ser liberados de aquello que los mantuviera prisioneros durante tantos años, separándoles de lo que les pertenecía, y pueden "conocer la Verdad que les hará libres". Libres, para cumplir su destino, para provocar la manifestación del designio divino que hay en su vida, la Salvación, la Riqueza, el Amor y la Expresión perfecta de sí mismos. "Véanse a sí mismos transformados a través de la renovación de su espíritu."

Negaciones y afirmaciones

Para la prosperidad

Dios es mi riqueza infalible, y grandes sumas de dinero vienen rápidamente a mí, por la gracia y los medios perfectos.

Para condiciones armoniosas

Todo plan que mi Padre Celestial no haya concebido se desagrega y se disipa, y el Plan Divino se manifiesta.

Sólo aquello que es verdad de Dios es verdad para mí, pues yo y el Padre somos uno.

El Amor Divino desagrega y disipa ahora todo estado discordante en mi espíritu, en mi cuerpo y en mis asuntos.

El Amor Divino es el más poderoso Químico del Universo y disuelve aquello que no es Él mismo.

Para la Fe

Como yo soy uno con Dios, no soy más que uno con mi bien, pues Dios es a la vez el Dador y la Dádiva. Yo no puedo separar el Dador de la Dádiva.

Para la Salud

El Amor Divino inunda mi conciencia de salud y cada una de las células de mi cuerpo de luminosidad.

Para la vista

Mis ojos son los ojos de Dios, yo veo con los ojos del espíritu. Veo claramente la vía abierta; no hay obstáculos en mi camino. Veo claramente el Plan perfecto.

Para las directrices

Yo soy divinamente sensible a mis directrices intuitivas y obedezco instantáneamente a Tu Voluntad.

Para los Oídos

Mis oídos son los oídos de Dios; escucho con los oídos del espíritu. Yo soy no resistente y estoy dispuesto a dejarme conducir. Yo oigo.

Para el trabajo

Tengo un trabajo maravilloso, Divinamente dado, doy de mí lo mejor y estoy muy bien pagado.

Para estar liberado de toda esclavitud

Yo entrego esta carga al Cristo que hay en mí y sigo adelante..., ¡libre!

La palabra es
tu varita mágica

La palabra es tu varita mágica

La varita mágica del ser humano cargada con energía y poder es la palabra.

Jesucristo subrayó mucho la importancia de la palabra "por tus palabras serás salvado y por tus palabras serás condenado" y "en el poder de la lengua está la muerte y la vida".

De ese modo, el ser humano tiene el poder de modificar una situación desfavorable al emplear la palabra, que es su varita mágica.

Aparece la alegría en vez de la desdicha; la enfermedad se esfuma y aparece la salud; la escasez es reemplazada por la opulencia.

Por ejemplo: una mujer que solamente poseía dos dólares acudió a mí para preguntarme sobre un tratamiento para la prosperidad, le respondí: "bendeciremos los dos dólares y sabrás que posees la bolsa mágica del espíritu, la que jamás se puede agotar, cada vez que el dinero salga de ella por la bendición de los caminos perfectos, inmediatamente se llenará de nuevo. Veo la bolsa repleta llena de riqueza, billetes de todos los valores, cheques, plata, oro y monedas, la veo colmada de opulencia". La mujer respondió: "noto que mi bolso está más pesado por tanto dinero". Y su fe era tan grande que como muestra de su cordial gratitud me entregó uno de los dólares que poseía, no pude rehusarme a su ofrecimiento, aun sabiendo que lo necesitaba, ya que era primordial que siguiera conservando la idea de la opulencia.

Un poco después, le regalaron seis mil dólares, su indestructible fe, así como la palabra pronunciada, provocaron que esto pasara. El mandamiento de la bolsa mágica es muy eficaz, ya que nos trae a la mente una idea realista, es imposible que no visualices tu bolsa o cartera repleta de dinero cuando pronuncias palabras como "colmada" o "repleta".

La habilidad para formar ideas es primordial, así como la de escoger las palabras apropiadas que nos faciliten visualizar en un santiamén la ejecución de la petición. Al visualizar una imagen, jamás hay que forzarla, deja que la idea divina despeje súbitamente en tu mente consciente, de ese modo el estudiante estará trabajando de acuerdo con el diseño divino.

Jesucristo afirmó "conocerán la verdad y esta los hará libres". Esto quiere decir que el ser humano debe conocer la verdad en todas las situaciones que debe enfrentar. En la escasez o limitación no hay verdad, Él agita la varita de su palabra y el desierto se regocija y florece como la rosa.

El origen de los padecimientos y las calamidades son la duda, el miedo la angustia, la ira y el rencor que debilitan las células del cuerpo y agitan el sistema nervioso. Por medio de un control total de las emociones se consigue la felicidad y la salud.

El poder se mueve, pero no conseguimos moverlo. Aunque las apariencias sean adversas, en el momento en que el hombre se conserva sereno y tranquilo, tiene un buen apetito y se siente feliz y radiante, ha logrado la maestría; es entonces que en cualquier situación él tiene el poder para "dominar los vientos y apaciguar las olas".

Lo que hace que un supuesto fracaso se transforme en éxito es su palabra, la varita mágica. Debe saber que sus dones son universales, infinitos e inmediatos y todo lo que requiere se manifiesta inmediatamente en lo exterior.

De ese modo, por ejemplo, una mujer que vivía en la orilla del mar, se despertó una mañana escuchando el sonido de las sirenas entre la niebla, una espesa neblina se extendía por el océano, sin que se viera algún indicio de luz, en el acto enunció el siguiente mandamiento: "no existe la niebla en la mente divina; ¡que la niebla sea alzada!, ¡doy gracias para que el Sol aparezca!". En muy poco tiempo el Sol se asomó, ya que el ser humano tiene autoridad sobre "los elementos y todas las cosas creadas". Cada ser humano tiene el poder de levantar la niebla en su vida; esta niebla puede ser la insolvencia, la falta de cariño, felicidad o salud.

¡Dé las gracias para que el Sol aparezca!

Éxito

Existen ciertas palabras o ideas que pueden sobresaltar nuestra mente superconsciente. Por ejemplo: un hombre fue a verme, para saber si yo podía enunciar la palabra para su trabajo perfecto, le proporcioné el siguiente mandamiento: "observa cómo ante ti abro la puerta del destino y no existe nadie que pueda cerrarla". Noté que este mandamiento no parecía causarle alguna impresión, pero una iluminación me hizo añadir "no existe nadie que pueda cerrarla, ya que siempre ha estado abierta".

Pareció que el hombre quedó muy impresionado, como si viajara entre nubes, y se fue. Poco tiempo después lo llamaron de una ciudad lejana para ofrecerle un importante cargo, el cual fue conseguido por vías milagrosas.

Les daré un ejemplo más, el de una mujer que no dudó en seguir un "presentimiento" cuando leyó *El juego de la vida y cómo jugarlo*. Ella trabajaba por un sueldo miserable, de improviso tuvo una idea, emprender un negocio propio, por lo que abriría una pastelería. Al principio, esta idea la hizo dudar, sin embargo, insistió y continuó animosamente; consiguió un local y el personal necesario. La mujer "enunció la palabra para su abastecimiento", ya que no tenía capital para echar a andar su negocio, ¡el dinero llegó a sus manos por vías milagrosas y la pastelería se inauguró!

Desde el inicio estuvo repleta de clientes y hoy en día esta "colmada y rebozando" de ellos; incluso esperan haciendo fila para ser despachados. Un día de fiesta su personal estaba decaído, pues temían que no llegara ningún cliente, pero esta mujer, que era mi alumna, dijo que Dios era su proveedor y que cada día era un excelente día.

Durante la tarde, un antiguo amigo suyo fue a visitar la pastelería y adquirió una caja de golosinas, le pagó con un cheque, pero cuando ella le echó un vistazo, se percató de que era por mil dólares, ¡claro que había sido un día excelente! ¡Mil dólares por una caja de golosinas!

Me ha comentado que cada día que entra en su tienda se llena de asombro y da las gracias por haber tenido "la fe animosa que sale victoriosa".

Mandamientos de éxito

Las circunstancias son claras para que la acción divina se manifieste y el bienestar se me presente por la gracia de una forma mágica.

En este momento ahuyento de mi cualquier circunstancia y toda situación discordante.

En mi mente en mi cuerpo y en mis negocios, el orden divino se encuentra enraizado "me encuentro aquí haciendo todas las cosas nuevas.

Aquello que consideraba un don inalcanzable llega ahora y lo imprevisto ocurre.

Ahora soplan hacia mí los "cuatros vientos del triunfo".

El bienestar eterno se presenta a mí de norte a sur y de este a oeste.

Cristo está resucitando en mi destino, se consuma ahora.

Por senderos interminables, el bienestar interno llega a mí ahora.

Hago resonar mis campanas y me regocijo, ya que Dios me antecede haciendo mi camino sencillo despejado y próspero.

Por mi éxito total doy gracias. Arraso con todas las dificultades que están ante mí, ya que trabajo con el espíritu y sigo el plan divino de mi vida.

¡Mi juego espiritual marcha hacia lo alto!, poseo la energía suficiente para cada situación.

Siempre estoy alerta para mi bienestar y recojo las cosechas de las oportunidades infinitas.

Me encuentro en armonía, equilibrado y energizado.

En este momento, aproximo hacia mi propio bienestar, mi poder es invencible, es el poder de Dios.

Ahora en mi mente, en mi cuerpo y en mis negocios habita el orden divino.

Visualizo claramente, procedo con rapidez y mis más grandes ilusiones se cumplen por caminos milagrosos.

En el plano espiritual no existe la competencia. Aquello que por derecho es mío, me es proporcionado por la gracia.

Yo tenía un dominio escondido, el cual se me manifiesta ahora, por el nombre de Jesucristo.

¡Heme aquí!, abierta frente a mí está la puerta del Destino y no existe nadie capaz de cerrarla, pues siempre ha estado sólidamente fijada.

El curso del destino se ha alterado y ahora se encamina hacia mí.

Del pasado me olvido y ahora vivo en el extraordinario presente, donde ante mí cada día se presentan gratas sorpresas.

En la Mente Divina no existen las oportunidades desechadas; si una puerta se cierra, otras se abren.

Tengo un trabajo mágico en un trabajo mágico, doy un servicio mágico para un tratamiento mágico.

Se ha liberado el talento que hay en mí. Ahora mi destino se realizará.

Hago amistad con mis dificultades y cada impedimento se transforma en una oportunidad.

Todo lo que hay en el Universo, visible o invisible, está trabajando para mi prosperidad.

105

Doy las gracias porque las murallas de Jericó se desplomaron y porque cualquier insuficiencia, así como toda restricción y decepción, son eliminados de mi mente con el nombre de Jesucristo

Ahora me encuentro en el verdadero sendero hacia el éxito, el bienestar y la opulencia; y todos ellos marchan por mi camino.

No desistiré y seguiré haciendo bien las cosas, para que cuando sea el momento adecuado pueda disfrutar los resultados.

¡Dios marcha frente a mí y la victoria está asegurada! Todos los adversarios han sido eliminados. En el nombre de Jesucristo soy vencedor.

En la mente divina no existen las dificultades, por eso no hay nada que pueda impedir mi bienestar.

Ahora todas las dificultades en mi sendero se esfuman.

La entrada se abre, las rejas son elevadas e ingreso al reino del éxito con la bendición.

En mi espíritu, en mi corazón y en mis negocios se instauran ahora la armonía, la unión y el equilibrio.

Terrenos desconocidos de la Actividad Divina se abren ante mí en este momento y se encuentran esperando por los frutos.

La voluntad del ser humano es incapaz de obstaculizar la Voluntad de Dios. En mi mente, en mi cuerpo y en mis proyectos se lleva a cabo la voluntad de Dios.

Para mí, el designio de Dios es inquebrantable y no puede ser remplazado; soy leal a mi visión celeste.

Ahora el plan divino de mi vida se configura totalmente, los anhelos de mi corazón son guiados por vivencias reales.

En este momento tomo como un poder y decisión invencibles de la Sustancia Universal aquello que es mío por Derecho Divino.

Frente a esta situación no doy resistencia. La dejo en manos del Eterno Amor y Sabiduría. Permito que la idea divina se lleve a cabo ahora.

Ahora mi bienestar fluye a mí en caudal de éxito, felicidad y abundancia, siempre inquebrantable, continuo y aumentando.

En mi reino no existen las oportunidades perdidas. Cuando una se agita otra llega de lleno.

No hay nada que temer pues no existe poder que nos lastime.

Avanzo sobre los leones de mi camino y me tropiezo con un ángel armado, y frente a la victoria en el nombre de Jesucristo.

Me encuentro en total armonía con la labor de la ley. Me hago a un lado y permito que la Inteligencia Infinita facilite y haga venturoso mi camino.

La tierra en la que me encuentro es una tierra bendita; la tierra en la que vivo es una tierra floreciente.

Ahora se muestran ante mí nuevos terrenos de la Actividad Divina. Se abren puertas insospechadas y están libres algunos accesos inesperados.

Aquello que Dios ha hecho por los demás, también puedo hacerlo por mí, ¡e incluso más!

Soy tan importante para Dios, como Él lo es para mí, ya que soy el instrumento para que lleve su plan a cabo.

No veo mis propias limitaciones y así no limito a Dios. Con Dios y conmigo todo es posible.

El recibir viene después del dar; doy obsequios a otros pues preceden a los dones que Dios me reserva.

En la cadena de mi bienestar todo ser humano es un eslabón de oro.

Mi equilibrio está cimentado sobre un peñón. Visualizo con claridad y procedo velozmente.

Dios no puede fallar, por eso yo no puedo fallar. El guerrero dentro de mí ya ha vencido.

Se me presenta Tu Reino, Tu voluntad se lleva a cabo en mí y en mis proyectos.

Prosperidad

El ser humano vino a este mundo provisto por Dios de todo lo que requiere o anhela para andar su camino. Por medio de la fe y la palabra hablada, esta provisión le es dada. "todo es posible, si tú lo crees".

Un día, por ejemplo, acudió a mí una mujer y me contó una vivencia que tuvo después de haber leído *El juego de la vida y cómo jugarlo*. Deseaba conseguir una buena posición en el mundo del teatro, sin embargo, carecía de experiencia. Eligió el siguiente mandamiento: "Espíritu Eterno, despeja el camino para que venga a mí una enorme opulencia. Soy un imán invencible para que llegue a mí todo lo que me corresponde por Derecho Divino". De ese modo obtuvo un significativo papel en una famosa ópera. Ella me comentó: "esto fue un milagro y sucedió gracias a este mandamiento que he repetido en incontables ocasiones".

Mandamientos de prosperidad

Ahora consigo que mis recursos inmediatos sean abundantes y mis suministros interminables. ¡Todos los caminos están despejados! ¡Todas las puertas se abren!

En este momento libero la mina de oro que hay dentro mí. Me encuentro atado a un caudal dorado de bienestar perpetuo que se acerca a mí por la gracia de los caminos milagrosos.

Todos los días de mi vida me acompañarán la piedad y compasión, así viviré por siempre en la casa de la abundancia.

Ahora tomo todo lo que quiero o necesito e incluso mucho más, porque mi Dios es un Dios de opulencia.

Todo aquello que por Derecho Divino es mío, en este momento se libera y fluye hacia mí, por la gracia de los caminos milagrosos, en una enorme avalancha de abundancia.

Mis bienes son eternos, interminables e inmediatos y, por la gracia de los senderos milagrosos, llegan a mí.

Están despejados todos los caminos y todas las puertas se abren para que, de inmediato y por siempre, el Plan Divino me sea proporcionado.

Sobre un mar en calma navegan mis barcos, bajo la gracia y por los caminos milagrosos.

Doy gracias porque, por Derecho Divino, los millones que me corresponden fluyen ahora y crean una pila por la gracia y los senderos milagrosos.

Las puertas insospechadas se abren, los caminos inesperados se meten sin obstáculos y una infinita avalancha de abundancia fluye sobre mí, por la gracia y los caminos milagrosos.

Sabiendo que mis recursos son interminables e inmediatos, gasto el dinero sin temor bajo una sabia e ininterrumpida bendición, no tengo miedo de gastar mi dinero sabiendo que Dios es mi proveedor inmediato y eterno.

Felicidad

En el extraordinario filme "El ladrón de Bagdad", se lee la siguiente frase escrita con letras luminosas "la felicidad tendrá que ganarse" y se gana por medio del control total de nuestras emociones naturales. La felicidad no puede existir donde hay miedo, dudas o pánico; los sentimientos de seguridad y felicidad vienen con la fe perfecta en Dios. Cuando una persona sabe que un poder imbatible está cuidándola, y a todo lo que ama, y que cualquier deseo justo de su corazón se realiza, cualquier tensión nerviosa disminuye y esta persona se siente contenta y tranquila. Las situaciones desfavorables no la perturban, pues sabe que la inteligencia infinita cuida sus asuntos y usa cualquier situación para darle prosperidad, "construiré un sendero en el despoblado y ríos en los desiertos".

Si uno se va a dormir nervioso, la mente no descansa, lleva al ser humano por el camino de la enfermedad, la desilusión y la pobreza, además los disgustos, rencores, celos, la mala voluntad y los deseos de venganza le roban su felicidad. El rencor ha destruido más hogares que el alcohol y ha matado a más personas que las guerras. Había, por ejemplo, una mujer que era sana, dichosa y estaba casada con el hombre al que amaba, sin embargo, cuando este murió heredó a un pariente una parte de sus riquezas, esta situación originó que la mujer se llenara de rencor, acabó por enfermar gravemente, bajó de peso, ya no pudo trabajar y desarrolló cálculos biliares. Un día fue a visitarla un metafísico y le dijo: "mujer acaso no ve lo que el rencor y el odio han hecho, estos sentimientos han sido los que originaron los cálculos que se han formado en su cuerpo, y únicamente conseguirá curarse con el perdón y la buena voluntad." La mujer percibió la verdad de estas palabras, perdonando logró recuperar el equilibrio moral, la armonía y su magnífica salud.

Mandamientos de felicidad

Ahora me encuentro empapado de esa Felicidad, que fue concebida para mí desde el inicio.

Mis graneros están repletos, mi copa reboza de la alegría, por medio de incontables senderos mi eterno bienestar se presenta ahora.

Me encuentro extraordinariamente alegre de una forma maravillosa y esta maravillosa alegría ha llegado para permanecer conmigo.

Maravillosas sorpresas llegan todos los días a mí, y observo asombrado la que se encuentra frente a mí.

Marcho hacia el león de mi camino valerosamente y lo que encuentro es un cachorrito amistoso.

Liberado de la dominación del miedo, soy dichoso, radiante, todo en mi es armonioso.

Mi felicidad está cimentada sobre la roca, ahora me pertenece para siempre.

Ahora mi bienestar fluye hacia mí en una progresiva e ininterrumpida corriente de felicidad.

Nadie puede entorpecer mi felicidad, pues es un asunto de Dios. Dado que yo soy uno mismo con Dios, ahora tengo conmigo los anhelos de mi corazón.

Doy gracias por mi felicidad perdurable, mi riqueza perdurable, mi salud perdurable y mi amor perdurable.

Ahora conduzco mis barcos sobre un tranquilo océano, soy armonioso, feliz y divinamente magnético.

Para mí las ideas de Dios son perpetuas y perfectas. La esperanza de mi corazón es una idea perfecta en la Mente Divina, inmutable e inquebrantable, y ahora se ejecuta de una mágica forma por la gracia.

Amor

Normalmente cuando llega el amor, un miedo atroz aparece, casi todas las mujeres de este mundo viven con una idea oculta, la de una supuesta rival que va a despojarlas de su amor.

Esta supuesta rival ha sido bautizada como "la otra". Esta idea evidentemente nace de la creencia femenina en una dualidad. En el momento en que ella visualice tal obstáculo, este aparecerá.

Para una mujer suele ser muy difícil visualizarse a sí misma siendo correspondida por el hombre al que ama, por eso estos mandamientos garbarán en su mente subconsciente, la verdad de esta situación, ya que en realidad únicamente existe la unidad.

Mandamientos de amor

Del mismo modo en que soy uno con Dios, el uno indivisible, soy uno con mi amor indivisible y mi dicha indivisible.

Ahora todo miedo, desconfianza, enojo y rencor es borrado de mí por la luz de Cristo.

A lo largo de mí, el amor de Dios difunda una irresistible corriente magnética. Solamente visualizo la perfección y atraigo hacia mí, aquello que me corresponde.

Por medio de mí, el amor divino retira todas las supuestas dificultades y hace más tranquilo, claro y colmado de logros mi camino.

Yo amo a todo el mundo y todo el mundo me ama. Mi supuesto enemigo se transforma en mi amigo. Es un eslabón dorado en la cadena de mi bienestar.

Amo a todos y todos me aman. Estoy en paz con el mundo entero y conmigo mismo. Ahora se abre la puerta de mi felicidad.

Matrimonio

Sólo si el matrimonio está sostenido sobre la sólida roca de la unidad, se mantendrá. Dos almas con un mismo pensamiento, dos corazones que laten como uno solo.

El poeta lo ha comprendido excelentemente, porque si el hombre y la mujer no comparten los mismos pensamientos o al menos vivan en el mismo universo de pensamientos, inevitablemente se separarán. El pensamiento es una enorme energía vibratoria, y el ser humano atrae las creaciones de sus pensamientos.

Por ejemplo; conocí a un hombre y a una mujer que se casaron y supuestamente vivían felices, sin embargo, los negocios del esposo comenzaron a prosperar y sus gustos se hicieron más selectos. Mientras tanto su mujer seguía viviendo con las restricciones de su mente. Cuando el esposo requería algo, iba a adquirirlo a los mejores establecimientos y elegía lo que necesitaba sin importarle el costo. En contraste, su mujer sólo compraba en tiendas baratas. Mientras que el pensamiento de la esposa siempre la colocaba viviendo en la Tercera Avenida, el de él lo situaba en la Quinta Avenida, el alejamiento y el divorcio se dieron finalmente.

Con frecuencia nos enteramos de casos de hombres acaudalados y triunfadores, que dejan a sus fieles compañeras, las cuales han trabajado arduamente a su lado. Dado que donde un hombre pone su pensamiento, ahí pone su corazón, la mujer tiene que mantenerse a la par con los gustos y deseos de su esposo, así como vivir en el mundo de su pensamiento.

Todas las personas tienen su otra mitad o selección divina, estos dos seres humanos tienen que ser uno mismo en el mundo de sus pensamientos. "Dios los ha unido y nadie los puede separar". Como en la mente superconsciente de cada uno de nosotros, somos parte del mismo plan divino, "la pareja tiene que ser uno".

Mandamientos de matrimonio

Doy gracias porque la unión que se ha hecho en el cielo se materializa ahora sobre la Tierra.

Los dos deberán ser uno, ahora y para siempre

Mandamientos del perdón

Todo el mundo me perdona, y yo perdono a todo el mundo. Para mi bienestar, las rejas se levantan.

Me encomiendo a la ley del perdón. Me encuentro libre de errores y de los resultados de todos ellos. Me refugio bajo la gracia y no bajo la ley kármica.

Me volveré más blanco que la nieve, incluso si mis errores fueran rojos.

Aquello que no ha sucedido en el reino, jamás ocurrirá en ningún lugar.

Mandamientos de sabiduría

Sin valor, la fe está condenada. Entre la copa adecuada y los labios adecuados, no existe ninguna distancia, jamás mires o nunca podrás brincar.

Dios se manifiesta haciendo sus milagros en sitios insospechados, con personas inesperadas, en momentos imprevistos. El poder se mueve, pero no puede ser movido.

Amar a nuestro prójimo quiere decir no restringirlo con palabras, pensamientos o actos.

Jamás cuestiones un presentimiento. Cristóbal Colon siguió un presentimiento.

El reino de las ideas perfectas es el reino de los cielos.

Antes de la Aurora hay oscuridad, pero la Aurora nunca falla, ten fe en la Aurora.

No titubees al tocar las trompetas, hazlo sin miedo. Los actos que importan son los valerosos.

No hagas hoy lo que un presentimiento te diga que hagas mañana. Esta es una maravillosa vida si no la piensas.

Respeta a tu prójimo como a ti mismo. Jamás obstaculices los presentimientos de los demás.

Todo pensamiento amigable y generoso lleva en sí mismo la raíz del éxito. El egoísmo ciega y obstruye, de ningún modo dejes de creer; en el momento menos pensado cosecharás.

La fe es elástica, extiéndela hasta el fin de tu manifestación. Antes de solicitar, se te ha dado respuesta, ya que el abastecimiento antecede a la petición.

Aquello que hagas por otros lo estás haciendo para ti mismo. Cada cosa que hagas mientras estés enojado o rencoroso, implica una respuesta desafortunada, nada bueno le será arrebatado a aquel que camina correctamente.

La mentira y la hipocresía dejan a su paso lamentos e infortunios. El sendero del pecador es cruel. El mal no tiene poder, el mal no existe, por consiguiente, únicamente nos puede llevar al vacío.

El miedo y el nerviosismo desmagnetizan; la armonía magnetiza. Extingue los juicios de tu mente con los mandamientos. Para no oír sus pensamientos, Josafat hizo sonar sus campanas.

Cualquier dependencia es un invento de la mente humana, por la gracia siempre hay una solución para cualquier problema.

Cada ser humano es libre para cumplir la voluntad de Dios, la seguridad es más poderosa que el optimismo. Las Ideas Divinas jamás están en desacuerdo.

Parar a la mitad de un presentimiento es arriesgado, nunca es demasiado tarde para el Espíritu Infinito.

Fe

La esperanza ve hacia el futuro, la fe sabe que ya ha recogido y actúa en consecuencia. En mis clases constantemente subrayo la importancia de "Excavar pozos", o sea, disponernos para recibir las cosas que solicitamos, ya que esto indica una fe dinámica y provoca la manifestación. En mis cursos había un estudiante al cual nombré "el alma de la fiesta", ya que todo el tiempo intentaba encontrar preguntas que yo no fuera capaz de responder, jamás lo logro.

Este estudiante me pregunto: "¿Por qué existen tantas mujeres que durante años disponen su vestido de bodas, pero jamás se casan?" Le contesté: "esto se debe a que lo preparan esperanzadas, pero sin fe".

Muchas mujeres que desean casarse suelen quebrantar la ley cuando cuentan sus planes a otras, así sus amigas van y se sientan al baúl donde guardan su ajuar, desconfían o desean que el proyecto de su amiga jamás se lleve a cabo. "Recen a su padre en secreto y su padre, que conoce su deseo les recompensará públicamente".

Ningún estudiante debe mencionar jamás su deseo hasta que ya se haya consolidado, o sea, visto en el exterior. Por este motivo, el vestido tiene que guardarse en el baúl, mantenerlo lejos de la vista de otros y pronunciar la palabra adecuada para que bajo la gracia y de una forma perfecta, se lleve a cabo la selección divina de un esposo. Lo que Dios ha unido no puede ser separado por ningún pensamiento.

Mandamientos de fe

Las situaciones desfavorables trabajan para mi bienestar, ya que Dios utiliza a cualquier persona y circunstancia para ejecutar mi más profundo deseo.

Los obstáculos son amistosos, y las dificultades, trampolines. En este momento me lanzo hacia mi bienestar. Del mismo modo en que soy uno, con el uno indivisible, soy uno con mi bienestar indivisible.

Tal y como la aguja de una brújula siempre termina por apuntar hacia el norte, aquello que por Derecho Divino me corresponde, siempre regresa hacia mí, yo soy el norte. Me encuentro amarrado por un cordel magnético invisible e indestructible a todo lo que me pertenece por Derecho Divino.

Tu voluntad se cumple en mí y mis asuntos, tu reino ha llegado.

Cualquier proyecto que no ha concebido mi Padre en el cielo se viene abajo, se diluye y el Plan Divino de mi vida, ¡se realiza ahora!

Lo que Dios me ha otorgado nadie me lo puede quitar, ya que sus dones son Eternos, mi fe está cimentada sobre una roca sólida y los anhelos de mi corazón se realizarán ahora, bajo la gracia y milagrosamente.

Visualizo mi bienestar en un fulgor dorado de perfección, veo mis campos centellear con la claridad de la cosecha. Dios es mi abastecedor inmediato y seguro de toda felicidad.

Mis más grandes ilusiones se efectúan de forma milagrosa, soy fuerte y armonioso. Baño mi desierto con fe y rápidamente florece como un rosal. Ahora aplico mi inquebrantable fe, de tres formas; "por medio de la palabra, el pensamiento y los hechos".

Me conservo inalterable frente a las apariencias y por este motivo las apariencias se van.

Permanezco estable y firme, dando las gracias porque mi bienestar, que parecía inalcanzable, va a efectuarse, pues sé que para Dios es sencillo y que su momento es "ahora".

Los designios que Dios tiene reservados para mí están cimentados sobre una roca, aquello que al principio era mío, es mío ahora y lo será para siempre.

Sé que no existe nadie capaz de vencer a Dios, por eso nadie puede derrotarme.

Confío en El Señor y espero pacientemente en Él, no me enojo por la gente malvada, ya que cada ser humano es un eslabón dorado en la cadena de mi bienestar, y ahora Él realiza mis más profundos deseos. (Ver el salmo 37)

Ahora tengo conmigo la valerosa fe de Cristo. Cuando me acerco, los obstáculos se desvanecen y las dificultades se esfuman. Me mantengo estable, fijo, ya que en los campos la cosecha resplandece. Ahora mi invencible fe en Dios me lleva a la consumación del Plan Divino de mi vida.

Todos los miedos son rechazados en el nombre de Jesucristo. Pues sé que no existe poder alguno capaz de perjudicarme. Dios es el único y magnifico poder.

Estoy en total concordia con la labor de la ley, pues sé, que la Inteligencia Infinita no sabe lo que son los problemas, el tiempo o el espacio, sólo conoce la conclusión.

Para llevar a cabo sus maravillas, Dios trabaja en forma mágica e insospechada. En este momento me alisto para realizar los deseos de mi corazón. Le enseño a Dios que confío en la ejecución de sus promesas.

Con confianza y bondad cavo ahora mis pozos profundamente, y de una forma extraordinaria el deseo de mi corazón se realiza.

En el momento adecuado "mis pozos" se atiborran de todo lo que había solicitado e incluso más.

En este momento hago que el ejército de extranjeros desaparezca. (o sea, los pensamientos negativos). Ellos se alimentan del miedo, y la fe los hace morir de hambre.

Como los pensamientos de Dios no pueden ser alterados, lo que es mío por Derecho Divino nunca me abandonará. Ahora doy gracias porque los legítimos deseos de mi corazón se han satisfecho.

Las montañas se han hecho a un lado, los valles se han elevado y los caminos sinuosos se han hecho rectos. Me encuentro en el reino donde todo se hace realidad. Tengo total confianza en Dios y Dios tiene total confianza en mí.

Sobre la roca sólida se construyen las promesas de Dios. Todo aquello que necesite, me será dado. Nunca permitas que el deseo de mi corazón se aleje.

Para el Santo de Israel no existen las limitaciones en palabras, pensamientos o acciones. Ahora todas las cosas son sencillas y posibles con Dios.

Ahora me hago a un lado y contemplo la labor de Dios. Estoy deseoso de ver con qué velocidad y destreza Él, cumple todos los deseos de mi corazón.

Antes de haber solicitado algo Él, ya me ha respondido, y ahora de una forma extraordinaria cosecho los frutos.

Aquel que custodia los deseos de mi corazón, jamás duerme ni descansa. En el nombre de Jesucristo, ahora las puertas que parecían obstruidas se abren de una manera prodigiosa. Y los caminos que parecían inaccesibles se vuelven transitables.

Mi prosperidad es una idea perfecta y eterna en la Mente Divina y tendrá que manifestarse, pues nada puede enfrentársele.

Abandono todo el peso de Cristo que hay conmigo y marcho libre.

Pérdidas

Cuando un ser humano extravía cualquier cosa, nos encontramos frente a un hecho que nos dice que en nuestra mente subconsciente hay una idea de pérdida. En el momento que esta idea errónea se borra, el objeto mismo o su equivalente se manifiesta en lo exterior.

¿Quieren un ejemplo? Una mujer a la que yo conocía había perdido una pluma de plata en un teatro, hizo todo lo que estuvo a su alcance para hallarla, pero no lo consiguió.

Negando la pérdida repetía este mandamiento: "rechazo la pérdida, pues la Mente Divina no concibe las pérdidas, por consiguiente, no puedo perder mi pluma, regresará o recibiré su equivalente".

Varios días pasaron, y entonces se topó con una amiga que llevaba alrededor de su cuello atada con una cinta, una preciosa pluma de oro, conversaron por algún tiempo y su amiga le anotó una dirección en un papel, al notar la forma en que miraba la pluma, le dijo: "¿quieres esta pluma?" Atónita y olvidándose de agradecer a su amiga, la mujer dijo: "¡Dios mío, qué maravilloso, mi pluma de plata no era lo bastante buena para mí!".

Los seres humanos sólo pueden perder aquello que no les corresponde por Derecho Divino, o lo que no es digno de ellos.

Mandamientos de pérdidas

La Mente Divina no concibe las pérdidas, por consiguiente, no puedo perder cualquier cosa que me corresponda por Derecho Divino.

Nunca es demasiado tarde para la Inteligencia Infinita. La Inteligencia Infinita sabe cómo recuperarla.

La Mente Divina no conoce la pérdida, por lo tanto, no puedo perder lo que me corresponde. Esto me será repuesto o recibiré su equivalente.

Deudas

Algo que demuestra si los seres humanos en su mente subconsciente creen en las deudas es que las adquieran o que les deban dinero.

Esta idea tiene que ser contrarrestada al fin de alterar esta situación.

Por ejemplo: un día vino a verme una mujer y me comentó que un hombre le debía varios miles de dólares desde hacía años, pero que no conseguía que le pagara.

Yo le respondí: "tendrás que proceder sobre ti misma y no sobre tu deudor" y le indiqué que utilizara el siguiente mandamiento: "me rehúso a aceptar cualquier deuda, en la Mente Divina no existen las deudas, nadie me debe nada, todo está en armonía, yo envío mi amor y mi perdón a este hombre".

La mujer recibió en unas cuantas semanas una carta en la que le informaban que el hombre quería pagar la deuda y en los meses siguientes recibió varios miles de dólares.

Por el contrario, el mandamiento habría cambiado si ella hubiera debido el dinero, "en la Mente Divina no existen las deudas, por consiguiente, no le debo nada a nadie, todo está en orden, en este momento todos mis compromisos se han esfumado bajo la gracia, y en una manera milagrosa".

Mandamientos de deudas

Me rehúso a aceptar la deuda. En la Mente Divina no existen las deudas, por lo tanto, no le debo a nadie.

Me son quitados todos los compromisos bajo la gracia y de una manera milagrosa.

Niego la deuda. En la Mente Divina no existen las deudas, nadie me debe nada, todo está en orden, mando mi amor y perdón.

Ventas

Había una mujer que vivía en una ciudad de provincia y deseaba vender su vivienda y sus muebles. Era invierno, había caído muchísima nieve, parecía improbable que algún coche o camioneta lograra llegar hasta la estrada de su casa, no le daba importancia a las apariencias, pues le había pedido a Dios que su casa y sus muebles se vendieran a la persona adecuada y a un precio justo. Limpió sus muebles, los mandó a colocar en el centro del salón y se dispuso a venderlos, ella me comentó: "en ningún momento miré por la ventana para ver cómo caía la nieve, sencillamente creí en las promesas de Dios.

Los compradores llegaron de forma milagrosa y al poco tiempo y sin tener que pagar a la gente ningún tipo de comisión, había vendido todos sus muebles y la casa.

La fe jamás se asoma por la ventana para ver cómo cae la nieve, simplemente se dispone a recibir las bendiciones que ha solicitado.

Mandamiento de venta

Doy las gracias porque esta cosa o propiedad ahora va a ser vendida a la persona adecuada, a un precio justo, dejando satisfechos al comprador y a mí.

Mandamientos para entrevistas de Trabajo

En el plano espiritual, no existen las competencias, aquello que es mío, me ha sido proporcionado bajo la gracia.

Con amor me identifico con el espíritu de esa persona o personas. Dios vela por mis intereses y ahora la Idea Divina se manifiesta en esta situación.

Guías

En su camino, los seres humanos siempre hallan a su guía.

Aquí tengo un ejemplo de este hecho. Conocí a una mujer que, debido a su desventurada situación, tenía muchos problemas, constantemente se repetía "acaso jamás se acabará esto".

Cerca de ella se encontraba su sirvienta, la cual comenzó a contarle su vida, la mujer se encontraba demasiado abrumada como para interesarse mucho por la vida de su sirvienta, no obstante, la escuchaba pacientemente, la sirvienta le decía; "en un hotel en el que trabajé, había un jardinero muy amable, siempre me decía cosas graciosas, una vez que había estado lloviendo durante tres días le pregunté: "¿crees que el cielo se aclare?", y él me contestó "¡Dios acaso no termina por mejorar todo siempre!".

La mujer se quedó atónita, esa era la respuesta adecuada a sus preguntas. Y le dijo respetuosamente "sí, todo se aclara con el favor de Dios". Un tiempo después sus dificultades se remediaron de forma imprevista.

Mandamientos de guías

Espíritu Eterno, proporcióname la sabiduría para extraer el máximo beneficio de mis oportunidades, no me dejes caer en la trampa.

Siempre me encuentro en la iluminación directa, sé exactamente de qué manera proceder y obedezco inmediatamente mis presentimientos.

138

El ángel de mi destino marcha delante de mí, me defiende en el camino, se me otorga todo el poder, pues soy obediente y humilde de corazón.

Me da lo mismo llegar al final, porque sé que llegaré en primer lugar.

Ahora pongo sobre el altar mi voluntad personal, que se haga tu voluntad no la mía. Tu sendero no el mío, tu tiempo, no el mío; y en un abrir y cerrar de ojos todo se cumple.

En el Reino no hay misterios; por la gracia, aquello que deba saber me será revelado.

Soy una herramienta perfecta, obediente a los designios de Dios y ahora de una forma mágica se cumple para mí su plan perfecto.

Protección

Me encuentro envuelto por la clara luz de Cristo, a través de la cual ninguna cosa negativa puede pasar.

Marcho en la luz de Cristo, y los gigantes inventados por mi miedo se hacen nada, no existe nada que pueda impedir mi bienestar.

Memoria

En la Mente Divina no existe la pérdida de memoria, por eso aquello que he de recordar lo recuerdo y todo lo que no es para mi bienestar lo olvido.

Designio Divino

Para cada ser humano existe un Plan Divino, de la misma, manera que en una bellota se encuentra la imagen perfecta de un roble, el Plan Divino de nuestra vida se encuentra en la Mente Supercons-ciente del ser humano.

No hay limitaciones en el Plan Divino, únicamente la riqueza, la salud, el amor y la manifestación perfecta de uno mismo, de ese modo el ser humano siempre se topa en su camino con la Selección Divina. Cada día tendrá que vivir conforme al Plan Divino o sufrirá con los horribles resultados.

Por ejemplo: había una mujer que se estaba cambiando a un nuevo departamento, el cual estaba casi totalmente amueblado, cuando le llegó el siguiente pensamiento, de este lado del cuarto se vería muy bien un biombo.

Poco tiempo después cuando caminaba justo al lado de una tienda de antigüedades vio un magnífico biombo chino ricamente tallado, ingresó a la tienda para preguntar por el precio, el vendedor le informó que su precio era de mil dólares, pero aquel dueño estaba dispuesto a rebajarlo, entonces le preguntó: ¿Cuánto es lo que usted ofrece por él? Sin meditarlo, la mujer dijo: doscientos dólares, y el vendedor le respondió que se lo haría saber al dueño. Ciertamente, la mujer no quería estafar a nadie, ni adquirir algo que no le corres-pondiera por derecho, por eso durante el trayecto de regreso a su casa se repetía a sí misma: "no puedo perderlo si es para mí y, si no es para mí, no lo quiero". Ese día había nevado y, para dar más intensidad a sus palabras, comenzó a darle patadas a la nieve, despejando la entrada a su departamento.

Unos días después recibió una carta del dueño del biombo en la que le decía que estaba de acuerdo con su oferta.

Para cada petición hay un abastecimiento, ya sea un biombo Chino o millones de dólares, antes de que me llames te contestaré. Pero, aunque se trate de un biombo o miles de dólares, si no es la Selección Divina, no nos traerá la felicidad, si el Señor no construye la casa trabajarán en vano los constructores, Salmo 127:1.

Mandamientos del Designio Divino

Hago a un lado todo lo que no está concebido celestialmente para mí, y el Plan Divino de mi vida se lleva a cabo.

Lo que me corresponde por Derecho Divino jamás me será arrebatado.

El Plan Divino que Dios preparó para mí, está cimentado sobre una roca.

Marcho siguiendo el Sendero Mágico de los presentimientos, y por la gracia llego a la tierra prometida.

Ahora mi mente, mi cuerpo y mis asuntos están configurados conforme a la Imagen Divina que está en mí.

El único poder es Dios, y ese poder está conmigo, sólo existe un Plan, el Plan de Dios y este se llevará a cabo ahora.

Doy gracias porque ahora extraigo de la sustancia Universal todo lo que satisface los legítimos deseos de mi corazón.

Ahora el Plan Divino proyectado para mi vida se ejecuta, el sitio que estaba destinado para mí y que nadie más puede utilizar, lo ocupo ahora.

Las cosas que sé hacer y que nadie más que yo puede hacer las hago ahora.

Estoy totalmente preparado para el Plan Divino de mi vida, me encuentro equilibrado para enfrentar cualquier situación.

Todas las puertas se abren frente a sorpresas agradables, y bajo la gracia el Plan Divino de mi vida se consuma velozmente.

Salud

Una persona goza de buena salud cuando se siente feliz y tiene armonía. Todas las enfermedades nacen cuando se peca o se viola la Ley Espiritual. Jesucristo afirmó: "con tu curación, tus pecados te son perdonados".

El rencor, la mala fe, la enesmitad y el miedo, entre otras cosas, devoran las células del cuerpo y contaminan la sangre. El envejecimiento, la muerte misma y los accidentes, se originan en las falsas ideas mentales que creamos dentro de nosotros. En el momento que una persona se ve a sí misma como Dios lo ve a él, volverá a ser luminoso, perdurable y ajeno a la enfermedad y la muerte, ya que Dios creó al hombre a su imagen y semejanza.

Mandamientos de salud

El cansancio no existe, pues nada me puede agotar.

Vivo en el Reino de la Felicidad Eterna, donde todo me atrae y me interesa.

Sobre mi cuerpo, que es un cuerpo eléctrico, no tienen poder alguno el tiempo o el agotamiento, ni el nacimiento o la muerte.

La idea del espacio y el tiempo se desvanece. Vivo en el extraordinario "ahora", sin nacimiento ni muerte, soy una unidad con el único.

148

Tú eres en mí, la Felicidad Eterna, la Juventud Eterna, la Fortuna Eterna, la Salud Eterna, el Amor Eterno, la Vida Eterna.

Soy un ser espiritual, mi cuerpo es perfecto, creado a su imagen y semejanza.

La luz de Cristo penetra ahora en cada célula de mi cuerpo, doy las gracias por mi salud radiante.

Carencia en la salud de los ojos, visión defectuosa, correspondencias, miedos, dudas temor a las dificultades, estar siempre pendientes de los infortunios, vivir todo el tiempo en el pasado o el futuro, pero no en el ahora.

Mandamientos de salud en los ojos

Ahora la luz de Cristo llena mis ojos, poseo clara y limpia vista del espíritu, veo y claramente vislumbro que en mi sendero no hay obstáculos. Visualizo claramente la consumación de mis deseos más profundos.

Tengo la vista de rayos X del espíritu, veo a través de las aparentes dificultades, veo claramente cómo se lleva a cabo el milagro.

Tengo la cristalina y límpida vista del espíritu. Claramente veo los senderos despejados, en mi camino no hay obstáculos, veo como los prodigios y milagros se realizan, doy las gracias por mi impecable vista; en todos los seres y en la felicidad de cada situación veo a Dios.

Mi vista es la del espíritu, clara como el cristal, miro hacia lo alto, hacia abajo y alrededor, ya que mi prosperidad viene del norte, del sur, del este y del oeste.

Mis ojos son los ojos perfectos de Dios. La luz de Cristo me llena y alumbra mi camino, veo claramente que en mi camino no hay leones, sino únicamente espíritus celestes y Bendiciones Eternas.

Problemas de anemia

Correspondencias: esperanzas insatisfechas, carencia de felicidad.

Mandamientos contra la anemia

El espíritu que se encuentra dentro de mí me nutre, todas las células de mi cuerpo están colmadas de luz. Doy las gracias por mi resplandeciente salud y mi bienestar infinito.

Este mandamiento puede usarse para la curación de cualquier padecimiento.

Problemas de oídos, sordera

Correspondencias: carácter imperioso, obstinación y tendencia a no escuchar ciertas cosas.

Mandamientos contra los problemas de oídos

Mis oídos son los oídos del espíritu, ahora fluye en mis oídos la luz de Cristo, provocando que todo endurecimiento o deformación desaparezca.

Oigo claramente la voz del presentimiento y lo obedezco al momento, oigo claramente las buenas noticias con gran regocijo.

Problemas de reuma

Correspondencias: crítica y reprobación.

Mandamientos contra los reumas

Ahora fluye por mi mente la luz de Cristo y diluyo todos los pensamientos desagradables, todo el mundo me ama y yo amo a todo el mundo. Doy las gracias por mi espléndida salud y bienestar.

Problemas de Tumores

Correspondencias: celos, rencores, hostilidad, miedos.

Mandamientos contra los Tumores

Será arrancada de raíz toda planta que mi Padre en el Cielo no haya sembrado, cualquier idea falsa en mi mente se desvanece ahora.

La luz de Cristo se introduce a cada célula de mi cuerpo y doy las gracias por mi estupenda salud. Y por mi actual y Eterna Felicidad.

Enfermedades del corazón

Correspondencias: miedos, ira.

Mandamientos contra las enfermedades del corazón

Mi corazón en este momento ocupa el lugar adecuado para desempeñar la tarea correcta, pues es una idea perfecta de la Mente Divina,

El mío es un corazón radiante, amoroso y sin miedo, la luz de Cristo fluye por cada célula de mi cuerpo y doy las gracias por mi espléndida salud.

Mandamientos para la salud de los animales

En la Mente Divina este perro es una Idea Perfecta y ahora expresa la Idea Perfecta de Dios para un perro Perfecto.

Desconozco cualquier apariencia de caos, la Inteligencia Infinita orienta y guía a este animal, es una Idea Perfecta en la Mente Divina y siempre ocupa el lugar que le corresponde.

Elementos

El ser humano ha sido creado a imagen, idea y semejanza de Dios, y le han sido otorgados la autoridad y el poder sobre todas las cosas creadas, es capaz de contener a los vientos y a las olas, puede paralizar las mareas y hacer llover cuando lo requiera.

En Norteamérica, existe una tribu de indios que habita en el desierto y para producir la lluvia que necesitan para sus cosechas sólo disponen del poder de la oración, ejecutan una danza de la lluvia, que es una forma de oración, pero ninguna persona perturbada por algún miedo puede ser parte de esta danza, para poder ser aceptados en la ceremonia, hay que pasar por una serie de pruebas de valor. Una mujer que fue testigo presencial, me dijo que en un día despejado y con cielo azul vio como caía un auténtico diluvio, mientras el sol resplandecía en lo alto.

Mandamiento contra el fuego

El fuego es compañero del hombre y siempre está en el lugar adecuado, haciendo el trabajo adecuado.

Mandamientos contra la sequía

En la Mente Divina no existe la sequía, doy las gracias porque la lluvia cae en las cantidades adecuadas para regar los campos y los jardines.

Claramente veo como cae la beneficiosa lluvia y la Idea Divina se realiza ahora.

Mandamiento contra las tempestades

Ahora el Cristo que existe dentro de mí controla todo, incluso a los vientos y las olas, para traer después una gran tranquilidad.

Claramente visualizo la tranquilidad establecida sobre la tierra y el mar.

Mandamientos para los viajes

Doy las gracias por este viaje Ideado Divinamente, efectuado en circunstancias planeadas Divinamente y con recursos proporcionados Divinamente.

Pensamientos diversos

Cuando el ser humano odia, crea en su mente subconsciente una idea clara que termina por tomar cuerpo. Por eso aquello que aborrece u odia sucederá con toda certeza.

La única manera de eliminar estas ideas es por medio de la no resistencia.

Conocí a una mujer que se sentía atraída por un hombre que todo el tiempo le hablaba de sus fascinantes primas, aquel hombre se fue de su vida, pues ella estaba cargada de celos y antipatía. Poco después conoció a otro hombre que también le gustaba mucho, pero durante una conversación, este también le habló de unas primas a las cuales amaba mucho.

La mujer se molestó en un principio, pero después rio, porque invariablemente terminaba por encontrarse con las primas.

En ese momento probó la no resistencia, bendijo a todas las primas y primos del universo y les mandó su buena voluntad, entendió que si no procedía de esa forma, cada hombre que se le aproximara terminaría yéndose. Gracias a la postura que tomó, alcanzó el éxito y jamás volvió a escuchar nada sobre las primas.

Este es el motivo por el cual tantas personas tienen experiencias horribles que suceden una y otra vez a lo largo de sus vidas.

Había una mujer que todo el tiempo se jactaba de sus problemas, siempre le estaba diciendo a los demás: "¡yo conozco mejor que nadie lo que son los problemas!", e inmediatamente esperaba que le dieran unas palabras de alivio y cariño. Evidentemente, entre más hablaba de sus problemas, tenía más obstáculos, pues ella misma se condenaba con sus palabras. Para neutralizar sus problemas, en vez de aumentarlos, ella tendría que haber pronunciado las palabras adecuadas, por ejemplo, si hubiera repetido una y otra vez: "Marcho libre y niego cualquier peso sobre el Cristo que hay en mi", en vez de haber proclamado a los cuatro vientos su infortunio, se hubieran borrado de su vida los problemas, pues "por tus palabras serás juzgado".

El ser humano siempre cosecha en lo exterior aquello que ha sembrado en el mundo de su pensamiento, pues "te daré la tierra que ves".

Una mujer que necesitaba dinero, iba caminado por la calle repitiendo que Dios era su proveedor inmediato y sucedió que en ese preciso instante encontró tirado en el piso un billete de dos dólares. Echó un vistazo a su alrededor y vio cerca a un policía, pero cuando fue a dárselo, este le dijo que tenía un rato de estarlo viendo y pensaba que era la envoltura de un chicle, que se lo quedara. Ciertamente muchas personas pasaron junto al billete, pero cuando tú vienes se apartan igual que las hojas, las demás personas teniendo carencias pasaron al lado del billete sin verlo, pero en ella sus palabras de fe se ampliaron, sucede lo mismo con las oportunidades que hay en la vida, algunos las ven y otros las dejan pasar. "La fe sin trabajo o acciones, está muerta".

El alumno deberá manifestar una fe activa con el fin de materializar la idea que pide en su oración. Un día vino a consultarme una mujer y me pidió que enunciara la palabra que la ayudara a rentar un cuarto, le proporcioné el siguiente mandamiento:

"Doy gracias porque este cuarto ya está ocupado por la persona adecuada y a un precio justo, bueno para ambas partes". Pasaron algunas semanas y el cuarto no se había ocupado, entonces le pregunté: "¿Usted ha manifestado tener una fe activa, ha escuchado cualquier presentimiento que ha tenido con respecto a ese cuarto?" La mujer me respondió: "He querido comprar una lámpara nueva para ese cuarto, pero concluí que es un gasto innecesario que no puedo permitirme." Le conteste inmediatamente: "Esa habitación no se ocupará si usted no compra esa lámpara, pues adquiriéndola, manifestará que tiene una fe activa y grabará la idea de la confianza en la mente subconsciente", y le pregunté cuál era el precio de la lámpara. Me dijo que cuatro dólares, yo exclamé: ¡pues esa es la cantidad que la aparta del inquilino perfecto! Su emoción fue tan grande que compró dos lámparas. El inquilino perfecto llegó al cabo de una semana, pagaba por adelantado, no fumaba y tenía las cualidades perfectas.

No entraremos en el Reino de la manifestación a menos que seamos como niños pequeños y excavemos nuestros pozos, "sin visión mi pueblo perecerá". Si el ser humano no tiene algún propósito, ninguna tierra prometida hacia la cual mire, empezará a morir. Este hecho lo podemos observar en las pequeñas ciudades donde las personas se sientan alrededor del fuego durante todo el invierno sin tener alguna ambición, y no obstante dentro de cada uno existe una mina de oro, una tierra inexplorada. En una de esas pequeñas ciudades de provincia conocí a un hombre a quien apodaban "Magnolia Charly", porque cuando llegaba la primavera siempre era el primero en hallar una magnolia en flor. Su oficio era el de zapatero y todas las tardes dejaba su trabajo para ir a la estación de trenes a ver cómo llegaba de una ciudad lejana el tren de las 4:15; las únicas pasiones de su vida eran la primera magnolia y el tren de las 4:15. Él intuía sutilmente el llamado del Plan Divino en la mente subconsciente, estaba seguro de que el Plan Divino destinado a él implicaba viajes, y que podía llegar a ser un maestro en el mundo de las plantas, por medio de la palabra hablada el Plan Divino puede realizarse algún día y dejar que cada persona cumpla su destino "veo el plan perfecto de mi vida nítidamente, la energía divina me entusiasma y ahora consumo mi destino".

Frente al dinero, la actitud espiritual es aquella que nos indica que Dios es el proveedor del ser humano y que, por medio de su fe y de la palabra hablada, este puede conseguir la abundancia. En el momento en que el ser humano pueda entender esto, dejará de ser ambicioso y utilizará su dinero sin miedo, gracias a la bolsa mágica del espíritu. Sabe que el dar antecede al recibir, y que su fortuna es eterna e inmediata, por ejemplo: una mujer vino un día, el primero de julio a pedirme que enunciara la palabra que fuera capaz de ayudarle a reunir cinco mil dólares antes del primero de agosto. Como la conocía muy bien le dije: "Su más grande problema es que no da lo suficiente, tendrá que despejar sus vías de abastecimiento y dar". Además, había aceptado una invitación para visitar a una amiga, pero no deseaba ir y no sabía cómo negarse. Me pidió que pronunciara la palabra para que no tuviera problemas durante las tres semanas en que viviría en casa de su amiga y pudiera volver lo más pronto posible para disponer, a finales del mes, del dinero que necesitaba. Se fue a casa de su amiga, sin embargo, mientras estuvo ahí, no dejaba de sentirse preocupada y nerviosa, pues trataba de regresar y no la dejaban, entonces recordó el consejo que le había dado y, dentro de sus posibilidades, le dio un obsequio a su amiga. El primero de agosto se acercaba, no había señales de los cinco mil dólares y la mujer no tenía idea de cómo podía regresar a su casa. El último día de julio se dijo: "Dios mío, tal vez aún no he dado lo suficiente", y distribuyó espléndidas propinas entre los empleados de la casa. El primer día de agosto su anfitriona le dijo: "querida; quiero darte un presente", y le entregó un cheque por cinco mil dólares. Dios se manifiesta de manera sorprendente para realizar sus milagros.

Mandamientos para los pensamientos diversos

Dios no es capaz de apartar o dividir, por este motivo mi bienestar no se puede apartar ni dividir. Soy uno con mi bienestar inseparable, ahora aquello que me corresponde por Derecho Divino fluye libremente y llega hasta mí bajo la gracia por caminos milagrosos.

La labor de Dios ha concluido ahora y debe manifestarse. Sólo aprovecho mi fe y la Eterna abundancia se manifiesta.

Las apariencias no me perturban, tengo confianza en Dios y Él inmediatamente me concede los deseos de mi corazón.

En este momento me llega mi bienestar de una forma extraordinaria. El Plan Divino de mi vida no puede ser cambiado, es incorruptible e inalterable, únicamente espera que yo lo acepte.

El después no existe, tan sólo el *aquí*. Muéstrame el sendero, deja que vea claramente la bendición que tú me has otorgado, permite que tu sagrada voluntad se cumpla en mí por este día.

Los sabuesos que el cielo manda para que me guíen por el camino perfecto son mis presentimientos. Todo aquello que busco, me está buscando ahora.

Me dé cuenta de ello o no, ahora la Actividad Divina está trabajando en mi mente, mi cuerpo y mis asuntos. Dado que soy uno con la presencia, soy uno con el anhelo de mi corazón.

En este momento veo a través del ojo único del espíritu y sólo veo su fin.

Soy una idea perfecta en la Mente Divina e invariablemente me encuentro en el lugar adecuado haciendo el trabajo perfecto en el momento correcto por un sueldo justo.

Sé el Cristóbal Colón que ve a través de ti.

Soy un imán incontenible para los billetes las monedas y los cheques, pues por Derecho Divino todo me pertenece.

En mí tú eres el complemento, en el momento que pregunte me responderás.

La Ley de Aumento es la Ley de Dios y doy gracias por aumentarlo bajo la gracia en los senderos perfectos.

Vivo en el océano de la abundancia, veo claramente mi interminable abastecimiento, veo con nitidez los momentos oportunos.

Ahora mi mundo de gusanos titubea al manifestarse y me adentro a la tierra prometida bajo la gracia.

Nadie podrá ofenderme, pues amo la Ley de la no resistencia y me encuentro en paz, tú eres mi inspiración, mi revelación y mi entendimiento, nada es demasiado bueno para que no sea verdad, nada es demasiado maravilloso para que no suceda, nada es demasiado bueno para que termine.

Conclusión

Selecciona el mandamiento que más te guste y agítalo sobre la situación con la cual te enfrentas, toma tu varita mágica para que tu palabra trabaje con Dios.

"Así será mi palabra, la que salga de mi boca, que no deberá retornar hacia mí desprovista, sin que haya realizado lo que deseo y haya cumplido aquello a que la envié" (Isaías 55:11).

"Y pregunto yo: ¿es que no han oído, si en verdad?, por toda la Tierra se ha difundido su voz y sus palabras llegan hasta el fin de mundo" (romanos 10:18).

La puerta secreta
hacia el éxito

La puerta secreta hacia el éxito

Y el pueblo gritó y se tocaron las trompetas. En este preciso momento se derrumbaron los muros de la ciudad. Entonces cada uno avanzó sobre la parte de la ciudad que tenía a su frente. Se apoderaron de Jericó.

Josué 6, 20

A una persona exitosa siempre se le pregunta: "¿Cuál es el secreto de su éxito?".

Nadie suele preguntarle a un hombre arruinado: "¿Cuál es el secreto de su ruina?". Darse cuenta de eso: es sencillo y a ninguna persona le interesa saberlo.

Todo el mundo quiere saber de qué manera se abre la puerta secreta hacia el éxito.

Para todos y cada uno de los seres humanos el éxito existe, pero éste parece encontrarse detrás de una puerta o muralla. Estudiando la Biblia, encontramos la maravillosa historia de la caída de los muros de Jericó.

Cada uno de los relatos bíblicos tiene una interpretación metafísica.

En este momento hablaremos sobre el muro que lo aparta del éxito: su muro de Jericó. Casi todos hemos erigido una muralla alrededor nuestro, un nuevo muro de Jericó.

Esta ciudad inaccesible, guarda enormes riquezas; ¡el deseo de su corazón!, el éxito que, por mandato divino, le pertenece.

¿Qué clase de muro ha erigido alrededor de su Jericó? Normalmente se trata de un muro de rencor, pues cuando usted le guarda odio a alguien o se mortifica por alguna situación ahuyenta su bienestar.

Usted mantiene su propio éxito alejado si se cree que es un fiasco y siente antipatía por alguien que sí tiene éxito.

Para neutralizar la envidia y el resentimiento suelo dar el siguiente decreto:

Lo que Dios ha hecho por otras personas, Él lo hace por mí ahora e incluso más.

Conocí a una mujer que estaba llena de envidia porque una amiga había recibido un obsequio, ella dijo esta afirmación, y recibió el equivalente justo del obsequio, más otro extra.

Los muros de Jericó se vinieron abajo en el preciso momento que los hijos de Israel gritaron. Su muro de Jericó se viene abajo cuando pronuncia una afirmación de Verdad.

La siguiente afirmación se la di a una mujer: Las *murallas de la escasez y la tardanza se derrumbarán,* y yo *entraré a mi Tierra Prometida, por la Gracia.* Ella creó la vívida imagen de encontrarse sobre un muro caído y, casi de inmediato, obtuvo la manifestación de su bienestar.

Lo que provoca que nuestros asuntos cambien es la palabra de realización; esto se debe a que las palabras y los pensamientos son una especie de radiactividad.

Cuando tiene mucho interés en su trabajo, disfruta lo que está haciendo, abre la Puerta Secreta Hacia el Éxito.

Algunos años atrás viajé a California para dar varias conferencias en varios centros, y conocí a un hombre llamado Jim Tully, durante el recorrido del Canal de Panamá.

Había sido un vago durante muchos años. Se autonombraba el Rey de los Vagos.

Era ambicioso y logró conseguir una educación.

Tenía una vigorosa imaginación y empezó a escribir relatos sobre sus vivencias.

Contó cómo era la vida de los vagos y se volvió un autor de mucho éxito, pues se deleitaba con lo que estaba haciendo. Recuerdo que uno de sus libros se llamaba *Viendo hacia adentro desde afuera*. Poco después, se filmó una película de dicho libro.

Ahora tiene fama, es próspero y vive en Hollywood.

¿Qué fue lo que abrió la puerta secreta del éxito para Jim Tully?

Cuando contó su vida —sentir interés en lo que hacía—, él sacó la mayor ventaja de haber sido un vago. Durante el viaje tuvimos la oportunidad de sentarnos con varias personas en la mesa del capitán, lo cual nos proporcionó la ocasión perfecta para conversar.

La señora Grace Stone, que también era pasajera del barco, era la autora de *El amargo té del General Yen*, e iba a Hollywood porque iban a hacer una película basada en su libro; ella había vivido en China y de esa experiencia se inspiró para escribir el libro.

El secreto del éxito es ese, *hacer que lo que uno está haciendo resulte interesante para los demás*. Otros verán que usted es interesante si tiene interés en usted mismo.

Una actitud positiva, una sonrisa, habitualmente abren la puerta secreta; hay un antiguo adagio chino que dice: "Una persona sin un rostro alegre, no debería abrir un negocio".

Hubo una película francesa, en la cual Chevalier llevaba el papel principal, que trataba sobre el poder de una sonrisa; la película se llamaba *Con una sonrisa*. Uno de los personajes se transformó en un hombre pobre, resentido, melancólico y casi se abandonó totalmente; él le dijo a Chevalier: "¿Qué beneficio me ha traído ser honesto?" Chevalier le contestó: "Si no sonríes, ni siquiera la honestidad te ayudará", en ese preciso momento el hombre cambió, se animó y se volvió exitoso.

Si vivimos todo el tiempo en el pasado, lamentando las desgracias que nos han ocurrido, se crea un grueso muro rodeando nuestro Jericó.

Comentar excesivamente con los demás sus asuntos, disipa la energía e irremediablemente lo lleva hacia una alta muralla.

Tuve la oportunidad de conocer a un hombre muy inteligente y hábil, pero que era un total fracaso. Él vivía con su madre y su tía, me dijo que todos los días al llegar a su casa para cenar, solía contarles todo lo que le había sucedido durante el día en su trabajo; hablaban sobre sus anhelos, temores y desilusiones.

Yo le dije: "Cuando hablas sobre tus asuntos estás provocando que tus energías se diseminen. No comentes con tu familia tus negocios. ¡El silencio vale oro!".

Hizo caso de mi recomendación. Al siguiente día, mientras cenaban, se negó a hablar sobre sus asuntos; su madre y su tía se entristecieron, pues les hubiera encantado saber cómo iban sus cosas; sin embargo él comprobó que su silencio valía oro.

Tiempo después, le ofrecieron un nuevo cargo, ganaba cien dólares a la semana y, ya pasados unos años, consiguió un salario de trescientos dólares a la semana.

El éxito no es un secreto, es un Método.

Muchas personas chocan contra el muro del abatimiento. El valor y la constancia forman parte del método. Esto es algo que podemos comprobar si leemos las biografías de todos los hombres y mujeres que han tenido éxito.

Puedo contarles sobre una experiencia muy divertida que me viene a la memoria. En cierta ocasión quedé de verme con una amiga en el teatro. Mientras la esperaba, me coloqué al lado de un joven que vendía programas.

Conforme la gente pasaba, él les decía; "Adquiera un programa completo de la película, contiene fotografías de los actores y una pequeña biografía".

La mayor parte de las personas pasaba de largo sin comprarle. Súbitamente, para mi asombro, volteó hacia mí y me dijo: "¡Este no es un trabajo para un joven con ambiciones!".

Y comenzó a darme un discurso acerca del éxito. Me dijo: "La mayor parte de las personas se dan por vencidas precisamente antes de que les pase algo importante. Una persona de éxito jamás se da por vencida".

Evidentemente me interesó mucho lo que estaba diciendo y le respondí: "La siguiente vez que venga te traeré un libro. Se llama *El juego de la vida y cómo jugarlo*. Estarás de acuerdo con muchas de las ideas que ahí se plantean".

Después de una o dos semanas, regresé con el libro. La jovencita que vendía los boletos le dijo: "Ernie, permíteme leerlo mientras vendes los programas". El hombre que acababa de pagar los boletos se volteó para saber de qué se trataba el libro. *El juego de la* vida siempre llama la atención de la gente.

Aproximadamente tres semanas después volví al teatro, Ernie ya no estaba. Había conseguido un trabajo nuevo que le encantaba. Se había negado a sentir pesadumbre: su muro de Jericó se había venido abajo.

En toda la Biblia, la palabra éxito sólo se menciona en dos ocasiones: las dos en el Libro de Josué.

"Sé valiente y ten ánimo, porque tú entregarás a este pueblo la tierra que prometí dar a sus padres. Por eso, ten valor y cumple fielmente toda la Ley que te dio mi servidor Moisés. No te alejes de ella de ninguna manera y tendrás éxito donde sea que vayas".

La vía hacia el éxito es un camino recto y estrecho; es un camino de absorción amorosa, de total esmero. "Usted atrae aquello sobre lo que piensa mucho".

Si usted piensa mucho en la escasez, atraerá escasez; si piensa mucho en la injusticia, atraerá más injusticia. Josué afirmó: "Y ocurrirá que cuando suenen las trompetas, todo el pueblo irá al ataque, dando su grito de guerra. En ese momento los muros de la ciudad se derrumbarán y cada uno entrará por lo más directo".

En esta historia hay un significado oculto, se trata del poder de la palabra, su palabra, la cual destruye obstáculos y quita barreras.

Al gritar la gente, los muros se derrumbaron.

En los cuentos tradicionales y folklóricos encontramos la misma idea, pues estos vienen de leyendas fundadas en la Verdad; por ejemplo una sola palabra abre una puerta o mueve una roca.

En el cuento "Alí Babá y los Cuarenta Ladrones" —que yo vi en una película— de *Las mil y una noches*, también lo encontramos.

Alí Babá tenía una guarida secreta que estaba escondida en algún sitio detrás de las rocas y las montañas, la entrada sólo se abría cuando se pronunciaban unas palabras secretas. Éstas eran: "¡Ábrete, Sésamo!"

Alí Babá de frente a la montaña decía: "¡Ábrete, Sésamo!", y las rocas se hacían a un lado.

Este es un maravilloso ejemplo, ya que nos hace entender de qué manera *sus* propias rocas y barreras se harán a un lado pronunciando la palabra adecuada.

Así que pronunciemos el siguiente decreto: *Las murallas de la carencia y la tardanza se derrumban ahora, y yo entro en mi Tierra Prometida, por la Gracia.*

Ladrillos sin paja

Ahora vayan a trabajar. Y no sólo no les darán
más paja, sino que deberán entregar
la misma cantidad de ladrillos.
Éxodo 5.18

Si leemos el capítulo 5° del Éxodo con una interpretación metafísica descubrimos una imagen de la vida cotidiana.

Vemos que los Hijos de Israel estaban esclavizados por el Faraón, gobernador de Egipto, un desalmado opresor. Eran mantenidos en esclavitud, fabricando ladrillos y eran repudiados y odiados.

El Señor le dio a Moisés la misión de liberar a su gente de la esclavitud; así Moisés y Aarón se presentaron ante el Faraón y le dijeron: "Dios, el Señor de Israel, nos ha dicho: libera a mi gente, para que pueda tener un banquete en mi honor en el desierto".

El Faraón no solo se negó a dejarlos ir, sino que les dijo que haría sus labores más arduas: fabricarían más ladrillos sin que se les proporcionara paja.

Y los capataces con sus oficiales se acercaron y le hablaron a la gente diciéndoles: "el Faraón ha dicho que no les dará paja".

"Vayan y consigan su paja donde la puedan hallar pero su trabajo no debe reducirse."

Sin paja resultaba imposible fabricar ladrillos. Los Hijos de Israel estaban totalmente oprimidos por el Faraón, eran castigados porque no producían los ladrillos. Entonces Jehová envió un mensaje. "Ahora vayan y trabajen: ya que no se les dará paja, pero ustedes tendrán que entregar la cantidad fijada de ladrillos."

Trabajando con la Ley Espiritual ellos fueron capaces de hacer los ladrillos sin paja, lo que quiere decir conseguir lo que parecía imposible.

Continuamente en la vida, las personas afrontan esta situación.

En su libro *Sugerencias para los estudiantes de la Biblia,* Agnes M. Lawson dice:

> La estancia en Egipto bajo la dominación extranjera simboliza la vida de los seres humanos bajo la opresión de los severos capataces del pensamiento destructivo: el orgullo, el miedo, el rencor, etcétera. La liberación conseguida gracias a Moisés es la libertad que los seres humanos consiguen de los capataces, cuando conocen la Ley de la Vida, ya que jamás podremos estar bajo la gracia, a menos que primero conozcamos la Ley. La Ley tiene que darse a conocer para todo el mundo para que se pueda efectuar.

En el verso final del Salmo 111 se lee: "El principio del saber es el temor a Dios; son muy sabios todos los que lo practican. Su alabanza permanece por siempre".

Si leemos la palabra Señor (Ley) tendremos la clave de la frase.

El miedo a la Ley (ley *kármica*) es el comienzo de la sabiduría (no el miedo a Dios). Empezamos a temer nuestros propios bumerán en el momento en que tomamos conciencia de que todo lo que enviamos retomará a nosotros.

En cierta revista de medicina leí los siguientes hechos acerca del bumerán que regresó a este gran Faraón.

> Parece ser que este cuerpo sin duda es heredero de una larga línea de enfermos, de acuerdo con lo expuesto por el señor Monyahan en una ponencia en Leeds, el llamado Faraón de

la Opresión padeció, literalmente, de un endurecimiento del corazón; el señor Monyahan mostró varias transparencias importantes sobre los resultados de operaciones quirúrgicas llevadas a cabo mil años antes de Cristo, y entre éstas se encontraba una transparencia de los restos mortales del Faraón de la Opresión que se conservan en la actualidad.

La vena más grande que sale del corazón se encontraba en un excelente estado de conservación, lo cual permitió que se extrajeran pequeños fragmentos y se pudieran comparar con los de la transparencia. Resultó imposible diferenciar entre la antigua vena y la actual. Los dos corazones habían sido atacados por una enfermedad conocida como Atheroma, en la cual el calcio que se encuentra en la sangre comienza a depositarse en las paredes de la vena, provocando que ésta se vuelva rígida e inflexible.

La dispersión errónea de la corriente sanguínea del corazón ocasionó que la vena se rompiera; junto con esta enfermedad se presentaron diversos trastornos mentales, mismos que sobrevienen por un sistema circulatorio endurecido: *limitación y miedo a emprender nuevos asuntos; restricción en la perspectiva, en otras palabras un endurecimiento del corazón*".

Por esa razón podemos decir que la dureza del corazón del Faraón endureció su propio corazón.

Ya sea actualmente o hace miles de años esto es verdad, todos queremos salir de la Tierra de Egipto y de la Casa de la Esclavitud.

Lo que lo mantiene en la esclavitud son sus dudas y miedos; así usted enfrenta una situación que aparentemente no tiene remedio; ¿Qué puede hacer? Esta es una situación como la que enfrentaron los Hijos de Israel: hacer ladrillos sin paja.

Por eso usted no debe olvidar las palabras del Señor: "Ahora vayan y trabajen: ya que no se les dará paja, pero tendrán que entregar la cantidad fijada de ladrillos".

Tendrán que hacer ladrillos sin paja. ¡Dios abre un camino donde no lo hay!

Conocí la historia de una mujer que necesitaba conseguir dinero para pagar la renta: era preciso conseguirlo inmediatamente, pero la mujer no tenía ni idea de dónde hallarlo, pues había agotado todas sus opciones.

Ella era una estudiante de la Verdad y pese a todo seguía pronunciando sus afirmaciones. En cierto momento su perro empezó a ladrar pues quería salir, ella le puso la correa y comenzaron a caminar por la calle tomando el rumbo que acostumbraban. Sin embargo su perro tiraba de la correa: quería ir en otra dirección.

Ella lo siguió y precisamente a la mitad de una cuadra, enfrente de un parque, volteó hacia el suelo y encontró un fajo de billetes, lo recogió y descubrió que era la suma exacta para pagar la renta.

Aunque buscó anuncios que reclamaran el dinero nunca localizó al dueño, y cerca de donde lo había encontrado no había casas.

La mente, la razón, retoma el ejemplo del Faraón en su consciente. Continuamente le dice: "No se puede hacer. ¿Qué caso tiene?"

¡Tenemos que callar estos consejos negativos con una afirmación valiosa!

Tomemos, por ejemplo, esta afirmación: *Lo insospechado ocurre, mi bienestar que parecía imposible se presenta ahora.* Esto para en seco todos los argumentos del ejército enemigo: el razonamiento.

"¡Lo insospechado ocurre!" Esta es una imagen con la que no puede luchar.

"Tú me has vuelto más sabio que mis enemigos." ¡Sus pensamientos negativos, dudas, miedos y prejuicios!

Piense en la gran felicidad de estar, verdaderamente, libre por siempre del Faraón de la Opresión. Para ser libres hay que mantener la idea de *confianza, salud, bien, estar* y *abundancia firme en el subconsciente.* ¡Esto es la base para una vida libre de cualquier limitación!

Este es, en realidad, el Reino al que se refería Jesucristo, donde todo lo que se necesita nos es dado automáticamente. En verdad dado a nosotros automáticamente, ya que toda vida es vibración; y en el momento que nosotros vibramos hacia el éxito, el bienestar y la abundancia, así como las cosas que representan estos estados de conciencia, se volverán parte de nosotros.

Si usted se siente rico y exitoso, súbitamente recibirá un cheque o un maravilloso obsequio.

Ahora les contaré una anécdota que ejemplifica de qué manera trabaja esta ley. En cierta ocasión me invitaron a una fiesta, ahí se organizó un juego y quien ganaba, recibía un premio. El premio era un maravilloso abanico.

Entre los asistentes se encontraba una mujer adinerada que tenía todo. Se llamaba Clara. Las mujeres que eran más pobres y rencorosas se juntaron y cuchichearon: "Ojalá que Clara no gane el abanico". Evidentemente Clara ganó el abanico.

La actitud de Clara era desenfadada y vibraba con la abundancia. *El odio y la envidia provocan un corto circuito con su bienestar y mantienen alejados sus abanicos.*

Si usted tiene sentimientos de rencor y envidia, diga el siguiente decreto: *¡Ahora Dios hace por mí lo que ha hecho por otros e incluso más!*

Y en ese momento los abanicos y otras cosas se manifestarán frente a usted.

Sólo uno mismo es capaz de darse algo, y nadie nos puede quitar nada, excepto nosotros mismos: el "juego de la vida" es un juego de solitario; cuando usted cambie, todo su entorno cambiará.

Ahora regresemos al Faraón, el opresor; nadie en este mundo ama a un opresor.

Hace muchos años yo tenía una amiga, se llamaba Lettie; recuerdo que su padre era muy adinerado y jamás dejó de dar comida y vestido tanto a ella como a su madre, sin embargo nunca les dio ningún lujo.

Fuimos compañeras en la Escuela de Arte. Todos los estudiantes solíamos comprar reproducciones de cuadros famosos o algún objeto que nos rodeara de arte.

El padre de Lettie llamaba a estos objetos "chucherías". Él siempre le decía: "No traigas ninguna chuchería a casa".

Y ese era el motivo por el cual ella llevaba una vida triste sin un sólo objeto bello en su casa.

"El día que yo muera, ustedes quedarán en una buena posición financiera". Solía decirle a mi amiga y a su madre.

En cierta ocasión un compañero le preguntó a Lettie: "¿Cuándo viajarás a Europa?" (todos los estudiantes de arte viajaban a Europa).

Ella le contestó alegremente: "Iré cuando se muera mi papá".

Todas las personas esperan liberarse de la carencia y la opresión para siempre.

Liberémonos ahora de los *opresores del pensamiento negativo*: hemos sido prisioneros de las dudas, miedos y la desconfianza. Liberémonos, como Moisés liberó a los Hijos de Israel; y vayámonos de la Tierra de Egipto y de la Casa de la Esclavitud.

Localice el pensamiento que lo esclavice más; encuentre el *Tronco Principal*.

Cuando llega la primavera, los troncos son enviados por los ríos de los campos madereros a los astilleros en cantidades enormes.

Suele suceder que algunos troncos quedan atravesados en el cauce del río ocasionando que los que vienen atrás se atranquen; entonces los leñadores buscan el tronco que está causando esto (se conoce como Tronco Principal) para enderezarlo, y así los troncos vuelven a ser arrastrados por la corriente.

Quizá su Tronco Principal es el rencor, pues éste aleja su bienestar.

Entre más odio guarde, más rencor atraerá; si sigue así usted formará un rastro de resentimiento en su mente y siempre tendrá una expresión de antipatía.

Todo el mundo lo evadirá y perderá todos los días las maravillosas oportunidades que le esperan.

Hace ya muchos años, las calles estaban llenas de hombres que vendían manzanas.

Se levantaban al amanecer para ganar una buena esquina.

Durante ese tiempo pasé en varias ocasiones por la Avenida Park, justo ahí se encontraba uno de estos hombres vendiendo manzanas, sin embargo tenía la expresión más desagradable que jamás había visto.

Cuando pasaban personas, él gritaba: "¡Manzanas! ¡Manzanas!", pero nunca le compraban.

Un día le compré una manzana y le dije: "Jamás venderá sus manzanas si no cambia su expresión".

Entonces él me dijo: "Lo que sucede es que aquel hombre se apoderó de mi esquina".

Yo le contesté: "No tiene importancia en qué esquina se encuentre, usted puede vender manzanas si tiene un semblante agradable".

Él dijo: "De acuerdo, señora", y se fue. A la mañana siguiente lo vi, todo su rostro había cambiado; estaba haciendo un buen negocio, vendía las manzanas con una sonrisa.

Por eso usted tiene que encontrar su Tronco Principal (quizá tenga más de uno); de esa manera sus troncos del éxito, *bienestar y prosperidad se precipitarán por su río.*

Así que vayan y trabajen, si bien no se les dará paja, tendrán que hacer ladrillos sin paja.

"Y cinco de ellas eran cautas"

> Y cinco de ellas eran cautas y
> cinco eran negligentes. Las negligentes t
> omaron sus lámparas como estaban
> y no se abastecieron de más aceite.
> Mateo 25: 2, 3

Ahora voy a hablar del relato de Las Vírgenes Cautas y las Vírgenes Negligentes. "Y cinco de ellas eran cautas y cinco eran negligentes. Las negligentes tomaron sus lámparas como estaban y no se abastecieron de más aceite. Las cautas, por el contrario, junto con las lámparas llevaron sus redomas de aceite." El relato nos enseña que la oración verdadera implica preparación.

Jesucristo dijo: "Y todo cuanto pidáis con *fe* en la oración, lo recibiréis" (Mateo 21:22). "Por eso os digo: todo cuanto pidáis en la oración, creed que ya lo habéis recibido y lo obtendréis" (Marcos 11:24). En este relato Él nos enseña que sólo el que se ha preparado para recibir su bienestar (manifestando así una fe activa) provocará que su manifestación se presente.

Parafraseando las escrituras podemos decir que: "Cuando reces cree que ya lo tienes. Cuando reces COMPÓRTATE como si ya lo tuvieras".

Una fe sin hechos jamás moverá montañas. En el silencio o la meditación, usted se llena de la magia de esta Verdad y siente que su fe jamás flaqueará. Usted sabe que el Señor es su Pastor, que nada le faltará.

Usted siente que Dios, que es la Opulencia, eliminará todo el peso de la deuda o la restricción. Así se levantará de su sillón y saltará a la arena de la Vida. Lo que hace en la arena es lo único que cuenta.

Ahora daré un ejemplo de cómo trabaja la Ley; ya que la fe sin acciones es fe extinta.

Tuve un alumno que tenía enormes deseos de ir a Europa. Él hizo la siguiente afirmación: *Doy gracias por mi viaje concedido y financiado por mi designio divino, por la gracia, de una manera perfecta.* Mi alumno casi no tenía dinero, pero conocía muy bien la Ley de Preparación, y compró un baúl. Era un baúl con una enorme banda roja a su alrededor que trasmitía mucha alegría. Siempre que lo veía le daba la impresión de estar en camino. Cierto día mi alumno tuvo la impresión de que su cuarto se movía: era como el movimiento de un barco. Se acercó a la ventana para respirar el aire fresco, y éste tenía el aroma de los muelles. Logró escuchar con su oído interno el chillido de una gaviota y el sonido de los motores de un barco. El baúl había empezado a trabajar. Lo había puesto en sintonía con su viaje. Poco después, llegó a sus manos una sustanciosa cantidad de dinero y pudo realizar su viaje. Después me contó que había sido perfecto en todos los detalles.

Cuando estemos en la arena de la Vida debemos estar a tono con el concierto.

¿Nos comportamos tomando como base el miedo o la fe? *Analice sus motivos cuidadosamente, ya que de éstos se originan todos los asuntos en la vida.*

Si su problema es económico, usted debe saber de qué manera sintonizarse con el plano financiero y seguir a tono por medio de su proceder con fe. La actitud racional hacia el dinero implica: confiar en su sueldo, ingresos e inversiones, los cuales pueden escasear de un momento a otro; confiar en Dios para que siempre lo aprovisione es la actitud espiritual adecuada hacia el dinero. Para conservar sus propiedades, jamás olvide que son manifestaciones de Dios. "Lo que Alá te ha dado no puede ser disminuido"; por consiguiente, si una puerta se cierra, sin lugar a dudas otra se abrirá de inmediato.

Dado que "por sus palabras será condenado", jamás hable de insuficiencia o limitación. Usted sintoniza con lo que siente, y si todo el tiempo está percibiendo fracaso y tiempos difíciles, usted sintonizará con el fracaso y los tiempos difíciles.

Tiene que formarse la costumbre de vivir en la cuarta dimensión: "El Mundo de lo Maravilloso". Es el mundo donde no se juzga por las apariencias.

Usted ha educado su ojo interno para ver a través de la enfermedad hacia la salud, para ver a través del fracaso hacia el éxito, para ver a través de la carencia hacia la opulencia. La tierra que su ojo interno ve le será dada.

Aquella persona que es exitosa tiene *fija la idea del éxito.* Se sostendrá si está basado en una roca de verdad e integridad. Si es al contrario, estará cimentado sobre la arena, las olas lo jalarán al mar y regresará a su lugar de origen: a la nada.

Las ideas divinas son las únicas que pueden perdurar. El mal se autodestruye, ya que es una corriente cruzada contraria al orden universal, jamás olvide que el sendero del violador de la Ley es cruel.

"Y cinco de ellas eran cautas y cinco eran negligentes. Las negligentes tomaron sus lámparas como estaban y no se abastecieron de más aceite. Las cautas, por el contrario, junto con las lámparas llevaron sus redomas de aceite".

La lámpara representa la conciencia del hombre. El aceite es lo que trae la Luz o el entendimiento.

"Como el novio tardara, se adormilaron todas y se durmieron. Mas a media noche se oyó un grito: '¡Ya está aquí el novio! ¡Salid a su encuentro!' Entonces todas aquellas vírgenes se levantaron y arreglaron sus lámparas. Y las negligentes dijeron a las cautas: 'Dadnos de vuestro aceite, que nuestras lámparas se apagan'."

Las vírgenes negligentes carecían de sabiduría o entendimiento, que es el aceite para la conciencia, y en el momento en que se enfrentaron a una situación seria, no supieron cómo manejarla.

Y cuando les dijeron a las cautas: "Dadnos de vuestro aceite, que nuestras lámparas se apagan", éstas dijeron: "No, no sea que no alcance para todas; es mejor que vayáis donde los vendedores y os lo compréis".

Esto significa que las vírgenes negligentes *no podían recibir más de lo que tenían en su mente,* es decir aquello con lo que estaban sintonizando.

Mi alumno consiguió el viaje porque, como una realidad, estaba muy presente en su mente. Él estaba seguro que ya lo había recibido. Cuando se preparaba para su viaje, estaba llevando aceite para sus lámparas. *La manifestación viene con la actuación.*

La Ley de la Preparación actúa en ambos sentidos. Siempre que usted se prepara para lo que teme o no desea, comienza a atraerlo. El rey David dijo: "Lo que temo ha venido a mí". Solemos oír que la gente dice: "Tengo que guardar dinero por si se presenta alguna enfermedad". Con esa actitud están preparándose deliberadamente para enfermarse. O también: "Estoy ahorrando para un día lluvioso". Indudablemente, el día lluvioso llegará en el momento menos oportuno.

Para cada ser humano la abundancia es la idea divina. Sus graneros *tendrán que estar* repletos, y sus copas *deberán* rebosar, lo importante es aprenderlo a pedir correctamente.

Tomaremos como ejemplo este decreto: *Invoco la Ley de la Acumulación. Mi abastecimiento viene de Dios, y ahora fluye y se almacena, por la gracia.*

Este decreto o afirmación no nos crea una imagen de limitación, ahorro excesivo o enfermedad. Nos da una idea tetradimensional de abundancia, despejando los caminos hacia la Inteligencia Infinita.

Todos los días usted tiene que tomar una decisión, ¿será prudente o necio? ¿Se preparará para recibir su bienestar? ¿Dará el gran paso para *cobijarse en su fe*? ¿O se mantendrá lleno de dudas y temores y no llevará aceite para sus lámparas?

"Mientras iban a comprarlo, llegó el novio, y las que estaban preparadas entraron con él al banquete de boda, y se cerró la puerta. Más tarde llegaron las otras vírgenes diciendo: '¡Señor, señor, ábrenos!' Pero él respondió: 'En verdad os digo que no os conozco'.".

Seguramente usted cree que las vírgenes negligentes pagaron un alto precio por no haber llevado aceite para sus lámparas, pero estamos tratando con la Ley del *Karma* (o la Ley del Regreso). Muchos conocen esta Ley como "el día del juicio", y la asocian con el fin del mundo.

Dicen: tu día del juicio se aproxima, en sietes; es decir: en siete horas, siete días, siete semanas, siete meses o siete años. Incluso puede presentarse en siete minutos. Entonces usted pagará alguna deuda *kármica*; el precio por haber violado la Ley espiritual.

Al no confiar en Dios, usted falló: no llevó aceite para sus lámparas.

Tendrá que examinar su conciencia todos los días, y descubrir para qué se está preparando. Puede descubrir que usted tiene miedo a la escasez y que por eso se aferra a cada centavo, sin embargo con esa actitud atrae más escasez. Use lo que tiene con sabiduría y esto abrirá la puerta para que reciba más.

En mi libro, *La palabra es tu varita mágica*, hablo sobre la Bolsa Mágica. En *Las mil y una noches*, se cuenta la historia de un hombre que tenía una Bolsa Mágica. Conforme salía el dinero, volvía a aparecer de inmediato.

Así que formulé el siguiente decreto: *Mi abastecimiento viene de Dios, tengo la bolsa mágica del espíritu. Jamás se vaciará. Así como sale el dinero, inmediatamente regresa. Por la gracia y de manera perfecta está repleta de abundancia todo el tiempo.*

Estas palabras atraen una vívida imagen a la mente: Usted está obteniendo del banco de la imaginación.

Conocí a una mujer que no tenía mucho dinero y sentía un gran temor de pagar sus deudas, porque su cuenta bancaria se reduciría. La siguiente afirmación la llenó de mucha seguridad: "Poseo la bolsa mágica del espíritu. Jamás se vaciará. De la misma manera que sale el dinero, vuelve inmediatamente". Saldó sus cuentas sin ningún temor y le llegaron varios cheques que no esperaba.

"Vigílate y ora para que no caigas en la tentación de prepararte para algo destructivo en lugar de esperar algo constructivo."

En cierta ocasión una mujer me dijo que ella siempre tenía un velo de crepé a la mano, en caso de que hubiera un funeral. Yo le dije: "Eres una amenaza para tus familiares, estás esperando y apresurando su muerte, para que puedas usar tu velo". De inmediato ella lo destruyó.

Hubo otra mujer que, a pesar de no tener dinero, decidió mandar a sus dos hijas a la universidad. Su esposo se rió de la decisión y dijo: "¿Y quién crees que pagará por su educación? Yo no tengo dinero para eso". Ella le contestó: *Sé que algún bien inesperado nos llegará*. De esa forma ella siguió alistando a sus hijas para la universidad. Su esposo se sonreía, e incluso le dijo a sus amigos que su esposa iba a enviar a sus hijas a la universidad con "un bien inesperado". Inesperadamente un familiar muy rico le envió una fuerte cantidad de dinero. Como ella había mostrado una fe activa, "un bien inesperado" se manifestó. Después le pregunté qué le había dicho a su marido cuando el cheque llegó. Ella contestó: "Oh, en realidad jamás le dije a mi marido que yo tenía razón". Por eso alístese para su "bien inesperado". Permita que cada uno de sus pensamientos y actos demuestren su inquebrantable fe. Todos y cada uno de los acontecimientos en su vida es una idea materializada. Algo que usted ha proyectado, ya sea por medio del temor o de la fe. *Algo para lo que usted se ha preparado.*

Así que seamos sabios y llevemos aceite para nuestras lámparas y, cuando menos lo pensemos, recogeremos los frutos de nuestra fe.

Ahora mis lámparas están repletas con el aceite de la fe y de la realización.

¿Qué es lo que usted espera?

Hágase en vosotros según vuestra fe.
Mateo 9:29

"Según tu fe, te será dado", la fe es esperanza.

Es decir: "de acuerdo con tus expectativas, se te concederá"; por consiguiente, ¿qué es lo que usted espera?

Cuando escuchamos que la gente dice: "Todavía no llega lo peor" o "Espero que suceda lo peor", vemos que estas personas están atrayendo voluntariamente cosas malas.

Por el contrario, cuando escuchamos que alguien dice: "Espero un cambio para mejorar", vemos que está atrayendo mejores condiciones para su vida. Cuando cambie lo que espera, sus expectativas, su entorno cambiará.

¿De qué manera puede cambiar sus expectativas cuando a lo largo de su vida se ha formado la costumbre de esperar fracaso, pérdida o escasez?

Empiece a comportarse como si *esperara* el éxito, la prosperidad y la abundancia; *prepárese para su bienestar*.

Para demostrar que usted espera que lo bueno llegue, haga algo. Solamente la fe activa grabará esa idea en su subconsciente.

Si usted ha pronunciado una afirmación para una casa, dispóngase inmediatamente para recibirla, como si no tuviera tiempo que perder. Consiga manteles, pequeños adornos para decorar, etcétera.

Una mujer que conocí tuvo una drástica transformación hacia la fe, cuando compró un formidable sillón; ese sillón representaba su total seguridad, que estaba lista; el sillón era grande y cómodo, pues ella se estaba preparando para el hombre correcto. Y él llegó.

Muchos podrán decir: "Digamos que no tiene dinero para comprar adornos o el sillón, así jamás se podrá manifestar". Si ese es el caso vaya a las tiendas y forme en su pensamiento un vínculo con esos objetos.

Póngase a tono con su vibración. En algunas ocasiones la gente suele decir: "Jamás voy a las tiendas porque no tengo dinero para comprar nada". Ese es, precisamente, el motivo por el cual hay que ir a las tiendas. Empiece a hacerse amigo de las cosas que usted quiere o necesita.

Hubo una mujer que anhelaba un anillo. Con cierta frecuencia ella iba al departamento de joyería a probarse anillos.

Esta acción le dio la idea de pertenencia y, algún tiempo después, un amigo suyo le obsequió un anillo. "Usted armoniza con aquello que usted siente."

Siga sintiendo y pensando en cosas hermosas y tendrá un contacto invisible. Siempre que usted no diga: "Hay de mí, esto es demasiado bueno para ser cierto", estas cosas son atraídas a su vida tarde o temprano.

En el Salmo 62:5 encontramos una afirmación muy importante: "En Dios sólo descansa, oh alma mía, de Él viene mi esperanza".

El alma es la mente subconsciente y el que escribió este salmo estaba diciéndole a su subconsciente que esperara todo directamente del universal; que no dependiera de puertas ni canales: "De Él viene mi esperanza".

No hay manera en que Dios nos pueda fallar, ya que "Sus recursos son sutiles, sus métodos son seguros".

Por difícil o imposible que parezca, usted puede esperar cualquier bien de Dios; siempre y cuando usted no limite las vías.

Nunca diga de qué forma quiere que se haga, o cómo no se puede hacer.

"Dios es el dador y regalo y *crea sus propias y maravillosas vías*".

Repita el siguiente decreto: *No puedo ser apartado de Dios el Dador; por consiguiente, no puedo ser apartado de Dios el Regalo. El regalo es Dios en acción.*

Entienda completamente que cada bendición es el *Bien en acción*, y vea a Dios en cada rostro y el bien en cada circunstancia: esta acción lo transforma en el dueño de todas las situaciones.

En una ocasión una mujer me dijo que los radiadores de su apartamento no producían calor y que su madre padecía mucho a causa del frío. Y añadió que: "El casero dijo que no tendríamos calefacción hasta dentro de un mes". Yo le repliqué: "Su casero es Dios". Ella dijo: "Lo que me acaba de decir es lo único que necesitaba saber", y salió rápidamente. Esa misma noche encendieron la calefacción sin antes haber preguntado, y funcionó. Esto ocurrió porque ella entendió que su casero era Dios en acción.

Esta es una maravillosa época, pues las personas están alcanzando una Mente de Milagros; se siente en el aire.

Voy a citar un artículo que encontré en el periódico de Nueva York, escrito por John Anderson, que confirma lo que acabo de decir.

El artículo se titula: "Las personas que asisten al teatro hacen que las obras de metafísica se transformen en éxitos".

Un empresario insolente, a quien llamaremos Brock Pemberton, afirmó, con un ligero tono de sarcasmo en su voz: "Si ustedes, queridos amigos —se refería a los críticos—, saben tanto sobre lo que el público de Nueva York desea, ¿por qué no me dicen qué obra montar? ¿Por qué en vez de hacer que mi negocio quiebre no hacen que aumente? ¿Por qué no me dicen qué clase de obra quiere ver el público?". Entonces yo le dije: "Con gusto se lo diría, pero estoy segura que usted no me haría caso".

"Me quiere tomar el pelo —contestó—. Usted no tiene idea, sólo está intentando salvarse, pretendiendo que sabe más de lo que dice.

No tiene ni la más mínima idea, igual que yo, de qué tipo de obra será un éxito".

"Claro que la tengo —le dije— existe un tipo de obra que sería un éxito; son aquellas que tratan sobre un tema que funciona y siempre ha funcionado, que ha competido con romances, misterios, tragedias históricas, etcétera; ninguna obra que trate sobre este tema ha fracasado, siempre que tuviera alguna virtud, e incluso muchas obras con poco mérito han sido un gran éxito." El señor Pemberton dijo: "Está presumiendo otra vez. ¿Qué tipo de obras son esas?"

"Sobre metafísica", le respondí, y aguardé a ver cómo reaccionaba. "Metafísica —dijo el Sr. Pemberton—. ¿Quiere decir Metafísica?"

Hice una pausa, pero como el señor Pemberton no decía nada, empecé a darle algunos títulos, tales como: *Los verdes prados*, *El vagón de la estrella*, *El milagro del padre Malaquías*... "Algunas de estas obras —añadí— se presentaron al público a pesar de los críticos". Sin embargo el señor Pemberton se había ido, seguramente a preguntar en todos los teatros de Nueva York: "¿Hay algún metafísico en casa?".

Las personas están empezando a entender el maravilloso poder de sus palabras y pensamientos. Están comprendiendo por qué "La fe es la materia de lo que se desea, el convencimiento de las cosas que no se pueden ver".

No obstante vemos cómo la Ley de la Expectativa trabaja por medio de las supersticiones.

Si llega a suceder que usted pasa debajo de una escalera y piensa que le dará mala suerte, lo más seguro es que le dé mala suerte. La escalera es inocente, la mala suerte se presentó porque usted la esperaba.

Podemos decir que la expectativa es la sustancia de las cosas que se esperan, o bien que la expectativa es la sustancia de las cosas a las que los seres humanos temen: "Lo que yo esperaba, me ha sucedido".

Cuando usted se vuelva hacia Dios para pedir su bienestar piense que nada es demasiado bueno para ser verdad, nada es demasiado maravilloso para no suceder, nada es demasiado bueno para que no dure.

Ahora piense en las bendiciones que parecen tan alejadas y empiece a esperarlas desde este momento, bajo la gracia, de una forma insospechada; pues Dios trabaja de forma misteriosa para difundir sus milagros.

Una vez me dijeron que en la Biblia había tres mil promesas.

Ojalá que ahora todas esas bendiciones lleguen a nosotros. Entre otras, se nos prometieron riquezas y dignidad, eterna juventud ("Su cuerpo se volverá como el de un niño") y la vida eterna: "la misma muerte será derrotada".

La cristiandad se basa en el perdón de los pecados y en un sepulcro vacío.

Cuando llamamos a la ley del perdón, nos libramos de nuestros errores y de las consecuencias de éstos. ("Si bien tus pecados son color rojo, tú quedarás blanco como la nieve".)

Así nuestros cuerpos serán bañados en Luz y expresarán el "cuerpo eléctrico", el cual nunca envejece y no se puede dañar, es sustancia pura que manifiesta perfección.

Espero lo imprevisto, mi milagroso bienestar llega ahora.

El largo brazo de Dios

Dios es un refugio eterno,
y sus brazos obran desde
siempre aquí abajo.
Deuteronomio 33:27

El brazo de Dios siempre representa protección en la Biblia. Los que escribieron la Biblia conocían el poder de un símbolo. Pues éste crea una imagen que se graba en el subconsciente. Entre otros, ellos usaban los símbolos del peñasco, las ovejas, los pastores, el viñedo y la lámpara. Sería interesante saber cuántos símbolos se mencionan en la Biblia. El brazo además representa la fuerza.

"Dios es un refugio eterno y sus brazos obran desde siempre aquí abajo. Él expulsó a tus enemigos frente a ti y te dice: Acábalos."

¿Quién es realmente el enemigo "frente a ti"? Los pensamientos destructivos que ha creado en su mente subconsciente. Los verdaderos enemigos del hombre sólo son aquellos que están en su propia casa. Los brazos protectores de Dios expulsan y eliminan a estos enemigos.

¿Ha sentido alguna vez una gran sensación de alivio al momento de deshacerse de una forma de pensamiento negativo? Probablemente en alguna ocasión ha creado una especie de pensamiento lleno de odio, lo llega a alimentar hasta un punto en el cual usted siempre está hirviendo en ira. Guarda rencor hacia personas que conoce o que no conoce —ya sean del pasado o del presente—, y si sigue así puede estar seguro que en el futuro nadie estará a salvo de su resentimiento.

El rencor afecta a todos los órganos del cuerpo; esto se debe a que cuando usted guarda odios, éstos se acumulan en cada uno de los órganos de su cuerpo. Por ejemplo la tristeza se paga con reuma, artritis, neuritis, etcétera, porque los pensamientos "agrios" producen ácido en la sangre. Y todos estos problemas se crean porque usted está peleando la batalla, no permite que el "largo brazo de Dios" se encargue.

La siguiente afirmación se la he dado a muchos de mis estudiantes: *El largo brazo de Dios alcanza a las personas y a las situaciones, tomando el control de las circunstancias y resguardando mis intereses.*

Estas palabras graban la idea de un enorme brazo que simboliza la fuerza y la protección. Con la actuación del poder del largo brazo de Dios, usted ya no opondrá resistencia ni guardará rencor alguno. Usted se relajaría y se dejaría llevar. Los enemigos dentro de usted serían eliminados, de esa manera *las situaciones desfavorables se esfumarían.*

El mejoramiento espiritual implica la capacidad para mantenerse inmóvil o hacerse a un lado, y permitir a la Inteligencia Infinita pelee sus batallas y que quite el peso que usted lleva encima. En el momento que usted se quite el peso del rencor, notará una maravillosa sensación de alivio. Obtendrá un sentimiento de cariño por el prójimo y todos los órganos de su cuerpo empezarán a trabajar adecuadamente.

En una entrevista de un periódico, el doctor Albert Edward Day dijo que: "Amar a nuestros enemigos resulta excelente para nuestra salud espiritual, pero esto es algo ampliamente reconocido y aceptado. Por el contrario, es relativamente un hallazgo reciente saber que la negación y los sentimientos desfavorables arruinan la salud física. Los problemas de salud normalmente tienen su origen en algún trastorno emocional. Los sentimientos negativos que se almacenan y se alimentan son causas viables de enfermedades. Cuando el predicador dice que hay que amar a nuestros enemigos, las personas están preparadas para eliminar la idea pues les parece inaudita. Pero lo cierto es que el predicador les está hablando de un hecho que es una de las primeras leyes de cuidado, así como de ética. Ningún ser humano, por el bien de su cuerpo, debe darse el lujo de odiar. Guardar rencor es como tomar varias dosis de veneno. Cuando se le dice que elimine sus miedos, usted no está escuchando a un iluso que ha sido iluminado de pronto; usted está escuchando un consejo sumamente vital para su salud, como si fuera un consejo sobre nutrición".

En estos tiempos se habla mucho sobre llevar una dieta balanceada, pero usted será incapaz de digerir correctamente los alimentos, tengan o no calorías, si no tiene una mente balanceada.

Hay muchísimas personas que están tratando de forzar las situaciones, la no resistencia es un arte que hay que aprender. Cuando se consigue, ¡el mundo es suyo!, pues su bienestar perpetuo jamás se conseguirá si se violenta la voluntad personal.

Apártate de aquellas cosas que se alejan de ti, Si no buscas nada, la fortuna te buscará a ti.
¡Observa su sombra en el suelo!
¡Obsérvala de pie en la puerta!

No sé quién sea el autor de estas líneas, pero son muy ilustrativas del tema. En cierta ocasión le preguntaron a Lovelock, el premiado atleta inglés, cuál era su secreto para alcanzar esa gran velocidad y conservar su resistencia al correr. Él respondió: "Aprendan a relajarse". Mientras se corre, en acción, hay que alcanzar ese descanso. Es decir, entre más rápido corría, más relajado se sentía.

Normalmente, su gran oportunidad y gran éxito *se infiltra* en el momento menos pensado. Usted tiene que dejarse llevar, no-resistencia, lo suficiente para que la *gran Ley de la atracción* trabaje. *Usted jamás ha visto un imán inquieto y anhelante.* Éste simplemente se coloca derecho, sin ningún tipo de preocupación en el mundo, pues sabe que las agujas no pueden evitar girar hacia él. Las cosas que deseamos, de una forma justa, vienen a nosotros cuando hemos quitado el embrague.

En mi curso por correspondencia siempre digo: *No permitan que el deseo de su corazón se transforme en el sufrimiento de su corazón. Cuando usted desea algo con mucha avidez se desmagnetiza completamente.* Usted se impacienta, llegan los miedos y agoniza. Para estos casos hay una Ley oculta de indiferencia: "Nada de esto me afecta". *Sus barcos navegan sobre un mar que no tiene preocupaciones.*

Muchos estudiantes de la Verdad se enemistan con sus amigos, debido a que están excesivamente ansiosos por leer los libros y asistir a las conferencias. Estas personas suelen encontrar dificultades.

Por ejemplo, una amiga mía llevó a casa de su hermano mi libro *El juego de la vida y cómo jugarlo*, para que lo leyeran sus parientes. Los muchachos de la familia se negaron a leerlo. Dijeron que no querían "tonterías". Sin embargo uno de esos muchachos, que era taxista, tuvo que manejar otro vehículo una noche; cuando revisó el auto, encontró un libro. Era *El juego de la vida y cómo jugarlo*. Al día siguiente le dijo a su tía: "Anoche en el taxi encontré el libro de la señora Shinn. Lo leí y es extraordinario. Tiene muchas cosas buenas. ¿Crees que escriba otro?". Dios trabaja de forma misteriosa para llevar a cabo sus milagros.

Durante todo este tiempo he conocido a mucha gente que es infeliz, así como otras que están muy agradecidas y felices. Un hombre me dijo en cierta ocasión: "Tengo mucho que agradecerle. Gozo de buena salud, suficiente dinero y ¡sigo soltero!"

El Salmo 89 es muy interesante, pues en él vemos que dos personas tienen un diálogo: el hombre que entona el Salmo (todos los salmos son canciones o poemas), y el Dios Señor de los Ejércitos que contesta. Es una canción de agradecimiento y glorificación, alabando el largo brazo de Dios.

¡El amor del Señor cantaré por siempre!

Dios, Señor de los Ejércitos, ¿quién se compara contigo? El poder es tuyo, tuyas las hazañas, tu brazo es fuerte, imbatible tu derecha.

Entonces el Señor de los Ejércitos contesta:

Aquél que con mi mano se establezca, mi brazo lo fortalecerá, mi mano siempre lo acompañará.

Mi lealtad y mi ayuda lo acompañarán, y por mi gracia su poder aumentará.

"Por siempre jamás" son palabras que sólo escuchamos en la Biblia y en los cuentos. En lo absoluto, el ser humano está fuera de lo que perdura eternamente. Los cuentos provienen de las antiguas leyendas persas, que estaban basadas en la Verdad.

Un ejemplo que ilustra el poder de la Palabra es la historia de *Aladino y su lámpara maravillosa.* Aladino frotó la lámpara y todos sus deseos fueron cumplidos. La palabra es su lámpara. Tanto las palabras como los pensamientos son una clase de energía y no vuelven vacíos. Un científico afirmó que las palabras están cubiertas de luz. *Continuamente, usted está cosechando los frutos de sus palabras.* Sucedió que una amiga había llevado a mi clase a un hombre, me comentó que él había estado sin trabajo durante más de un año. En ese momento le di el siguiente decreto: *Ahora es el momento adecuado. Hoy es el día de mi maravillosa buena fortuna.* Estas palabras se grabaron de inmediato y profundamente en su consciente. Poco después obtuvo un puesto en el que la paga era de nueve mil dólares anuales.

En una ocasión una mujer me comentó que cuando yo bendije la ofrenda, dije que cada dólar se les regresaría multiplicado por mil. Ella había colocado un dólar en la recolección. Con mucha confianza ella dijo: "Este dólar está bendecido y volverá en la forma de mil dólares. Poco tiempo después y de una forma insospechada, ella recibió mil dólares.

¿Por qué razón muchas personas reciben su manifestación de Verdad mucho más rápido que otras? Esto es porque ellos tienen oídos que escuchan. Jesucristo narró la historia de un hombre que echó la semilla ésta calló en tierra buena. La semilla simboliza la palabra. Por eso les digo: *Escuchen la afirmación que les suene mejor; la afirmación que les dé la manifestación. Esa afirmación dará sus frutos.*

Hace algunos días, fui a la tienda de un hombre al que conozco muy bien. En esa ocasión le di a uno de sus empleados una tarjeta de afirmación. Le dije bromeando: "No malgastaría una tarjeta de afirmación con usted, pues no la usaría". Él me dijo: "Por supuesto que la usaría, déme una". La siguiente vez que fui le obsequié una tarjeta. Antes de que me fuera de la tienda, llegó corriendo a mi lado y me dijo: "Pronuncié esta afirmación y llegaron dos nuevos clientes". La afirmación en cuestión era: "Ahora es el momento adecuado; hoy es el día maravilloso de mi buena fortuna". Había funcionado con él.

Muchas personas utilizan la palabra en decretos exagerados e imprudentes. En mis visitas al salón de belleza encuentro mucho material para mis clases. Una muchacha quería leer una revista. Llamó a una empleada y le dijo: "Tráigame algo espantosamente nuevo y tremendamente excitante". Lo único que ella quería era la revista que tenía las reseñas de las más recientes películas. Se suele escuchar por ahí que la gente dice: "Cómo quisiera que algo terriblemente excitante me sucediera". Con esas palabras están atrayendo una situación desdichada, pero excitante para que entre a sus vida. Después se preguntarán por qué les pasó a ellos.

Siempre he pensado que en todas las universidades tendría que haber departamento de metafísica. *La metafísica es la sabiduría de todos los tiempos.* Es la antigua sabiduría transmitida a lo largo de los siglos en India, Egipto y Grecia. Hermes Trismegistus fue un gran maestro egipcio. Sus enseñanzas fueron archivadas cuidadosamente y han llegado hasta nosotros después de diez mil años. Él vivió en Egipto en los primeros tiempos, cuando la raza humana estaba en su infancia. Pero si usted lee el *Kybalión* con sumo cuidado, descubrirá que su enseñanza es idéntica a lo que nosotros enseñamos actualmente. Él afirmaba que todos los estados mentales venían acompañados por vibraciones. Usted armoniza con todo aquello con lo que vibra, por eso ahora todos tenemos que vibrar con el éxito, el bienestar y la prosperidad.

Ahora es el momento adecuado. Hoy es el día de mi maravillosa buena fortuna.

La piedra en el camino

Elijan hoy a quién quieren servir.
Josué 24:15

Todos los días nos enfrentamos a una situación en la que tenemos que tomar una decisión (una piedra en el camino).

"¿Qué debo hacer: esto o lo otro? ¿Debo partir o me debo quedar?" Muchas personas no saben qué decisión tomar. Sin perder tiempo permiten que otros tomen las decisiones por ellos, después se arrepienten de haber tomado su consejo. Por el otro lado encontramos a aquellos que piensan las cosas con sumo cuidado. Ellos calculan y evalúan las situaciones como si fueran mercancías, y se sorprenden cuando sus cálculos fallan y no alcanzan su objetivo.

Pero hay otros que siguen el camino mágico de la intuición, corazonadas y presentimientos; esas personas entran en su Tierra Prometida en un parpadeo.

La habilidad espiritual que está más allá del pensamiento es la intuición, no obstante en ese camino se encuentra lo que usted requiere o anhela.

En mi libro *El juego de la vida y cómo jugarlo*, doy una gran cantidad de ejemplos de cómo utilizando esta extraordinaria habilidad se alcanza el éxito. También explico que la oración funciona como una llamada telefónica con Dios, pero cuando Dios le llama por teléfono, se llama intuición.

Empieza este día a seguir el camino mágico de la intuición, escucha tus corazonadas.

En mis clases de preguntas y respuestas les doy consejos para cultivar la intuición.

Esta habilidad ha permanecido dormida en la mayoría de las personas. Por eso les decimos: "¡Tú que has estado dormido, despierta! ¡Despierta para que escuches tus corazonadas y presentimientos! ¡Abre los ojos hacia tu divinidad interna!"

Claude Bragdon afirmó: "Vivir intuitivamente es vivir en la cuarta dimensión".

Es imprescindible que usted tome una decisión: ahora tiene enfrente una piedra en el camino. Si solicita una pista concluyente e incuestionable, la recibirá.

En el libro de Josué encontramos muchos eventos que se pueden interpretar metafísicamente. "Después de la muerte de Moisés, Dios habló a Josué, ahora llegó el momento de cruzar el río Jordán, y todo el pueblo pasará contigo a la tierra que doy a los hijos de Israel. Serán para ustedes todos los lugares donde pongan sus pies, como se lo prometí a Moisés."

Los pies simbolizan el entendimiento; por eso, meta, físicamente, quiere decir que todo lo que compren, demos se sostiene sobre nosotros en la conciencia, y lo que tiene raíces jamás podrá ser apartado de nosotros.

Vemos que la Biblia dice: "Mientras estés con vida nadie se te opondrá. Estaré contigo como lo estuve con Moisés; no te abandonaré ni te dejaré. Muestra tu valor y ten ánimo, porque tú entregarás a este pueblo la tierra que juré dar a sus padres... Por eso ten confianza y cumple puntualmente toda la Ley que dio mi servidor Moisés. No te desvíes de ella de ninguna manera y tendrás éxito dondequiera que vayas".

Si somos fuertes y muy valientes y seguimos fielmente la ley espiritual encontraremos el éxito. Así regresamos a "la piedra en el camino", que es la necesidad de tomar una elección.

"Elige este día en que me servirás", el intelecto o camino divino.

Hay un hombre que es muy conocido y se ha transformado en un hombre muy poderoso en el mundo financiero, él dijo a un amigo: "Invariablemente sigo mis presentimientos, soy la suerte en persona".

La intuición (que es el camino divino) es lo más significativo en mi vida. Muchas personas se acercan a las reuniones de la Verdad para conseguir alguna corazonada. He descubierto que las palabras adecuadas iniciarán la acción de la actividad divina en sus asuntos.

En cierta ocasión se acercó a mí una mujer que tenía un problema muy difícil. Yo le dije: "Permita que Dios tome las riendas de la situación". Estas palabras la impresionaron y pronunció lo siguiente: "Ahora permito que Dios maneje esta situación". Casi de inmediato pudo rentar una casa que había estado desocupada durante mucho tiempo.

Si usted intenta manejar una situación, invariablemente dejará caer todas las pelotas, por eso permita que Dios maneje todos sus asuntos.

Durante mis clases de preguntas y respuestas, me suelen preguntar: "¿Qué quiere decir cuando dice que uno no debe manejar una situación y cómo dejaría que Dios la maneje?"

Usted utiliza la razón. La razón le diría: "No hay actividad en los bienes raíces, pues son tiempos difíciles. No esperes nada hasta el otoño del año siguiente". Cuando se trabaja con la Ley espiritual sólo existe el ahora. Se le responderá incluso antes de que usted llame, ya que el "tiempo y el espacio sólo son una ilusión", y *su bendición se encuentra ahí, aguardando que usted la libere por medio la palabra y de la fe.*

"Elige este día en el que me servirás, temor o miedo". En los mismos actos provocados por el miedo se encuentra la raíz de su fracaso.

Confiar plenamente en Dios requiere de mucho valor y empeño. Normalmente confiamos en Él para cosas insignificantes, pero cuando nos enfrentamos a una situación delicada, tenemos la tendencia a intentar solucionarla nosotros mismos; y es así como llega el fracaso y la ruina.

A continuación presento un fragmento de una carta que recibí de una mujer del oeste de los Estados Unidos, y que ejemplifica cómo el entorno cambia de un momento a otro.

Tuve el maravilloso gusto de leer su libro *El juego de la vida y cómo jugarlo*. Tengo cuatro hijos, de diez, trece, quince y diecisiete años respectivamente; creí muy conveniente que ellos lo entendieran ahora que aún son jóvenes, ya que así podrían conseguir las cosas que les corresponden por Derecho Divino.

La mujer que me prestó su libro para leerlo, me había ofrecido otras lecturas, pero cuando elegí este libro parecía que tenía magnetismo y no pude dejar de leerlo. Cuando lo terminé, me di cuenta que estaba tratando de vivir Divinamente, pero no comprendía la Ley; si la hubiera comprendido, hubiera tenido más avances.

Cuando comencé mi negocio tenía la idea de que resultaría muy complicado ganar un lugar en ese mundo, pues durante muchos años sólo me había dedicado a ser madre. Pero ahora tengo este decreto: *Dios crea un camino donde no los hay.* Y Él lo abrió para mí.

Doy las gracias por mi local y simplemente sonrío cuando las personas me preguntan: ¿Cómo lo conseguiste, educar a cuatro hijos, sostener tu casa, después de que te hicieron cirugías tan delicadas y haber estado hospitalizada y sin ningún familiar que te apoyara?

Ese decreto, *Dios crea un camino donde no los hay*, se encuentra en mi libro.

Cuando todos sus amigos decían que no lo podría conseguir, Dios creó un camino para ella en los negocios.

Una persona promedio le aconsejaría que no se puede hacer casi nada.

El otro día me sucedió algo que ejemplifica esto. Visitaba una tienda y hallé una hermosa cafetera de plata. Se la enseñé con entusiasmo a algunas amigas, pues para mí era muy bonita, pero una de ellas dijo: "Jamás funcionará". Otra dijo: "Si fuera mía, me desharía de ella". No obstante defendí la pequeña cafetera y les aseguré que funcionaría... y funcionó.

Mis amigas sencillamente eran las típicas personas promedio que dicen: "No se puede".

Las grandes ideas siempre tropiezan con obstáculos.

No permitas que alguien más maneje tu barca.

Camina por el sendero de la sabiduría y el entendimiento, y jamás te apartes de él por ningún motivo, de esa manera tendrás éxito dondequiera que vayas".

En Josué 24:13, encontramos una frase fundamental: "Así les di una tierra que no cultivaron, y ciudades que no edificaron, donde ahora habitan; y ustedes comen los frutos de viñas y olivares que no plantaron".

Esto aclara que el ser humano no puede ganarse nada, sus bienes vienen en forma de obsequios (serán vanagloriados los regalos dados a cualquier hombre).

Recibimos el don del bienestar cuando llegamos al *entendimiento de la riqueza.*

Con el entendimiento del éxito, recibimos el regalo del éxito, pues el éxito y la abundancia son estados mentales.

"Ya que es el Señor nuestro Dios, él es quien nos sacó a nosotros y a nuestros padres de la tierra de Egipto, y fuera de la casa de la esclavitud."

La tierra de Egipto simboliza la oscuridad: la casa de la opresión, donde el hombre es esclavo de sus dudas y miedos, y piensa continuamente en la carencia y la limitación, el resultado de haber seguido el camino equivocado.

El infortunio se debe a que el fracaso se adhiere a las cosas que el espíritu ha revelado a través de la intuición.

Todas las grandes cosas se han logrado por hombres que se apegaron a sus grandes ideas.

Henry Ford ya tenía cierta edad cuando la idea del automóvil le llegó. Tuvo muchas dificultades para juncar el dinero. Sus amigos creían que era una idea descabellada. Su padre le dijo: "Henry, ¿por qué dejas un buen trabajo donde ganas 250 dólares a la semana para seguir una idea descabellada?" Pero nadie pudo hacer que Henry Ford cambiara de parecer.

Así que para salir de la tierra de Egipto y de la casa de la esclavitud, debemos tomar las decisiones correctas.

Sigue el camino correcto. "Sé valiente y ten ánimo y cumple fielmente toda la Ley que dio mi servidor Moisés. No te apartes de ella de ninguna manera y tendrás éxito dondequiera que vayas".

Así que al alcanzar el camino correcto el día de hoy, seguiremos sin temor la voz de la intuición.

La Biblia la llama: "La pequeña voz".

Vino una voz detrás de mí, diciendo: "Este es el camino, camina por él".

En este camino está el bien, ya preparado para ti.

Encontrará la "tierra que no ha cultivado y ciudades que no ha edificado y en las que ahora vive; las viñas y olivares que no ha plantado y de las que come ahora".

Soy la guía divina, sigo el camino correcto. Dios crea caminos donde no los hay.

Cruzando tu mar rojo

Después el Señor dijo a Moisés:
¿Por qué me invocas con esos gritos?
Ordena a los israelitas que
reanuden la marcha.
Éxodo 14:15

El episodio en el que los hijos de Israel cruzan el Mar Rojo es uno de los relatos más dramáticos de la Biblia. Moisés los estaba guiando lejos de la tierra de Egipto donde eran sometidos al cautiverio y esclavitud. Pero los egipcios los estaban persiguiendo.

Muchas personas le dijeron a Moisés: "En Egipto te dijimos claramente: Déjanos tranquilos, queremos servir a los egipcios, porque es mejor servirles que padecer en el desierto".

Moisés respondió al pueblo: "No tengan miedo, manténganse firmes y verán de qué manera Dios los va a salvar. Observen a esos egipcios, será la última vez que los verán. Dios luchará por ustedes. Ustedes sólo serán testigos".

Se puede decir que Moisés dio *fe* a los hijos de Israel. Ellos preferían seguir siendo esclavos de sus viejas dudas y miedos (Egipto quiere decir oscuridad), que dar el gran paso hacia la fe y atravesar el desierto hacia su Tierra Prometida.

No cabe duda que existe un desierto que se tiene que atravesar antes de poder alcanzar la Tierra Prometida.

Aunque las antiguas dudas y miedos nos rodean, siempre habrá alguien que le diga: ¡no te detengas, continúa! En su camino indudablemente habrá un Moisés. Tal vez sea un amigo o su intuición.

"Después el Señor dijo a Moisés: ¿Por qué me invocas con esos gritos? Ordena a los israelitas que reanuden la marcha. Y tú, con el bastón en alto, extiende tu mano sobre el mar y divídelo en dos, para que puedan cruzarlo a pie, sobre tierra seca".

"Entonces Moisés extendió su mano sobre el mar, y el Señor hizo retroceder el mar con un fuerte viento del este, que sopló toda la noche y transformó el mar en tierra seca. Las aguas se abrieron, y los israelitas entraron a pie en el cauce del mar, mientras las aguas formaban una muralla a derecha e izquierda.

"Los egipcios los persiguieron, y toda la caballería del Faraón, sus carros y sus guerreros, entraron detrás de ellos en medio del mar. Pero el Señor dijo a Moisés: Extiende tu mano sobre el mar, para que las aguas se vuelvan contra los egipcios, sus carros y sus guerreros.

"Moisés extendió su mano sobre el mar y, al amanecer, el mar volvió a su cauce. Los egipcios ya habían emprendido la huida, pero se encontraron con las aguas, y el Señor los hundió en el mar.

"Las aguas envolvieron totalmente a los carros y a los guerreros de todo el ejército del Faraón que habían entrado en medio del mar para perseguir a los hijos de Israel."

Hay que tomar en cuenta que en la Biblia sólo se está hablando sobre una persona. Se refiera a *su* desierto, *su* Mar Rojo y *su* Tierra Prometida.

Cada persona posee una Tierra Prometida, una esperanza en el corazón, pero han estado tan dominados por los egipcios (sus pensamientos negativos), aunque parezca muy exagerado pero es muy cierto. Usted piensa que confiar en Dios lo coloca en una posición muy arriesgada. La travesía por desierto puede ser peor que los egipcios.

Y, ¿cómo podría usted estar seguro de que en realidad hay una Tierra Prometida?

El raciocinio apoyará a los egipcios siempre.

No obstante, tarde o temprano, algo siempre dice: *¡Sigue adelante!* Habitualmente son los acontecimientos y usted es dirigido por ellos.

Ahora daré un ejemplo de lo que le sucedió a una alumna.

Ella es una extraordinaria pianista y tenía un gran éxito en Europa. Después de una gira por ese continente regresó con un libro lleno de reseñas periodísticas y un corazón alegre.

Sucedió entonces que un familiar se interesó por su carrera y le propuso darle apoyo financiero para una gira de conciertos. Eligieron un agente para que se encargara de los gastos, además de preparar sus presentaciones.

Sin embargo, pasados unos pocos conciertos, se habían quedado sin dinero. El agente se había escapado. Mi alumna se había quedado abandonada, desamparada y furiosa. Más o menos por esos tiempos ella vino a consultarme.

Como ella guardaba un gran rencor a ese hombre comenzaba a enfermarse. Lo único que podía pagar era un cuarto barato, pues tenía una mínima cantidad de dinero, y sentía tanto frío en sus manos con tanta frecuencia que le resultaba imposible practicar.

Sin lugar a dudas ella se encontraba sometida al dominio de los egipcios: el odio, el rencor, la carestía y la limitación.

Pero alguien la invitó a una de mis pláticas y en esa ocasión me contó su historia.

Yo le dije: "Lo primero que debes hacer es dejar de odiar a ese hombre. Cuando logres perdonarlo, el éxito regresará a ti. Estás comenzando tu iniciación en el perdón".

Aunque parecía una disposición muy dura, ella lo intentó y vino habitualmente a todas mis sesiones.

Entretanto, el familiar había iniciado los procedimientos legales para recuperar el dinero. El tiempo pasaba pero el caso nunca llegó a la corte.

Un buen día mi alumna había logrado perdonar al hombre: ya no estaba molesta por la situación, y recibió una llamada para que viajara a California.

Inesperadamente, después de cuatro años, le informaron que su caso había llegado a la corte. Cuando regresó a Nueva York ella me llamó y me pidió que pronunciara las palabras para la justicia y la imparcialidad.

Se presentó en la corte a la hora indicada, pero todo se arregló afuera, el hombre le restituiría el dinero en mensualidades.

Cuando ella vino a verme estaba desbordando felicidad, y me dijo: "No guardaba ni el más mínimo rencor hacia el hombre. Él estaba muy sorprendido cuando lo saludé amablemente". Su familiar le dijo que todo el dinero era para ella, así que, de pronto, se encontraba con una enorme cuenta bancaria.

Ella pronto llegará a su Tierra Prometida. Salió de la casa del cautiverio (el odio y el rencor) y cruzó su Mar Rojo. Su buena voluntad hacia el hombre hizo que las aguas se apartaran y ella pudiera cruzar a pie sobre tierra seca.

Los pies simbolizan el entendimiento, la tierra seca algo sustancial bajos sus pies.

Moisés es una de las figuras más importantes en la Biblia. "A Moisés se le ocurrió salir de Egipto con su pueblo. La misión que tenía ante él no era sólo que el Faraón se negaba a liberar a los que eran sus esclavos, sino que también tenía que levantar a esta nación, que había perdido su espíritu debido a las dificultosas labores y a los capataces, a una rebelión".

Se requirió de un extraordinario espíritu para superar esta situación. Espíritu que Moisés tenía con la abnegación y la seguridad de sus propias convicciones. ¡La abnegación! Él fue llamado el más humilde de los hombres. Con frecuencia se escucha la expresión: "Tan humilde como Moisés". Él llegó a convertirse en uno de los hombres más fuertes, porque seguía fielmente los mandamientos del Señor.

El Señor le dijo a Moisés: "Y tú, con el bastón en alto, extiende tu mano sobre el mar y divídelo en dos, para que puedan cruzarlo a pie, sobre tierra seca".

Y sin ningún dejo de duda en su voz, les dijo a los hijos de Israel: "¡Sigan adelante!". Guiar a una multitud de personas hacia el mar fue algo muy osado, pero él tenía una fe inquebrantable y sabía que no se ahogarían.

¡Observen el milagro!

"El Señor hizo retroceder el mar con un fuerte viento del este, que sopló toda la noche y transformó el mar en tierra seca."

Nunca olvide que esto podría sucederle a usted en cualquier momento.

Piense cuál es su problema. Quizá, debido a que durante mucho tiempo ha sido *esclava del Faraón* (dudas, temores y frustraciones), ha perdido su espíritu.

Dígase a sí misma: *Sigue adelante.*

"El Señor hizo retroceder el mar con un fuerte viento del este."

Un decreto muy fuerte es como un fuerte viento del este.

Tome un decreto de verdad vital. Por ejemplo, si su problema es de tipo económico diga: *Mi abastecimiento proviene de Dios, y ahora sorpresas económicas felices y fabulosas vienen a mí, por la gracia, de una forma perfecta.* Este es un extraordinario decreto, pues contiene un elemento de misterio.

Sabemos que Dios trabaja de formas misteriosas para llevar a cabo sus milagros. Se puede decir, incluso, de formas sorprendentes. En cuanto que usted ha pronunciado el decreto para el abastecimiento, ha hecho que el viento del este se levante.

No pierda el tiempo y camine hacia su Mar Rojo de carestía o restricción. Para llegar a su Mar Rojo lo que tiene que hacer es *demostrar*, de alguna manera, que usted no tiene miedo.

Ahora les contaré la historia de una alumna que fue invitada a pasar unos días con sus amigos a un sitio de veraneo de moda.

Durante muchísimo tiempo ella había vivido en el campo, había subido de peso y nada le quedaba. La invitaron de improviso. El único atuendo q e le venía bien era su traje de exploradora. Eso quería decir que necesitaba trajes de noche, zapatos y accesorios,

211

pero no tenía nada de eso, y menos aún dinero para comprarlos. Ella se acercó a mí y le dije: "¿Qué es lo que sientes?"

Ella respondió: "No siento miedo. Tengo la corazonada de que sin importar lo que pase, iré".

De esa manera ella empacó algo para su viaje y se fue. La recibieron muy bien cuando llegó a la casa de su amiga, entonces su anfitriona con un poco de vergüenza le dijo: "Lo que voy a decirte tal vez te lastimará, pero mandé poner en tu habitación algunos trajes de noche y zapatos que jamás uso. ¿Te gustaría usarlos?"

Mi amiga le dijo que estaría encantada y todo le quedó a la perfección.

Era indudable que ella había llegado a su Mar Rojo y lo había atravesado de pie, sobre tierra seca.

Me dirijo hacia mi Tierra Prometida, las aguas de mi Mar Rojo se dividieron y, ahora, yo camino sobre tierra seca.

El centinela en la puerta

Entonces les puse centinelas:
¡Atención al toque de la trompeta!
Jeremías 6: 17

Cada persona debe tener un centinela en la puerta de sus pensamientos. El superconsciente es el Centinela en la Puerta.

Todos tenemos la capacidad de elegir nuestros pensamientos.

Aparentemente es casi imposible controlarlos, pues hemos vivido en el plano mental durante miles de años. Los pensamientos se lanzan a nuestras mentes como una estampida de vacas o de ovejas.

Pero sólo hace falta un perro pastor para controlar a las horrorizadas ovejas y llevarlas al corral.

Vi una película en la que un perro pastor controlaba unas ovejas. Había logrado juntar a todas, con excepción de tres. Esas tres ovejas se resistieron y se resintieron. A modo de protesta, balaban y alzaban sus patas delanteras, no obstante el perro sencillamente se plantó frente a ellas y no dejó de mirarlas fijamente. En ningún momento les ladró o amenazó. Únicamente se sentó y las miraba con determinación. Después de un rato las ovejas menearon sus cabezas e ingresaron al corral.

De la misma manera, nosotros somos capaces de controlar nuestros pensamientos, por medio de una suave determinación, sin necesidad de usar la fuerza bruta. Lo que hay que hacer, mientras nuestros pensamientos están en estampida, es tomar una afirmación y repetirla sin cesar.

No podemos vigilar nuestros pensamientos todo el tiempo, pero podemos *vigilar nuestras palabras*, la repetición graba el subconsciente, y entonces controlaremos la situación.

En Jeremías 6:17 encontramos la siguiente frase: "Entonces les puse centinelas: ¡Atención al toque de la trompeta!"

Alcanzar el éxito y la felicidad en la vida depende del centinela en la puerta de sus pensamientos, porque así, tarde o temprano, sus pensamientos se manifestarán externamente.

Las personas creen que si evaden una situación, ésta desaparecerá, pero si toman esa postura, no importa a dónde vayan, siempre enfrentarán la misma situación.

Tendrán las mismas experiencias hasta que hayan entendido sus enseñanzas. En la película *El Mago de Oz* se trata este tema.

Dorothy, una pequeña niña, es desdichada porque una mujer mala del pueblo quiere quitarle a Toto, su perro.

Desesperada, ella va a decírselo a sus tíos, Em y Henry, pero éstos están demasiado atareados como para ponerle atención, y le dicen que se vaya a jugar.

Entonces ella le dice a Toto: "En algún lugar existe un sitio maravilloso, con altos cielos, donde todos son felices y nadie es malo. ¡Cómo me gustaría estar ahí!"

De repente, llega un tomado a Kansas, y ella y Toto son arrastrados por el cielo hasta la tierra de Oz. En un inicio, aparentemente todo es muy bonito, pero súbitamente comienzan a sucederle las mismas cosas que le pasan en su mundo. La mujer mala del pueblo ahora es una malvada bruja y todavía intenta quitarle a Toto.

¡Cómo querría ella estar de vuelta en Kansas!

Así, le dicen que vaya en busca del Mago de Oz. Él es todopoderoso y le concederá su deseo.

Ella emprende un viaje para encontrar el palacio del Mago en Ciudad Esmeralda.

En el camino se encuentra con un espantapájaros que es muy desdichado porque no tiene cerebro.

También conoce a un hombre de hojalata, que es muy desdichado porque no tiene corazón.

Después conoce a un león que es muy desdichado porque no es valiente.

Ella los anima diciéndoles: "Iremos todos con el Mago de Oz y él nos dará lo que deseamos": al espantapájaros un cerebro, al hombre de hojalata un corazón y al león le dará valor.

Dorothy y sus amigos pasan por muchas experiencias muy duras, pues la bruja mala está decidida a capturar a Dorothy para quitarle a Toto y las zapatillas de rubí que la protegen.

Finalmente, logran llegar a Ciudad Esmeralda donde está el palacio del Mago de Oz.

No obstante, cuando piden una audiencia, les dicen que jamás nadie ha visto al Mago de Oz, quien vive misteriosamente en el palacio.

Pero gracias a la ayuda de la bruja buena del norte, logran entrar en el palacio. Una vez adentro, descubren que el Mago es un farsante que viene del mismo lugar que Dorothy: Kansas.

Se entristecen mucho porque creen que sus deseos no se les pueden conceder.

En ese momento la bruja buena del norte les enseña que sus deseos *ya han sido* concedidos. El espantapájaros ha desarrollado un cerebro pues había tenido que decidir qué hacer durante las aventuras que habían vivido; el hombre de hojalata descubre que tiene un corazón porque quiere a Dorothy, y el león se ha vuelto valiente porque tuvo que mostrar coraje a lo largo del viaje.

La bruja buena del norte le pregunta a Dorothy: "¿Y tú qué has aprendido de tus experiencias?"; entonces Dorothy le responde: "He aprendido que el deseo de mi corazón es estar en mi propia casa y mi propio patio". Así que la bruja buena agita su varita mágica y Dorothy se encuentra de regreso en su casa.

Cuando despierta, se da cuenta que el espantapájaros, el hombre de hojalata y el león son sólo los ayudantes que trabajan en la granja de su tío. Todos estaban muy felices por su regreso. Esta historia nos enseña que los problemas irán tras de nosotros si huimos de ellos.

Si no se preocupa por una situación, ésta se hundirá por su propio peso.

Existe una Ley secreta de indiferencia. "Nada de esto me perturba". "Ninguna de estas cosas me molesta"; es una forma de decirlo en lenguaje moderno.

En cuanto usted deje de preocuparse, todas las preocupaciones se esfumarán de lo externo.

"Sus maestros se esfuman, cuando sus ojos los han visto."

"Entonces les puse centinelas: ¡Atención al toque de la trompeta!"

En la antigüedad la trompeta era un instrumento musical que se utilizaba para llamar la atención de la gente hacia algo: para celebrar una victoria o para dar una orden.

Usted tendrá que fomentar el hábito de poner atención a cada uno de sus pensamientos y palabras, pues entenderá su importancia.

Las tijeras de la mente, la imaginación, constante, mente están cortando sucesos que llegan a su vida.

La mayor parte de las personas están cortando imágenes de miedo. Visualizando cosas que no están en el Plan Divino.

Los seres humanos sólo ven la Verdad con el "ojo simple". Ven a través del mal, pues saben que de ahí viene el bien. Transforman la injusticia en justicia y neutralizan a su supuesto enemigo mandándole *buena voluntad*.

En la mitología antigua se menciona a los Cíclopes, una raza de gigantes, que se decía habían habitado en la isla de Sicilia. Estos gigantes sólo tenían un ojo, que estaba en medio de la frente.

El punto donde se localiza la capacidad para imaginar, se encuentra en la frente (entre los ojos). Por consiguiente estos gigantes de leyenda surgieron de esta idea.

Cuando usted tiene un solo ojo, sin duda es un gigante. De esa manera cada pensamiento será un pensamiento positivo y cada palabra, una palabra de Verdad.

Permita que el tercer ojo sea el centinela en la puerta. "Por consiguiente, si tiene un solo ojo, todo su cuerpo está repleto de luz".

Si tiene un solo ojo, su cuerpo se convertirá en su cuerpo espiritual, el "cuerpo eléctrico", cortado a imagen y semejanza de Dios (en la imaginación).

Si observáramos el Plan Divino con claridad, podríamos salvar al mundo: con nuestro ojo *interior* imaginando un mundo en paz, lleno de abundancia y buena voluntad. "No juzgue por las apariencias, juzgue por el juicio imparcial."

"Las naciones no volverán a levantarse en armas contra otras naciones, ni nunca volverán a saber lo que es la guerra."

La Ley secreta de la indiferencia implica que las apariencias desfavorables no lo alteran. Usted tiene que mantenerse firme al *pensamiento positivo, que al final siempre gana.*

La Ley del *Karma* es superada por la Ley espiritual. Esta es la actitud mental apropiada que debe mantener el sanador hacia el estudiante y hacia su paciente. Indiferente frente a las apariencias de carestía, pérdida o enfermedad, de esa manera el cambio llega a la mente, cuerpo y asuntos.

En Jeremías 31:6, la clave es la alegría. La alegría nos forma una imagen de libertad individual frente al pensamiento negativo.

"Pues habrá un día en que griten los centinelas en la montaña de Efraím: "¡Levantaos y subamos a Sión, donde está Dios nuestro Señor!"

El Centinela de la Puerta ni descansa ni se descuida. Es el "ojo" que ronda sobre Israel.

No obstante alguien que vive en un mundo de pensamientos negativos, no tiene conciencia del ojo interno. Ocasionalmente puede tener destellos de intuición o iluminación, pero después vuelve a un mundo de desconcierto.

Estar al tanto de las palabras y los pensamientos requiere determinación y eterna atención. Pensamientos de miedo, fracaso, odio y mala voluntad deben ser disipados y eliminados.

Tomen esta afirmación: "Aquella planta que mi Señor, en los cielos, no ha sembrado deberá ser destruida". Esto crea una vívida imagen de estar limpiando un jardín de mala hierba. Son eliminadas y se marchitan porque no tienen tierra que las alimente.

Los pensamientos negativos se alimentan de la atención que usted les da. Recurra a la Ley oculta de la indiferencia y niéguese a sentir algún interés.

Si actúa así, pronto será capaz de matar de hambre al "ejército de extranjeros". Las ideas divinas llenarán su consciente, las falsas ideas se esfumarán y usted sólo querrá aquellas que Dios desea para usted.

Hay un antiguo proverbio chino que dice: "El sabio permite que un sastre le confeccione su abrigo".

Permita que el Diseñador Divino confeccione el proyecto de su vida, así encontrará todas las condiciones perfectas permanentemente.

La tierra en la que estoy es tierra bendita. Ahora se pro, paga rápidamente al proyecto divino de mi vida, donde todas las condiciones son perfectas permanentemente.

El camino de la abundancia

Entonces valorarás el oro como polvo.
Job 22:24

El camino de la abundancia es una vía de un solo sentido. Un antiguo dicho dice: "No hay dos senderos hacia él". Usted se está encauzando ya sea hacia la carencia o hacia la abundancia. Una persona con una idea de riqueza y otra con una idea de pobreza no recorren el mismo camino mental.

Para cada persona existe un suministro pródigo, planeado divinamente.

El rico está sacándole jugo, ya que las ideas de riqueza crean ambientes de riqueza.

Transforme sus pensamientos y, en un abrir y cerrar de ojos, todo su entorno cambiará. Su mundo es un mundo de ideas materializadas, palabras materializadas.

Usted cosechará los frutos de sus palabras y pensamientos tarde o temprano.

"Las palabras son fuerzas o materia que se mueven en espirales y regresan en el momento adecuado para cruzar las vidas de sus autores." Las personas que siempre están hablando de carencias y restricciones, cosechan necesidad y limitación.

Si usted se lamenta continuamente de su vida, no podrá entrar en el Reino de la Abundancia.

Conocí a una mujer que toda su vida había estado limitada en sus ideas de bienestar. Todo el tiempo estaba haciendo que sus vestidos viejos "sirvieran", en vez de comprar nuevos. Ella era muy minuciosa con el dinero que tenía y siempre estaba persuadiendo a su esposo de que no gastara mucho. Continuamente decía: "Yo no deseo nada que no pueda pagar".

Ella no compraba muchas cosas, por eso no tenía mucho. Súbitamente, todo su mundo se hundió. Cansado de sus pensamientos fastidiosos y restringidos, su esposo la abandonó. Su desesperación era muy grande, entonces encontró un libro de metafísica. En este libro se explicaba el poder del pensamiento y las palabras.

Entonces entendió que ella misma había atraído toda la desdicha y eventos desdichados a su vida por medio del pensamiento negativo. Se rió mucho de sus equivocaciones y decidió sacarles provecho. Estaba determinada a *utilizar la Ley de la abundancia*.

Sin ningún temor, usó el dinero que tenía para probar su fe en su suministro invisible. Se encomendó a Dios como la fuente de su bienestar. Jamás volvió a hablar de carencia y limitación. Se mantuvo viéndose y sintiéndose próspera.

Sus antiguos amigos prácticamente no la reconocieron. Había tornado el camino de la abundancia. Llegó a sus manos más dinero del que ella hubiera tenido antes. Se le abrieron nuevas puertas; caminos prodigiosos le fueron abiertos. Alcanzó mucho éxito en un empleo para el que no estaba calificada.

De repente estaba en una *tierra milagrosa*. ¿Qué fue lo que sucedió?

Ella transformó las propiedades de sus palabras y pensamientos. Logró confiar plenamente en Dios y le encomendó todos sus asuntos. Le llegaron muchas manifestaciones de la onceava hora, pero su suministro siempre llegó, ya que ella excavó sus zanjas y sin dudar dio gracias.

Hace poco tiempo alguien me llamó y me dijo: "Necesito un trabajo desesperadamente".

Yo le dije: "No lo busque desesperadamente, búsquelo enalteciendo y dando las gracias, ya que Jesucristo, el metafísico más importante, dijo que oráramos alabando y dando gracias".

Cuando se alaba y se dan las gracias las puertas se abren, pues la esperanza siempre triunfa.

Está claro que la Ley es impersonal, por eso una persona deshonesta que tenga pensamientos de riqueza atraerá riqueza; como dijo Shakespeare: "si se adquiere algo de mala forma tendrá un mal final". Durará muy poco y no dará felicidad.

Sólo basta con leer los periódicos para darse cuenta que el camino del delincuente es duro. Y este es el principal motivo por el cual es tan importante el hacer sus peticiones a la Provisión Universal adecuadamente; y solicitar aquello que le corresponda por Derecho Divino y por la gracia de una forma perfecta.

Muchas personas atraen la prosperidad, pero no la conservan. Algunas porque sus pensamientos cambian, otras. la pierden por sus miedos y la preocupación.

En una de mis sesiones de preguntas y respuestas, un amigo nos contó la siguiente historia:

Unos vecinos de su pueblo natal, que siempre habían sido pobres, inesperadamente encontraron petróleo en su jardín trasero. Este hallazgo les proporcionó enormes riquezas. El padre se hizo miembro del country club e iba ahí a jugar golf. No era un hombre joven; el ejercicio fue excesivo para él y falleció en el campo.

Este incidente llenó a toda la familia de miedo. Pensaron que posiblemente todos podrían tener problemas cardiacos, por eso ahora están en cama con enfermeras capacitadas que están atentas a cada latido de su corazón. En el mundo del pensamiento, todos nos preocupamos por algo.

Ellos ya no se preocupaban por el dinero, así que cambiaron sus preocupaciones hacia su salud.

Antes la idea era que "en la vida no se puede tener todo". Si usted tenía algo perdería otra cosa. Las personas siempre dicen: "Tu suerte no durará para siempre" o "Es demasiado bueno para ser verdad".

Jesucristo afirmó que: "En el mundo (mundo del pensamiento), existe la tristeza, pero alegraos, Yo he superado el mundo (pensamiento)".

En el superconsciente (o Cristo interior), hay una cuantiosa provisión para cada petición, y sus favores son perfectos y eternos.

"Si tú regresas al Omnipotente con humildad, si apartas de tu tienda la injusticia, entonces valorarás el oro como polvo y como guijarros los ríos dorados, pues el Omnipotente será tu oro, y para ti será plata a raudales."

¡Qué imagen tan espléndida! El efecto del "regreso al Omnipotente (en conciencia)".

Para una persona promedio (quien ha pensado en términos de carencia durante mucho tiempo), resulta muy difícil implantar una conciencia de riqueza.

Una de mis alumnas ha tenido maravillosos resultados utilizando el siguiente decreto: *¡Soy la hija del Rey! Ahora mi opulento Padre vierte su abundancia sobre mí: ¡Soy la hija del Rey! Para mí se abren los caminos.*

Por el contrario, muchas personas se enfrentan a situaciones de carencia debido a que, mentalmente, son muy haraganas y no se visualizan alejadas de ese entorno.

Usted debe tener un enorme deseo de encontrar la libertad económica, usted debe sentirse y verse rico, continuamente debe prepararse para la riqueza. Vuélvase un niño y crea que es rico. Con esa actitud usted está grabando la esperanza en su subconsciente.

La imaginación, las tijeras la mente, es el taller del hombre donde continuamente se están diseñando los sucesos de su vida.

El reino de la intuición —la revelación, la iluminación y los presentimientos— es el superconsciente.

La intuición es conocida comúnmente como "corazonada". Ya no me disculpo cuando uso la palabra "corazonada". Ahora ya está incluida en el diccionario. Tuve el presentimiento de buscar la palabra "corazonada", y ahí estaba.

El reino de las ideas perfectas es el superconsciente. El gran genio atrapa sus pensamientos del superconsciente.

"Sin la visión (imaginación), mi pueblo moriría." En el momento que las personas pierden la capacidad de imaginar el bien, "mueren" (o se hunden).

Resulta muy interesante comparar las diversas traducciones de la Biblia, sobre todo la francesa e inglesa. En Job 22 versículo 21 de la versión inglesa leemos lo siguiente: "Reconcíliate, pues, con Dios y haz las paces; y te resultará bien". El mismo pasaje en la francesa dice: "Únete a Dios y tendrás paz. Entonces disfrutarás de la felicidad".

En el versículo 23: "Si vuelves al Omnipotente con humildad, si alejas de tu tienda la injusticia". En la francesa podemos leer: "Serás establecido nuevamente si regresas al Omnipotente, poniendo la iniquidad lejos de tus viviendas".

En el versículo 24 encontramos una nueva y asombrosa traducción. La Biblia en inglés dice: "Entonces valorarás el oro como polvo, y como guijarros los ríos dorados". La francesa dice: "Tira tu oro en la tierra, el oro de Ophir entre las piedras de los torrentes; y el Omnipotente será tu oro, tu plata, tu riqueza".

Esto quiere decir que si la gente depende completamente de su suministro visible, sería mejor que se deshiciera de él y confiara plenamente en el Omnipotente para que le dé oro, plata y riquezas.

Ahora voy a dar un ejemplo, esta es la historia que me contó una amiga:

En una ocasión un sacerdote fue a visitar un orfelinato en Francia, en ese lugar alimentaban a muchos niños. Desesperada, una de las monjas le dijo al sacerdote que no había comida y que los niños se morirían de hambre. Además sólo les quedaba una moneda de plata (alrededor de un cuarto de dólar) y necesitaban ropa y víveres. Entonces el sacerdote le respondió: "Dame la moneda". La monja se la dio y él la arrojó por la ventana.

"Ahora —dijo el sacerdote—, confía plenamente en Dios".

Pasó muy poco tiempo antes de que algunos amigos del orfanato se presentaran con bastante comida y donativos de dinero.

No quiero decir que tire el dinero que tenga, pero no dependa de él. *Dependa de su suministro invisible, el Banco de la Imaginación.*

Así nos uniremos a Dios y encontraremos paz, pues Él será nuestro oro, nuestra plata y nuestra riqueza.

Mi defensa será la iluminación del Omnipotente y yo tendré suficiente plata.

Nada me falta

El Señor es mi pastor; nada me falta.
Salmos 23:1

El más conocido de los Salmos es el 23, podemos afirmar que es el principio básico para el mensaje de la Biblia.

Dice que al ser humano jamás le faltará nada, en cuanto entienda (o tenga la certeza) de que el Señor es su pastor: el *entendimiento* de que la Inteligencia Infinita llenará todas sus necesidades.

Si usted alcanza esta convicción hoy, todas sus necesidades serán satisfechas ahora y para siempre; usted conseguirá, inmediatamente, todo lo que quiera o necesite, la abundancia de las altas esferas; *pues lo que usted necesita ya viene en camino.*

Repentinamente una mujer tuvo la seguridad de que "El Señor es mi pastor, nada me falta". Le pareció estar acariciando su suministro invisible, se sintió más allá del tiempo y el espacio, ya no confió en lo externo.

Su primera demostración fue pequeña, pero necesaria. En ese momento ella necesitaba unos sujetapapeles grandes, pero no tenía tiempo para ir a la papelería a conseguirlos.

Mientras buscaba otra cosa, abrió un compartimiento de un escritorio viejo, y encontró más o menos una docena de sujetapapeles del tamaño que necesitaba. Tuvo la impresión de que la ley estaba actuando, y dio las gracias; en ese momento encontró un poco de dinero pero era justo lo que ella necesitaba; de esa manera cosas grandes y pequeñas comenzaron a llegarle.

A partir de ese momento, ella ha tenido fe en la afirmación: "El Señor es mi pastor, nada me falta".

Es muy común que la gente diga: "Pienso que no está bien pedirle a Dios dinero o cosas materiales".

Pero esa gente no entiende que este Principio Creativo se encuentra dentro de todos los seres humanos (El Padre interno). La Verdadera Espiritualidad diariamente está demostrando que Dios es su proveedor, y no sólo de cuando en cuando.

Jesucristo entendía esta Ley, pues todo lo que Él anhelaba o necesitaba, aparecía de inmediato en su camino: las piezas de pan, los pescados y dinero de la boca de los pescados.

Toda acumulación y ahorro desaparecería con este conocimiento.

Esto no quiere decir que usted no deba tener una enorme cuenta bancaria o inversiones, pero sí significa que usted no dependerá de ellas, pues si llegara a suceder que tuviera una pérdida en una dirección, con toda seguridad usted tendría una ganancia en otra.

Todo el tiempo "sus graneros estarán repletos y su copa rebosante".

Ahora, ¿de qué manera uno hace contacto con su suministro invisible? Pronunciando una afirmación de Verdad que le proporcione la comprensión.

"Cualquiera que pronuncie el nombre del Señor será escuchado", pues esto no es sólo para unos cuantos elegidos. El Señor es su pastor, mi pastor y el pastor de todos.

La Inteligencia Suprema es Dios, y está consagrada a satisfacer las necesidades del ser humano; el motivo de esto es que los seres humanos son Dios en acción. Jesucristo dijo: "El Padre y Yo somos uno mismo".

Parafraseando esta afirmación podemos decir: Yo y el Gran Principio Creativo del Universo somos el mismo y uno solo.

El ser humano sólo tiene carencias cuando pierde contacto con este Principio Creativo, en el cual se debe confiar plenamente, pues es Inteligencia Pura y sabe cuál es el camino hacia la Realización.

El raciocinio y la fuerza de voluntad individual provocan un corto circuito.

"Ten fe en mí y yo haré que suceda."

La mayor parte de las personas se llenan de desean, fianza y temor, cuando no tienen nada de qué sujetarse en lo externo.

En cierta ocasión una mujer consultó a un practicante y le dijo: "Soy sólo una insignificante mujer que únicamente tiene a Dios a sus espaldas". El practicante dijo: "No tiene de qué preocuparse si tiene a Dios a sus espaldas", pues "todos los tesoros del Reino le pertenecen".

Casi llorando, una señora me llamó por teléfono y dijo: "Estoy muy angustiada por la situación de mi negocio".

Yo le respondí: "La situación con Dios sigue igual: El Señor es su pastor, nada le falta". "Cuando una puerta se cierra siempre se abre otra".

Un exitoso hombre de negocios, que dirige todos sus asuntos con métodos de Verdad, dijo: "El problema con la mayoría de las personas es que sigue confiando en ciertas circunstancias. No tienen la suficiente imaginación como para seguir adelante: para abrir nuevos caminos".

La mayor parte de los grandes éxitos se basan en los fracasos.

Alguien me comentó que Edgar Bergen perdió su papel en una obra de Broadway porque los productores no querían más imitaciones. Entonces Noel Coward lo contrató para la hora de radio de Rudy Vallee y él y Charlie McCarthy se hicieron famosos de la noche a la mañana.

En una conferencia anterior, conté la historia de un hombre muy pobre que se suicidó, pues estaba muy desalentado. Tres días después de su muerte le llegó una carta informándole que había heredado una cuantiosa fortuna.

Un hombre en la conferencia dijo: "Eso quiere decir que cuando quieres estar muerto, tu manifestación se presentará en tres días". Así es, *no dejes que te engañe la oscuridad que antecede al amanecer.*

De vez en cuando es bueno contemplar el amanecer para convencerse de que nunca dejará de amanecer. Esto me trae a la memoria una experiencia que tuve hace algunos años.

Tenía una amiga que vivía en Brooklyn cerca de Prospect Park. Ella acostumbraba hacer cosas inusuales y me dijo: "Ven a verme y nos levantaremos antes del amanecer para ver la salida del sol en Prospect Park".

En un inicio me negué a hacerlo, pero tuve la corazonada de que sería una interesante experiencia.

Era verano. Mi amiga, su hija pequeña y yo nos despertamos cerca de las cuatro de la mañana. Aunque estaba un poco oscuro comenzamos a caminar hasta la entrada del parque.

Varios policías nos miraron con interés, pero mi amiga les dijo firmemente: "Vamos a contemplar el amanecer"; la explicación pareció convencerlos. Caminamos por el parque hasta el hermoso jardín de rosas.

Entonces una tenue línea rosa asomó en el este; de pronto, escuchamos el más tremendo gruñido. Nos encontrábamos muy cerca del zoológico y todos los animales estaban dando la bienvenida al amanecer.

Leones y tigres rugieron, las hienas rieron, también se escuchaban graznidos: todos los animales tenían algo que decir por el nuevo día que estaba iniciando.

Realmente resultó muy vivificante. La luz se colaba a través de las hojas de los árboles; parecía que todo era de otro mundo.

Entonces, conforme llegaba más luz, nuestras sombras se colocaron enfrente de nosotros en vez de estar detrás de nosotros.

¡El principio de un nuevo día!

Este es el extraordinario amanecer que llega a todos nosotros después de las sombras.

No tenga la menor duda de que su amanecer de éxito, prosperidad y abundancia se presentará.

Todos y cada uno de los días son significativos, como lo podemos leer en el extraordinario poema sánscrito: "Por eso, observa bien este día, ese es el saludo del amanecer".

¡Este y todos los días el Señor es tu Pastor! Nada te faltará este día; puesto que usted y este gran Principio Creativo son el mismo y uno solo.

El Salmo 34 también es un Salmo de seguridad. Comienza con una bendición para el Señor: "Bendeciré al Señor en todo momento, sin cesar en mi boca su alabanza".

"Los que buscan al Señor, nada les faltará. Buscar al Señor quiere decir que el hombre tiene que hacer el primer movimiento. Aproxímate a mí y yo me aproximaré a ti, dijo el Señor."

Cuando usted hace sus afirmaciones está buscando al Señor, aguardando y preparándose para su bienestar.

Si usted solicita éxito, pero se dispone para el fracaso, no tenga la menor duda de que recibirá aquello para lo que se ha preparado.

En mi libro *El juego de la vida y cómo jugarlo*, cuento la historia de un hombre que me solicitó que hiciera una afirmación para que todas sus deudas fueran pagadas.

Después de haber pronunciado las palabras, él dijo: "Ahora estoy pensando qué le diré a la gente cuando no consiga el dinero para pagarles". Ningún tratamiento le ayudará si no tiene fe en él, ya que la fe y la esperanza se graban en el subconsciente con la imagen de la manifestación.

En el Salmo 23 podemos leer: "Él fortifica mi alma". El alma es su subconsciente y debe ser fortalecida con las ideas adecuadas.

Todo lo que siente profundamente se graba en el subconsciente y se manifiesta en el mundo externo.

Usted será un fracasado, si está convencido de que es un fracasado, y esto no se modificará hasta que usted grabe en su subconsciente la idea de que es un exitoso.

Esto se consigue cuando pronuncia una afirmación en la que uno cree.

En una reunión, una amiga me contó que en cierta ocasión, cuando ella salía del salón, yo le había dado esta afirmación: La *tierra que pisas es tierra fértil*. Hasta ese entonces su vida había sido muy aburrida, pero esta afirmación le ayudó.

Tierra Fértil, Tierra Fértil, resonaba en su mente. De inmediato comenzaron a llegarle cosas buenas y sorpresas felices.

El motivo por el cual es necesario pronunciar una afirmación es porque la repetición continua graba esa idea en el subconsciente. En un inicio usted no podrá vigilar sus pensamientos, pero sí podrá vigilar sus palabras, Jesucristo dijo: "Por tus palabras serás juzgado y por tus palabras condenado".

Escoja cada día las palabras adecuadas, los pensamientos correctos.

La capacidad para imaginar es la facultad creadora: "De las imaginaciones del corazón se manifestaron los asuntos de la vida".

Todos poseemos un banco del que podemos obtener lo que necesitamos: es el Banco de la Imaginación.

Visualicémonos ricos, prósperos y felices: imagine que todos sus asuntos están en orden divino; y deje espacio para que la Inteligencia Infinita trabaje.

"Él tiene armas que tú desconoces, él tiene vías que te sorprenderán."

Una de las frases más significativas del Salmo 23 es: "Tú preparas ante mí una mesa delante de mis adversarios".

Esto quiere decir que aun frente a una situación adversa, provocada por sus dudas, miedos o rencores, existe una salida preparada para usted.

El Señor es mi Pastor, nada me falta.

Observa con asombro

Me acuerdo de las gestas del Señor,
sí recuerdo tus antiguas maravillas.
Salmos 77: 12

En muchas ocasiones en la Biblia se utilizan las palabras milagro y maravilloso. La palabra milagro se define en el diccionario como: "un motivo de sorpresa, asombro, un prodigio, una maravilla".

En su libro *Tertium Organum*, Ouspensky llama al mundo tetradimensional el "Mundo de lo Maravilloso". Él calculó matemáticamente que existe un mundo donde todo es perfecto. Jesucristo lo llamó el Reino.

Podríamos interpretarlo así: "Busca el Mundo de lo Maravilloso y todo te será dado".

Pero sólo se puede alcanzar por medio de un estado de conciencia elevado.

Jesucristo afirmó que para poder entrar al Reino, tenemos que transformarnos en "niños". ¡Los niños constantemente se encuentran en un estado de felicidad y maravilla!

Cualquier cosa puede pasar de un día para otro. El futuro está lleno de promesas de bienes misteriosos.

En el libro *El jardín de versos de un niño*, Robert Louis Stevenson dice: "El mundo está lleno de una enorme cantidad de cosas, estoy convencido de que deberíamos ser tan felices como los reyes".

Por eso hay que observar maravillados lo que tenemos frente a nosotros; hace algunos años me fue dada esa afirmación, y la menciono en mi libro *El juego de la vida y cómo jugarlo*.

Sucedió que había perdido una extraordinaria oportunidad y sabía que tendría que haber estado más atenta para recibir el bien. Al otro día pronuncié este decreto: "Contemplo asombrada lo que está frente a mí".

Justamente al medio día sonó el teléfono y me volvieron a hacer esa propuesta. En esta ocasión la tomé sin pensarlo dos veces. Evidentemente contemplé este hecho asombrada pues jamás imaginé que me llegara la oportunidad por una vez más.

En una de mis pláticas, una amiga me comentó que hacía poco tiempo esta afirmación le había dado extraordinarios resultados. Estas palabras llenan la conciencia con esperanza radiante.

Los niños están llenos de radiante esperanza, pero conforme van creciendo, las experiencias adversas los sacan del Mundo de lo Maravilloso.

Analicemos esto en retrospectiva y recordemos algunas de las "maravillosas" ideas que nos fueron dadas: "Primero come las manzanas más maduras". "No esperes muchas cosas, así no te sentirás desilusionado." "En la vida no se puede tener todo." "La época más feliz es la niñez." "Nadie puede saber lo que le depara el futuro."

¡Vaya forma de comenzar la vida!

Estos son algunos de los sentimientos que tuve en mi infancia. Cuando tenía seis años de edad, poseía un profundo sentido de responsabilidad. En vez de observar asombrada lo que estaba delante de mí, lo veía con recelo y temor. A esta edad me siento mucho más joven que cuando tenía seis años.

Todavía tengo una fotografía que me tomaron más o menos en esa época; me encuentro sosteniendo una flor, pero con una cara llena de preocupación y desalentada.

¡Había dejado atrás el Mundo de lo Maravilloso! Ahora me encontraba en el de la realidad, como solían decirme los adultos, y difería mucho de ser maravilloso. Es un enorme privilegio para los niños poder vivir en esta época, cuando se les enseña la Verdad sobre su nacimiento. Aunque no se les enseñe metafísica, los cielos están llenos de radiante esperanza.

Usted se puede transformar en una Shirley Temple o un Fredy Bartholomew o una gran pianista a los seis años de edad e irse de gira.

Ahora todos estamos regresando al Mundo de lo Maravilloso, donde cualquier cosa puede suceder de un momento a otro, pues cuando los milagros se logran, llegan velozmente.

Por *eso este consciente* del *milagro:* dispóngase para los milagros, espere los prodigios y los estaremos invitando a presentarse en nuestras vidas.

¡Quizá usted requiera un milagro económico! Para cada petición existe un suministro. Por medio de la fe activa, la palabra y los presentimientos, nosotros liberamos este suministro invisible.

Les voy a dar un ejemplo: Una de mis alumnas, que en algún momento había sido muy rica y dueña de hermosos terrenos, casi no tenía dinero y necesitaba mil dólares y tan sólo le quedaba una capa de armiño. Pero ningún vendedor en pieles le daría mucho por ella.

Entonces pronuncié la afirmación para que se vendiera a la persona adecuada por el precio justo que el suministro se presentara de otra manera. Era preciso que el dinero se manifestara inmediatamente, no era el momento de preocuparse o razonar.

Mi alumna comenzó a caminar por la calle repitiendo la afirmación. Estaba lloviendo y se dijo a sí misma: "Tomando un taxi demostraré una fe activa en mi suministro invisible": era una corazonada muy fuerte.

Cuando llegó a su destino y bajó del taxi, se encontró con una mujer que estaba esperando subirse a él.

Era una vieja amiga y muy querida para ella. Era curioso pues era la primera vez en su vida que ella había tomado un taxi, esa tarde su Rolls Royce estaba en el taller.

Caminaron un poco y mi amiga le contó sobre la capa de armiño: "Por supuesto —dijo su amiga—, yo te daré mil dólares por ella". Esa misma tarde ella tenía el dinero.

Los caminos de Dios son ingeniosos, sus métodos infalibles. Hace algunos días una estudiante me escribió diciéndome que estaba empleando esta afirmación: "Los caminos de Dios son ingeniosos; sus métodos, infalibles". Una sucesión de eventos produjeron una situación específica que ella había estado deseando. Ella observó asombrada cómo trabajaba la ley.

Normalmente nuestras demostraciones se presentan en un "instante". En la Mente Divina todo está calculado con extraordinaria exactitud.

Mi alumna bajó del taxi justo en el momento que su amiga lo iba a abordar; si hubiera pasado un segundo más, ella hubiera tomado otro taxi.

Lo que los seres humanos tienen que hacer es estar muy atentos a sus pistas y corazonadas, pues el camino mágico de la Intuición es todo lo que él necesita y quiere.

En la *Biblia del Lector Moderno* de Moulton, el libro de los Salmos está considerado como la poesía lírica perfecta.

"La meditación musical, que es la base de la lírica, no puede encontrar un mejor campo que el espíritu devoto que emerge instantáneamente al servicio de Dios, y se desborda en los diversos aspectos de la vida activa y contemplativa."

Los Salmos también son escritos humanos, escogí el 77 debido a que éste nos da la imagen de un hombre desesperado, pero en el momento que él contempla las maravillas de Dios, le son restituidas la fe y la seguridad. "Mí voz sube hacía Dios: yo clamo; mi voz sube hacía Dios: él me escucha.

"En el día de mí angustia voy buscando al Señor, por la noche tiendo mi mano sin descanso, mi alma el consuelo rehúsa.

"¿Acaso por los siglos desechará el Señor, no volverá a ser propicio? ¿Se ha agotado para siempre su amor? ¿Se acabó la Palabra para todas las edades? ¿Se habrá olvidado Dios de ser clemente, o habrá cerrado de ira su corazón?

"Digo: 'Este es mi penar: que se ha cambiado la diestra del Señor'.

"Me acuerdo de las gestas del Señor, sí, recuerdo tus antiguas maravillas, medito en toda tu obra, en tus hazañas reflexiono.

"¡Oh, Dios, santos son tus caminos! ¿Qué dios hay grande como Dios?

"Tú, el Dios que obra maravillas, manifestaste tu poder entre los pueblos; con tu brazo a tu pueblo rescataste."

Ésta es la situación por la que pasa el estudiante promedio de la Verdad, cuando se enfrenta a un problema; es embestido por pensamientos de duda, miedo y angustia.

Pero en ese momento llegará a su consciente alguna afirmación de Verdad: "¡Los caminos de Dios son ingeniosos, sus métodos infalibles!". No olvide que ha pasado por otros problemas y los ha podido solucionar, su fe en Dios retoma. Recuerde: *¡Lo que Dios ha hecho antes, lo hará para mí e incluso más!*

Hace poco tiempo, estaba conversando con una amiga, ella me decía: "¡Sería muy tonto de mi parte si no creyera que Dios va a solucionar mi problema. Cuando tantas veces en el pasado ha hecho que cosas maravillosas me sucedieran, sé que me volverá a suceder!"

Para concluir podemos decir que lo que el Salmo 77 dice es: "¡Lo que Dios ha hecho antes, ahora lo hace por mí e incluso más!"

Cuando usted piensa en su éxito, prosperidad o felicidad anteriores, es bueno saber: cualquier pérdida nace de sus propias ideas vanas, el miedo a la pérdida llegó a su consciente, llenó de problemas y luchó sus batallas, razonó en lugar de seguir el camino mágico de la Intuición. Sin embargo todo le será devuelto en un abrir y cerrar de ojos pues, como dicen en Oriente: "Lo que Alá ha concedido, no puede ser menguado".

Ahora bien, para volver al estado de conciencia de un niño, usted tiene que sentirse asombrado, pero con cuidado de no vivir en sus días de niñez.

Conozco a muchas personas que sólo piensan en los días felices de su infancia: Para ellos no ha habido cielos tan azules, o pasto más verde. ¡Incluso recuerdan cómo se vestían! Por esa razón, desaprovechan las oportunidades que el maravilloso presente les da.

Les contaré una curiosa historia sobre una amiga que vivía en un pueblo cuando era niña. Sucedió que ella y su familia tuvieron que mudarse a otra ciudad. Pero todo el tiempo recordaba la casa donde había vivido; para ella esa casa era un palacio encantado: grande, espaciosa y glamorosa.

Años después, cuando era una adulta, se presentó la ocasión para visitar esa casa. Se llevó una gran desilusión: se le hizo pequeña, calurosa y fea. Su idea de la belleza había cambiado totalmente, pues encontró en el jardín delantero un perro de acero.

Si usted pudiera volver al pasado, no lo vería igual. Por eso en la familia de mi amiga "hacer perros de acero" significaba vivir en el pasado.

Después su hermana me contó una historia de varios "perros de acero" que ella había hecho. Cuando tenía más o menos dieciséis años, conoció en Europa a un joven muy atractivo y sensible, un artista. El romance no duró mucho, pero ella hablaba continuamente sobre él a su marido.

Pasaron muchos años y el joven guapo y romántico se había convertido en un artista famoso; visitó este país para exhibir una muestra de su trabajo. Mi amiga estaba muy emocionada y lo buscó para revivir su amistad. Fue a la exposición y se encontró con un hombre de negocios muy atrevido, no quedaba ningún rastro del joven que ella había conocido. Cuando se lo contó a su marido, todo lo que él le dijo fue: "hacer perros de acero".

¡Nunca olvide, *ahora es el momento propicio! ¡ Hoy es el día! Y su bienestar puede manifestarse de un momento a otro.*

¡Contemple con asombro lo que está delante de usted!

La esperanza divina nos llena: "¡Te devolveré los años que la langosta devoró!"

Cada uno de nosotros va a pensar ahora en el bien que, aparentemente, es imposible alcanzar; puede ser salud, fortuna, bienestar o la perfecta expresión de uno mismo.

Ahora no crea que su *bien* puede ser alcanzado, únicamente agradezca que ya lo ha recibido en el plano invisible, "de esa manera las escaleras que llevan a él también están aseguradas".

Esté muy atento a sus pistas intuitivas y, de improviso, entrará en su Tierra Prometida.

Contemplo con asombro lo que está frente a mí.

Alcance su bienestar

Antes que me llamen, Yo responderé;
aún estarán hablando, y Yo les escucharé.

Isaías 65:24

¡Alcance su bienestar! Esta es una nueva forma de decir: "Antes que me llamen, Yo responderé".

Su bienestar le antecede; llega antes que usted. ¿Pero cómo alcanzarlo? Usted debe tener ojos para ver y oídos para escuchar, si no es así se le escapará.

Muchas personas jamás alcanzan su bienestar en la vida; ellos dicen: "Mi vida siempre ha sido uña calamidad, nunca he tenido buena suerte". Pero esas son personas que han estado ciegas frente a sus oportunidades; o debido a su negligencia, no lo han alcanzado.

Hubo una mujer que le comentó a un grupo de amigas que no había comido en tres días. De inmediato sus amigas comenzaron a pedirle a sus conocidos que le dieran trabajo; pero ella los rechazó. Entonces les dijo que ella jamás se levantaba de la cama antes del medio día, y que le gustaba quedarse acostada para leer revistas.

Lo único que ella buscaba era que los demás la mantuvieran mientras ella leía *Vogue* y *Harper's Bazaar*.

Tenemos que ser muy cuidadosos y no caer en esos estados mentales de haraganería.

Formule este decreto: "Jamás me pierdo nada, estoy muy atento a mi bien". La mayor parte de la gente sólo está medio atenta a su bienestar.

En cierta ocasión un alumno me dijo: "Si escucho a mis corazonadas, siempre me meto en líos".

Ahora les contaré la historia de una mujer, estudiante mía, que siempre hacía caso a sus corazonadas, esta actitud siempre le daba maravillosos resultados.

Sucedió que unas amigas suyas le habían pedido que las visitara en un pueblo cercano. Casi no tenía dinero. Cuando llegó a su destino, descubrió que en la casa no había nadie, se habían ido: ella se entristeció mucho. Entonces empezó a rezar; dijo: "Inteligencia Infinita, dame una pista concluyente, ¡permíteme saber qué debo hacer!"

En ese momento un nombre de cierto hotel le vino de pronto a su memoria —y no se iba—, el nombre parecía resaltar en grandes letras.

Sólo le quedaba el dinero suficiente para volver a Nueva York y al hotel. Justamente en la entrada del hotel se tropezó con una vieja amiga y la saludó cordialmente.

Esta amiga le contó que estaba hospedada en el hotel pero que tenía que hacer un viaje de varios meses, y añadió: "Por qué no te quedas en mi suite mientras estoy de viaje: no gastarás ni un centavo".

Muy agradecida, mi alumna aceptó y comprobó asombrada cómo trabaja la Ley Espiritual.

Siguiendo su intuición había alcanzado su bien.

Todo adelanto nace de un deseo. En la actualidad la ciencia está retomando a Lamarck y su teoría del "poder de desear". Él afirma que los pájaros vuelan no porque tengan alas, sino que tienen alas porque ellos querían volar; las alas serían el resultado de "El empuje del deseo emocional".

Piense en el poder invencible del pensamiento con un objetivo muy claro. La mayor parte de la gente está como entre la neblina casi todo el tiempo, tomando decisiones erróneas y andando por el camino equivocado.

En una ocasión en víspera de Navidad mi doncella le preguntó a una vendedora de un gran almacén: "Creo que éste debe ser su día más atareado". Ella le dijo: "¡Oh, en realidad no! El día más ocupado es después de Navidad, cuando todo el mundo devuelve la mayoría de sus obsequios".

Cientos de personas eligen el obsequio equivocado porque no escuchan a su intuición.

Siempre pida que lo dirijan, sin importar lo que esté haciendo. Esta acción le ahorrará tiempo y energía y frecuentemente toda una vida de estar sintiéndose infeliz.

Todo sufrimiento procede de negar la intuición: si los que construyen la casa no siguen su intuición, tan sólo estarán trabajando en vano.

Fomente la costumbre de escuchar sus corazonadas, de esa manera siempre estará en el camino mágico.

"Antes que me llamen, Yo responderé; aún estarán hablando, y Yo les escucharé."

Si actuamos con la Ley Espiritual, estaremos trabajando para que suceda lo que ya está ocurriendo. Se encuentra en la Mente Universal como una idea, pero materializa en lo externo, por medio de un deseo puro.

En la mente divina la idea de un pájaro fue una imagen perfecta; el pez tomó la idea, y deseó ser pájaro.

¿Sus deseos le están proporcionando alas? Todos deberíamos estar haciendo que algo, aunque aparentemente es imposible, suceda.

"Lo insospechado sucede; mi bien, que parecía imposible, ahora se manifiesta", es una de mis afirmaciones. Deje de engrandecer las dificultades, engrandezca al Señor; es decir: engrandezca el poder de Dios.

Una persona promedio vivirá rodeada de todas las dificultades y obstáculos que existen para impedir que su bien se manifieste.

Usted "armoniza con lo que siente", por eso si usted le pone trabas e impedimentos a su atención indivisa, éstos empeorarán.

Proporciónele a Dios su atención completa. Siga afirmando en silencio (de frente a cualquier obstáculo): "Los caminos de Dios son ingeniosos, sus métodos infalibles".

El poder de Dios es imbatible (aunque no se vea). "Aclámame y te responderé, y te mostraré formidables y maravillosas cosas, que tú no conocías."

Para alcanzar nuestro bien, debemos hacer caso omiso de las apariencias desfavorables: "No juzgues por las apariencias".

Consigue alguna afirmación que te proporcione un sentimiento de confianza: ¡El largo brazo de Dios llega a todas las personas y situaciones, tomando bajo su control las circunstancias y velando mis intereses!

Un día me pidieron que pronunciara una afirmación por un hombre que iba a entrevistarse con una persona que, en apariencia, era inescrupulosa. Yo usé la afirmación y el resultado fue la rectitud y justicia de la situación, precisamente en el momento en que yo estaba hablando.

Todos conocemos la cita de Proverbios: "La esperanza demorada provocó que el corazón enfermara, pero cuando el deseo llega, es el árbol de la vida".

Cuando deseamos sinceramente (sin angustia), podemos alcanzar lo que hemos deseado; y el deseo se materializa en lo externo. "Te proporcionaré los sinceros deseos de tu corazón".

Los deseos egoístas, que hieren a los demás, siempre retoman al que los envía.,

Los deseos sinceros pueden ser llamados un eco del Infinito, pues resultan ser una idea perfecta en la Mente Divina.

Todos los inventores alcanzan las ideas de los artefactos que crean. En mi libro, *El juego de la vida y cómo jugarlo*, afirmo que el teléfono estaba buscando a Bell.

Normalmente, dos personas distintas descubren los mismos inventos al mismo tiempo; esto se debe a que estaban conectados con la misma idea.

Lo más importante en la vida es hacer que el Plan Divino se materialice.

De la misma manera que la imagen del roble se encuentra dentro de la bellota, el Designio Divino de su vida se encuentra en su superconsciente, y usted tiene que trabajar en el plano perfecto de sus asuntos.

Cuando la gente se duerme frente a su bien, está desafiando al Designio Divino.

Probablemente aquella mujer a la que le gustaba quedarse acostada todo el día para leer revistas, debería estar escribiendo artículos para revistas, pero sus hábitos de flojera impidieron que todos sus deseos prosperaran.

Los peces que deseaban alas, estaban atentos y activos, ellos no se la pasaban en la cama del océano leyendo *Vogue* y *Harper's Bazaar*.

¡Tú que estás dormido despierta, y alcanza tu bienestar!

"Aclámame y te responderé, y te mostraré formidables y maravillosas cosas, que tú no conocías".

"Ahora alcanzo mi bienestar, y antes que yo llamara se me contestó.

Ríos en el desierto

Por tanto yo voy a llevar a cabo una cosa nueva, que ya se manifiesta. ¿No la ven? Sí trazaré un camino en las soledades, y ríos en el desierto.

Isaías 43:19

En Isaías 43 encontramos una gran cantidad de afirmaciones extraordinarias que revelan el indomable poder de la Inteligencia Infinita, que vienen al rescate del ser humano cuando se encuentra en problemas. *Sin importar qué tan difícil parezca la situación, la Inteligencia Infinita sabe cómo solucionarlo.*

Cuando el ser humano trabaja con el Poder de Dios, se vuelve definitivo y absoluto. Por eso hay que adquirir un entendimiento de este poder oculto que podemos invocar en cualquier momento.

Toda apariencia del mal se evapora cuando usted hace contacto con la Inteligencia Infinita (el Dios interno), pues se vuelven lo que son: "imaginaciones superficiales" del ser humano.

Si estuviéramos en mi sesión de preguntas y respuestas seguramente me preguntarían: "¿Cómo contactar conscientemente ese Poder Invencible?"

Yo les diría: "Por medio de su palabra". "Por tus palabras serás juzgado."

El centurión le dijo a Jesucristo: "Señor, pronuncia la palabra y mi sirviente será curado".

"Todo el que llame en nombre del Señor, será escuchado." Ponga atención a la palabra "llamar": usted está llamando al Señor o Ley, cuando pronuncia una afirmación de Verdad.

Yo siempre digo: pronuncie una afirmación que sienta, eso quiere decir que le dará un sentimiento de confianza.

La gente está dominada por ideas de carencia; carencia de amor, carencia de dinero, carencia de amigos, carencia de salud, etcétera.

Están esclavizadas por la sensación de estar incompletas y por las ideas de obstrucción. Están dormidas en el Sueño Adámico: Adán (hombre genérico) comió un fruto del "árbol Maya de la ilusión" y conoció dos poderes, el bien y el mal.

Jesucristo tenía como misión despertar a la humanidad a la Verdad de un Poder, Dios. "Tú que te encuentras dormido, despierta."

Usted todavía está dormido frente a su bienestar, si carece de cualquier cosa buena.

¿Cómo despertar del sueño Adámico de los contrarios, después de haber estado profundamente dormido en el mundo de los pensamientos durante miles de años?

Jesucristo afirmó: "Se podrá realizar, cuando dos de ustedes se pongan de acuerdo". Esta es la ley de la correspondencia.

Resulta casi imposible que usted mismo ve claramente su bienestar: ahí es cuando el sanador, practicante o amigo se vuelve necesario.

Una gran cantidad de hombres exitosos atribuyen su éxito a la fe que sus esposas les tuvieron.

Tomaré un ejemplo de un periódico reciente, donde Walter P. Chrysler hace un tributo a su esposa: "En la vida nada me ha dado más alegría, que la forma en que mi esposa tuvo fe en mí desde el principio y a lo largo de todos estos años". El señor Chrysler dijo sobre ella: "Yo tenía la idea de que nadie era capaz de entender que yo era ambicioso, a excepción de Della. Yo podía decírselo y ella asentiría con la cabeza. Tal era mi confianza en ella que incluso me atreví a decirle lo que yo pretendía, llegar a ser, algún día, el maestro de la mecánica". Su esposa siempre apoyó sus ambiciones.

No olvide que debe hablar lo menos posible sobre sus asuntos con los demás, y coméntelos sólo con las personas que sabe que le darán apoyo y ánimo. El mundo está repleto de "sábanas mojadas", gente que le dirá "no se puede hacer", que usted está intentando alcanzar demasiado.

Cuando las personas están sentadas en reuniones y pláticas de Verdad, frecuentemente una palabra o una idea abren el camino en las soledades.

Está claro que la Biblia habla sobre los estados de conciencia. Usted se encuentra en medio de la soledad o un desierto, cuando no está en armonía, cuando está molesto, rencoroso, temeroso o vacilante. La duda —sentirse "incapaz de decidirse"—, es, la mayor parte del tiempo, el origen de la mala salud.

En una ocasión cuando viajaba en un autobús, una mujer le hizo la parada y preguntó al conductor cuál era su destino. Él se lo dijo, pero ella estaba indecisa. Empezó a subir y bajar; después volvió a subirse: el conductor volteó hacia ella y le dijo, "¡Señora, decídase por favor!"

Esto mismo pasa con muchas personas: "¡Señoras, decídanse por favor!"

Una persona que es intuitiva jamás titubea: se le dan pistas y corazonadas, y va sin ningún temor hacia adelante, pues sabe que está en el camino mágico.

En la Verdad, siempre solicitamos pistas definitivas sobre lo que se debe hacer; si usted la pide, siempre la recibirá. En algunas ocasiones se presenta en forma de presentimiento, otras viene de lo externo.

Ada, una de mis estudiantes, estaba caminando por la calle, indecisa sobre si debía ir o no a cierto sitio; ella pidió una pista. Delante de ella había dos mujeres caminando. Una miró a la otra y le dijo: "¿Ada, por qué no vas?" —curiosamente el nombre de aquella mujer era el mismo que el de mi alumna—. Mi alumna lo tomó como una pista definitiva y siguió hasta su destino, y el resultado fue muy bueno.

En verdad tenemos vidas mágicas, dirigidas y suministradas en cada paso; siempre que tengamos oídos para oír y ojos para ver.

Evidentemente hemos dejado el plano de la razón y estamos aprovechando el superconsciente, Dios interno, el cual dice: "Este es el camino correcto, continúa por él". Todo lo que necesite saber, le será revelado. Todo aquello que necesite, le será dado. "Así lo dijo el Señor que abrió un camino en el mar y un sendero en las grandes aguas".

"No te acuerdes de las cosas pasadas, ni tomes en cuenta las cosas viejas".

La gente que vive continuamente en el pasado ha dañado su contacto con el maravilloso ahora. Dios sólo conoce el ahora; ahora es el momento adecuado, hoy es el día.

Muchas personas llevan vidas de restricción, egoísmo y ahorro, temerosa de utilizar lo que tienen; esta actitud atrae aún más escasez y limitación.

Les voy a dar el ejemplo de una mujer que vivía en un pequeño pueblo: prácticamente no podía ver y era muy pobre. Una buena amiga suya le hizo una cita con un oculista y le compró unos anteojos que le permitían ver perfectamente. Algunos días las dos mujeres se encontraron en la calle, pero la que casi no veía no llevaba los anteojos. Entonces la otra le preguntó, "¿Dónde están tus anteojos?" La mujer respondió: "Bueno, no querrás que los gaste utilizándolos a diario, ¿no crees? Sólo me los pongo los domingos".

Usted tiene que vivir en el ahora y estar muy atento a sus oportunidades.

"Por tanto yo voy a llevar a cabo una cosa nueva, que ya se manifiesta. ¿No la ven? Sí, trazaré un camino en las soledades, y ríos en el desierto".

Este mensaje está dirigido a cada persona individualmente: medite sobre su problema y no olvide que la Inteligencia Infinita sabe cuál es el camino hacia la realización. Digo el camino, pues antes de que usted llame le responderán. El suministro **siempre** antecede a la demanda.

Dios es el Dador y el Regalo, y ahora abre sus propios y extraordinarios caminos.

En el momento que usted solicita que se manifieste el Plan Divino de su vida, automáticamente consigue protegerse de las cosas que son ajenas al Plan Divino.

Tal vez usted crea que toda su felicidad depende de conseguir una cosa específica en la vida; a final de cuentas, usted da las gracias a Dios por que no la consiguió. Habrá muchas ocasiones en que sienta la gran tentación de escuchar la voz de la razón, entonces discutirá con sus corazonadas; pero de pronto la Mano del Destino lo guiará hacia el sitio correcto; por la gracia, usted se encontrará nuevamente en el camino mágico.

Ahora esté muy atento a su bienestar, usted tiene oídos para oír (sus presentimientos) y ojos que ven libre el camino hacia la realización.

El genio interno es liberado. Ahora cumplo mi destino.

El significado interno de blanca nieves y los siete enanos

Me han pedido que dé una interpretación metafísica de uno de los cuentos de los hermanos Grimm: la historia de *Blanca Nieves* y *los Siete Enanos*.

Es maravilloso ver cómo esta película, basada en ese cuento, sacudió a todo el país y a la sofisticada ciudad de Nueva York, en gran medida debido al genio de Walt Disney.

Se suponía que este cuento era para niños, pero hombres y mujeres adultos han llenado los teatros. Esto se debe a que los cuentos infantiles están basados en antiguas leyendas persas, hindúes y egipcias, que a su vez están fundados en la Verdad.

Blanca Nieves es una pequeña Princesa, sin embargo tiene una madrastra malvada, que está muy celosa de ella. La imagen de la madrastra malvada la encontramos también en la historia de *Cenicienta*.

La mayor parte de las personas tienen una madrastra malvada. LA MADRASTRA MALVADA ES SÍMBOLO DEL PENSAMIENTO NEGATIVO QUE USTED HA CREADO EN EL SUBCONSCIENTE.

Corno la madrastra malvada de Blanca Nieves está celosa de ella, siempre la hace vestir andrajos y la tiene encerrada en la parte trasera del palacio.

Todas las formas malvadas de pensamiento hacen esto.

Todos los días la madrastra malvada consulta su espejo mágico y le pregunta: "Espejito, espejito, dime ¿quién es la más hermosa?"

Hasta que un día el espejo le dice: "Tú, Reina mía, podrías ser la más hermosa y bella de todas, pero Blanca Nieves te supera por mucho". Estas palabras enfurecieron a la Reina, por eso decidió enviar a Blanca Nieves y a uno de sus sirvientes al bosque para que éste la matara. No obstante, el corazón del sirviente se llenó de compasión cuando Blanca Nieves le suplicó por su vida, y decidió dejarla en el bosque. El bosque estaba repleto de animales espantosos y muchos peli, gros. Llena de miedo ella se desmaya y, mientras está en el suelo, se ve un espectáculo de lo más extraño. Muchos de los animalitos y aves más bonitos se acercaron: la rodearon. Ardillas, conejos, ciervos, castores, mapaches, etcétera. Cuando ella abre sus ojos los saluda con mucho gusto; pues resultan ser amigables y bellos. Así, Blanca Nieves les relata su historia y ellos la conducen a una pequeña casa que ella hace suya. PUES BIEN, ESTOS AMIGABLES ANIMALES REPRESENTAN NUESTRAS PISTAS INTUITIVAS O CORAZONADAS, LAS CUALES SIEMPRE ESTÁN DISPUESTAS PARA "SALIR DEL BOSQUE".

La pequeña casa resulta ser en realidad la casa de los Siete Enanos. Todo está desordenado, así que Blanca Nieves y sus amigos animales empiezan a acomodar y limpiar la casa. Las ardillas sacuden con sus colas, los pájaros cuelgan las cosas, el pequeño ciervo utiliza sus cuernos como perchero. Cuando los Siete Enanos vuelven después de haber trabajado en la mina, se dan cuenta del cambio y encuentran a Blanca Nieves durmiendo en una de las camas. Al día siguiente ella les cuenta su historia, entonces se queda con ellos para limpiar la casa y prepararles la comida, Blanca Nieves es muy feliz.

Los siete enanos simbolizan las fuerzas protectoras que nos rodean.

Entretanto, la madrastra malvada consulta su espejo y éste le dice: "Sobre las colinas en la parte verde del bosque, donde los Siete Enanos tienen su casa, Blanca Nieves se está escondiendo, y ella es mucho más hermosa, oh, Reina, que tú". Esto hace que la Reina se enfurezca aún más, y decide disfrazarse de anciana, y buscar a Blanca Nieves para envenenarla con una manzana. Por fin la encuentra en la casa de los Siete Enanos y la tienta con la enorme, roja y suculenta manzana. Todos los animalitos del bosque intentan decirle que no la toque. ELLOS INTENTAN QUE ESCUCHE SU CORAZONADA Y QUE NO LA COMA. Con desesperación la rodean rápidamente, pero Blanca Nieves no puede resistir la manzana, le da una mordida y cae, aparentemente, muerta. En ese momento, los pajaritos y los animalitos se apresuran a traer a los Siete Enanos para que la rescaten; pero es muy tarde, Blanca Nieves está ahí sin vida. Todos bajan su cabeza con mucha tristeza. Pero, súbitamente, aparece el Príncipe, besa a Blanca Nieves y ella vuelve a la vida. Se casan y viven felices para siempre. La Reina, la madrastra malvada, es arrastrada por una espantosa tormenta. LA ANTIGUA FORMA DE PENSAMIENTO SE DISUELVE Y SE DISIPA PARA SIEMPRE. EL PRÍNCIPE REPRESENTA EL PLAN DIVINO DE SU VIDA. USTED VIVIRÁ FELIZ PARA SIEMPRE EN EL MOMENTO QUE DESPIERTE.

Esta es la historia que ha hechizado a Nueva York y a todo el país.

Descubra qué forma de tiranía está tomando su madrastra malvada en su subconsciente. Pues esa idea negativa actúa en todos sus asuntos.

La gente suele decir: "Mi bienestar siempre me llega muy tarde". "¡He perdido muchas oportunidades!" Debemos cambiar el pensamiento y afirmar continuamente: "Estoy muy atento a mi bienestar, jamás pierdo una oportunidad".

Tenemos que desterrar las tentaciones sombrías de la madrastra malvada. el precio que debemos pagar para liberarnos de estas formas de pensamiento negativo es la eterna vigilancia.

No hay nada que pueda impedir, nada que pueda demorar la manifestación del Plan Divino de mi vida.

¡El Brillo de los rayos de Luces en mi camino, señala el Camino Abierto de la Realización!

El poder de
la palabra hablada

Armas que ustedes desconocen

"¡Yo poseo armas que ustedes desconocen! ¡Uso caminos que ustedes no imaginan! ¡Tengo canales que ustedes no sospechan! ¡Armas secretas, caminos misteriosos, canales insospechados! Dios trabaja de manera misteriosa para llevar a cabo sus milagros". El problema que tiene la mayor parte de la gente es que quieren conocer por adelantado el camino y los canales. Quieren decirle a la Inteligencia Suprema de qué manera debe contestar a sus oraciones. No tienen fe en la creatividad y la sabiduría de Dios. Rezan, tratando de dar a la Inteligencia Infinita direcciones específicas para que actúe; en otras palabras, ellos intentan limitar al Santo de Israel.

Jesucristo afirmó: "En el momento en que ustedes rezan, creen que ya es suyo". ¿Acaso existe algo más directo o sencillo? "Para entrar en mi reino hay que ser como un niño pequeño." Podemos interpretar las Escrituras y decir: "Sean como un niño pequeño, como sus esperanzas, y sus oraciones serán escuchadas". Un niño espera con alegría e ilusión sus juguetes en Navidad. Pondremos como ejemplo al pequeño niño que para Navidad pidió un tambor. Él no se queda despierto toda la noche pensando en su tambor. Se va a la cama y duerme plácidamente, sin que nada le preocupe. A la mañana siguiente, cuando se despierta brinca de la cama, listo para disfrutar ese día feliz que lo está esperando y maravillado descubre lo que tiene frente a él.

Por el contrario, un adulto pasa toda la noche despierto pensando y pensando en su problema. En vez de un tambor ve una gran cantidad de dinero. ¿No deja de pensar de qué manera y cuándo llegará hasta él? Asegurará que su fe en Dios es inquebrantable, pero que quisiera saber más sobre la forma y el cómo trabaja. Y la respuesta llega: "¡Yo poseo armas que ustedes desconocen! Mis canales son ingeniosos, mis métodos son seguros".

"Confía en tus vías hacia mí, ten fe en mí." A mucha gente le resulta muy difícil confiar de esta manera en el Señor. Implica, por supuesto, seguir sus presentimientos, pues la intuición es el canal mágico, el camino directo hacia su manifestación. La intuición es una facultad espiritual que está más allá de la razón. Esa "vocecita silenciosa", conocida comúnmente como corazonada o presentimiento, es la que nos dice: "El camino que hay que recorrer es éste". Hablo de la intuición con mucha frecuencia porque es parte fundamental del desarrollo espiritual.

Es la Guía Divina. Es Dios que está en nuestro interior, es el ojo que vigila a Israel y que nunca duerme o se distrae. Nada es insignificante para él identifiquémoslo en todas sus formas y despejará nuestros caminos. Procuremos no despreciar esas pequeñas cosas que nos pasan durante el día (esos eventos supuestamente insignificantes).

Para una persona que toda su vida se ha dejado mandar por sus razonamientos le resulta muy difícil seguir su intuición espontáneamente, sobre todo para quienes tienen lo que se conoce como hábitos regulares. Los que están acostumbrados a hacer las mismas cosas todos los días y a la misma hora. Comen a una hora específica. Se despiertan y se acuestan, cuando el reloj se los indica. Cualquier variación los perturba.

Poseemos el poder de elegir: seguir el camino mágico de la intuición, o el largo y difícil camino de la rutina, siguiendo las órdenes del razonamiento. Llegaremos a la cima si seguimos al superconsciente. En la intuición, se encuentran las imágenes de la juventud y de la vida eternas; donde la muerte termina consigo misma. Nosotros tenemos el poder para grabar en la mente subconsciente estas imágenes. Por tratarse de un simple poder sin dirección el subconsciente lleva a cabo esta idea, así nuestros cuerpos se transmutan en el cuerpo que nunca muere. Esta idea se encuentra expresada parcialmente en la película *El Horizonte Perdido*. Shangri-La resultó ser una representación simbólica del "Mundo Maravilloso", donde todo lo que nos rodea es perfecto.

Para su cuerpo y sus circunstancias existe un modelo espiritual. Lo llamo el Plan Divino; este Plan Divino es una Idea Perfecta en nuestra mente superconsciente. Para la mayor parte de la gente poder manifestar la Idea Divina en sus cuerpos y circunstancias es algo muy lejano. Pero han grabado, en su subconsciente, imágenes contrarias a ésta, como el envejecimiento, la enfermedad y la muerte, y ha realizado al pie de la letra estas órdenes. Es el momento de dar una nueva orden: "Ahora dejo que la Idea Divina que está en mi mente se manifieste en mi cuerpo y circunstancias". Esta afirmación se grabará en su subconsciente cuando le repitan y quedarán maravillados por los cambios que pronto comenzarán a suceder. Serán bombardeados por ideas y sueños nuevos. En su cuerpo sucederán cambios químicos. El Plan Divino se extenderá rápidamente, su ambiente cambiará por uno mejor donde todas las condiciones son siempre perfectas.

"Levantándose por encima de sus cabezas, sus rejas, y al ascender su ser, sus puertas eternas, el Rey de la Gloria ingresará. ¿Quién es el Rey de la Gloria? El Señor (o Ley) fuerte y poderoso. El Señor que es poderoso en batalla."

No lo olviden, la Biblia habla sobre pensamientos y niveles de conciencia. En la mente superconsciente existe una imagen de las Ideas Perfectas proyectándose en su mente consciente. Las rejas y puertas se levantarán y "El Rey de la Gloria entrará".

Este Rey de la Gloria posee armas que ustedes desconocen y ha expulsado al ejército invasor (los pensamientos negativos atrincherados en sus mentes desde hace innumerables edades). Los pensamientos negativos siempre han vencido a la manifestación de los deseos en su corazón. Son una clase de pensamientos que se han arraigado en el subconsciente debido a que continuamente pensamos en las mismas cosas. Se han erigido como una idea fija: "La vida es dura y está llena de decepciones". Usted encontrará estos pensamientos en su vida como si fueran experiencias reales, "la vida viene como resultado de lo que no imagina el corazón".

"Los míos son caminos maravillosos." Debemos construir en la conciencia un paisaje lleno de paz, concordia y belleza, para que algún día se manifieste y se haga visible. Continuamente, el Plan Divino de nuestra vida se presenta como un destello en nuestra conciencia y pensamos que es demasiado bueno como para ser verdad. Son muy pocos los que cumplen con su destino. Entendamos por destino el lugar que nos corresponde. Nacemos plenamente equipados para llevar a cabo el Plan Divino de nuestras vidas. Nos encontramos en condiciones iguales frente a cada situación. Si pudiéramos hacer que estas palabras se manifestaran, las puertas se abrirían rápidamente y las vías se despejarían. Realmente podríamos escuchar el murmullo de la Actividad Divina, y nos haríamos uno con la Inteligencia Infinita, la cual no sabe lo que es el fracaso. Las oportunidades se presentarán frente a nosotros venidas de lugares insospechados. Así, el Plan Divino se realizaría pues en todos nuestros asuntos la Idea Divina trabajaría.

Dios es Amor pero también es la Ley: "Si ustedes me aman, respeten mis mandamientos" (o leyes). El doctor Ernest Wilson me explicó este primer conocimiento de la Verdad; este conocimiento se presentó cuando acababa la lectura del libro *Concentración* de Emerson. Concentración quiere decir absorción amorosa. Vemos, por ejemplo, a los niños absortos amorosamente en sus juegos. Únicamente podemos alcanzar el éxito si seguimos una línea que verdaderamente nos interese. Los grandes inventores jamás se cansan de su trabajo, si no fuera así no llevarían a cabo sus extraordinarias invenciones. Nunca intente obligar a un niño a hacer algo que no quiera hacer. Sólo conseguiría una decepción. El primer paso para alcanzar el éxito es estar contento de ser uno mismo. Una gran cantidad de personas está cansada de ser ella misma. Siempre desea estar en el lugar de alguien más, no se tiene confianza.

Cuando visité Londres conocí a un hombre que vendía en la calle una nueva canción, se titulaba *Le hago cosquillas a la muerte que está en mí*. Me pareció una idea fabulosa; lo esencial es estar satisfecho con uno mismo. Entonces puedes desarrollarte ágilmente en el Plan Divino, donde tu vida se realiza. Deberías estar convencido de que el Plan Divino de tu vida te complacerá totalmente. No volver a sentir, en ningún momento, envidia de alguien. Frecuentemente las personas son impacientes y se amedrentan. Torné esta idea cuando leía en el periódico un artículo sobre Omaha, el famoso caballo de carreras. El artículo decía: "Antes de comenzar su paso largo Omaha tiene que correr una milla". No cabe duda que existen muchos Omahas en el mundo, y ellos pueden comenzar su paso largo espiritual y, en un parpadeo, ganar la carrera.

"Maravíllate de ti mismo, también del Señor, y Él concederá los deseos de tu corazón." Deléitate en la Ley y nosotros proveeremos los deseos de tu corazón. "Maravillémonos en la Ley", procuremos alegrarnos haciendo una demostración. Disfrutemos de la confianza que tenemos en Dios, intentando ser felices al dejarnos guiar por nuestros presentimientos. La mayor parte de la gente dice: "Oh, Dios, tienes que enseñarme cómo obtener dinero de nuevo"; o bien: "Oh, Dios, escucha: mis presentimientos me ponen nervioso y no tengo el valor para seguirlos". A muchas personas les gusta jugar al golf y al tenis, ¿y acaso hay algo que les impida disfrutar mientras juegan el juego de la vida? Lo que sucede es que jugamos con energías que somos incapaces de ver. Jugando golf o tenis, usamos pelotas que se pueden ver y una meta visible; ¿pero este juego es más importante que el juego de la vida? La meta es realizar el Plan Divino de nuestra vida, donde todo es perfecto siempre.

"Reconócelo en todas sus manifestaciones y él despejará los canales." Cada vez que nos unimos a la intuición, nos ayuda para guiarnos, finalmente, como si fuera un poste indicador. De esa manera muchas personas son guiadas por su difícil vivir a intentar encontrar una salida, en vez de "intuirla".

Conocí a una mujer que decía tener un conocimiento total de la Verdad y sus aplicaciones, pero justamente cuando tiene un problema, pesa y mide la situación, se pone a razonar. Si actúa así jamás resolverá su problema. La intuición se esfuma por la ventana cuando la razón toca a la puerta. La intuición es una facultad espiritual, es el superconsciente, y jamás se explicará a sí misma. Escuché una voz antes que la mía, y dijo: "El camino que tienen que recorrer es este". Una persona me preguntó si la mente racional fue buena alguna vez. El razonamiento debe ser libre. Confiemos en la Ley Espiritual y todo "nos será dado".

Nuestra misión es ser buenos receptores, por eso deben prepararse para dar las gracias cuando su bendición llegue y alegrarse por ello.

Yo poseo armas que ustedes desconocen y caminos que no imaginan.

Dio hasta su poder

Mirad, os he dado el poder de pisar sobre
serpientes y escorpiones, y sobre todo poder del
enemigo, y nada os podrá hacer daño
Lucas 10:19

El don que Dios dio al ser humano es su propio poder; el poder y autoridad sobre todo lo creado: su mente, su cuerpo y su acontecer. De la ausencia de ese poder nace toda la infelicidad. El ser humano se ve a sí mismo frágil y víctima de las circunstancias, e induce esas "situaciones sobre las que no tiene control" provocando su fracaso. Las personas por sí mismas son evidentemente víctimas de las circunstancias; pero si se unen al poder de Dios todas las cosas se vuelven posibles.

Gracias al conocimiento de la metafísica podemos descubrir cómo conseguirlo. Nos conectamos con ese poder por medio de nuestras palabras. Así, milagrosamente, cada carga es eliminada y se gana cada batalla. El control sobre la vida y la muerte radica en el poder de la palabra. Cuida tus palabras con mucho afán. Continuamente, tú cosechas los frutos de tus palabras. "A quien es valiente y se sostiene en mis obras hasta el fin, a él le doy el poder y dominio sobre las naciones." Sostenerse significa conquistar todas las dudas, temores y vibraciones negativas. Una persona con paz y equilibrio perfectos, colmado de amor y buena voluntad, será capaz de eliminar todas las vibraciones negativas. Las desharía como la nieve bajo los rayos del sol. Jesucristo afirmó: "Les doy todo el poder para traer el cielo a la tierra". Nos permitimos dar las gracias para que esto pase ahora, para que veamos que el mal es aparente y podamos salir sin ninguna mancha. El poder de Dios está en tu interior, en tu mente superconsciente. Ese es el reino de la iluminación, la manifestación y la perfección. Es el reino de los prodigios y los milagros. Los cambios, que aparentemente era imposibles, ocurren rápidamente por nuestro bien. Se abren puertas donde no había ninguna. Por canales ocultos e insospechados, se presenta el Suministro Divino, porque "Dios posee armas que ustedes desconocen".

Cuando trabajamos con el poder de Dios encauzamos nuestro camino y la tendencia a razonar que tiene la mente se apacigua. La Inteligencia Infinita sabe cómo responder a ese instante que pregunta. Al ser humano la parte que le toca es alegrarse y agradecer por medio de sus actos de fe. Esta experiencia me la contó una mujer muy conocida en Inglaterra. Ella rezaba, con mucho apremio, por una intuición de Dios, entonces le llegaron estas palabras: "Actúa como lo que fui y lo que soy". Una y otra vez, me dijo esto exactamente: sólo la fe activa impresiona el subconsciente, y a menos que se grabe en el subconsciente, no conseguiremos nada.

Ahora les daré un ejemplo que aclara cómo trabaja la Ley. Cierta mujer fue a verme deseando de todo corazón tener un buen matrimonio y un hogar feliz. Estaba muy enamorada de cierto hombre, pero éste tenía un carácter muy difícil. Después de que ella le había demostrado su amor y devoción, él repentinamente cambió, y salió de su vida. Ella estaba resentida y desilusionada, se veía muy infeliz. Entonces le dije: "¡Ahora es el momento de arreglar tu hogar feliz! Comienza a comprar pequeñas cosas como si no tuvieras un momento para ahorrar". De esa manera tuvo mucho interés en conseguir su hogar feliz, cuando todas las circunstancias aparentemente estaban en su contra. "Ahora —le dije—, tendrás que hacer permanente esta situación y volverte inmune a cualquier rencor y desdicha". Le di el siguiente decreto: "Ahora estoy protegida de cualquier herida y odio: con Cristo en mi interior esta armonía es sólida como una roca". Y agregué: "En el momento en que te vuelvas inmune a toda herida y rencor, el hombre al que amas regresará o su equivalente te será dado". Pasaron varios meses, hasta que cierta tarde vino a visitarme y me dijo: "Sólo tengo sentimientos buenos y amistosos por ese hombre. Si él no es quien me corresponde por Derecho Divino, estaré más feliz". Poco tiempo después, se encontró con ese hombre, estaba muy contrariado por la forma en que se había portado: le suplicó que lo perdonara. Contrajeron matrimonio al poco tiempo, y el hogar feliz se pudo manifestar. Pues lo había creado alrededor de su fe activa.

Sólo en tu interior están tus enemigos. El "dolor" y el "rencor" eran los enemigos de esta mujer. Desde luego, había "serpientes y escorpiones". Muchas vidas se han perdido por estos dos enemigos. Cuando se hizo una con el poder de Dios, todo obstáculo desapareció en su vida. No podía ser lastimada de ninguna manera.

Imagine lo que significa vivir libre de toda experiencia desdichada. Este ideal se consigue al tener, a cada momento, un contacto consciente con el poder de Dios. La palabra "poder" se menciona muchas veces en la Biblia: "Tú debes recordar al Señor como tu Dios, porque Él es quien da el poder para conseguir la riqueza".

Quien tiene una conciencia rica atrae riquezas. Una persona con una conciencia pobre atrae pobreza. Conozco a muchas personas que encaman esta Verdad, pero que empujados por las carencias y restricciones se unen con el poder de Dios, dejan de depender de lo exterior, confían en que Dios les dará ese invencible poder; gracias a esta Inteligencia Suprema sólo conocemos el Camino de la realización. "Confíen en mí y todo sucederá."

Todo el conocimiento que tengamos de la Verdad puede hacemos concluir que Dios es el único Poder. Es Poder, Presencia y Plan.

Una vez que se tiene la idea fija de que solamente existe un Poder en el universo —el Poder de Dios—, toda apariencia negativa se esfumará de su mundo. Cuando obtengamos una demostración debemos aceptar este único Poder. La maldad nace de los seres humanos que "imaginan superficialmente". Elimina todo el poder que le das a la maldad y ésta no te podrá tocar.

Ahora les daré un ejemplo que demuestra cómo funciona la Ley. Me encontraba en un restaurante con una amiga, quien notó que había algo en su vestido. Ella estaba convencida de que la mancha no se quitaría. Entonces le dije: "Le haremos un tratamiento"; y pronuncié la siguiente afirmación: "El mal es ficticio y al salir no deja ninguna huella". Y agregué: "Ahora, no la veas, deja el asunto en manos de la Inteligencia Infinita". Después de una hora miramos y no había ni el más ligero rastro de la mancha.

Lo que es efectivo para las pequeñas cosas es efectivo para las grandes cosas. Puedes pronunciar esta afirmación para borrar desgracias pasadas o faltas, de una manera u otra, por la Gracia, los efectos se esfumarán, se irán sin dejar huella.

Muchas personas utilizan su poder personal en vez de usar el de Dios, lo cual siempre provoca un resultado infeliz. Usar el poder personal significa ansiedad personal. Les daré el ejemplo de una mujer que hace tiempo vino a consultarme. Su marido trabajaba en un periódico dibujando tiras cómicas. Realizar esos dibujos requería poseer mucho conocímiento del lenguaje. Ella resolvió que él debería cultivar su mente y leer los clásicos. Ella insistió mucho en que él fuera a la universidad, y para que pudiera hacerlo se mudaron a una comunidad escolar. ¡En un inicio él se resistió un poco, sin embargo después comenzó a gustarle! Pronto se empapó con los clásicos. Llegó un momento en el que solamente hablaba de Platón o de Aristóteles. Quería que la comida fuera preparada tal y como ellos la habían comido y que se presentara en la mesa con la misma sencillez. La vida de esta mujer se volvió una gran pesadilla. Después de esta experiencia jamás volvió a intentar cambiar a las personas. La única persona que cambia es uno mismo. ¡Cuando tú cambies, todas las condiciones que te rodean cambiarán! ¡Hasta las personas cambiarán!

Si te mantienes tranquilo frente a una situación, ésta caerá, por su propio peso, lejos de ti. Nuestra vida se desdibuja por el aumento gradual de sus creencias subconscientes. Dondequiera que estés, estas condiciones van contigo.

"Me mantengo fuerte en el Señor y en el Poder de su fuerza."

"Innumerables ejércitos de Poder me respaldan!'

El Poder significa dominio y dominio significa control. Gracias al conocimiento de la Ley Espiritual los seres humanos pueden controlar sus circunstancias. Si sabe que su problema es por escasez o limitación, su primera necesidad será hallar un su, ministro. Así, se hará uno con el poder de Dios y dará gracias por su suministro inmediato. Si la situación está demasiado cerca de usted y se llena de dudas y miedos, pida ayuda a un Practicante, a alguien que vea claramente por usted.

Un hombre me dijo que en un Centro de la Verdad, en Pittsburg, escuchó a varias personas hablar sobre mí y les preguntó: "¿Quién es esa tal Florence Scovel Shinn?" Alguien le contestó: "Oh, ella es la autora de *El juego de la vida*, si usted le escribe podrá conseguir un milagro". Sin perder tiempo me escribió y obtuvo una demostración. Jesucristo dijo: "Se realizará cuando dos de ustedes estén de acuerdo". Si no es capaz de ver claramente su bien, no dude en solicitar ayuda. Jesucristo vio claramente por las personas que curó. Él no les dijo cómo debían sanar, se a sí mismas. Evidentemente, cuando tienes fija la idea de que el Poder de Dios es el único Poder y de que el Plan Divino es el único Plan, puedes hacer más largo el estado en el que no se necesita nada de ayuda para controlar la situación.

Jamás debemos tomar bendiciones de la Inteligencia Infinita, éstos nos deben ser dados. La parte que le corresponde al ser humano es ser un receptor agradecido. "Mirad, os he dado el poder de pisar sobre serpientes y escorpiones, y sobre todo poder del enemigo, y nada os podrá hacer daño. "Tus actos con Él te dan el dominio sobre las obras de sus manos y ponen todas las cosas bajo tus pies. Sobre toda oveja y buey, y hasta las bestias de los campos." Esta es la idea que los seres humanos tienen de Dios, pero la idea que tienen de sí mismos es de limitación y fracaso. Es sólo en un maravilloso momento cuando el ser humano parece alcanzar el control y poder.

No es sino hasta que nos enfrentamos a una situación de carencia, cuando de pronto manifestamos el poder que se nos ha otorgado. He conocido a muchas personas que normalmente son ansiosas y nerviosas, pero llegan a tener serenidad y fortaleza cuando se trata de hacer frente a una situación importante.

"¡Oh, Israel escucha! No tenemos necesidad de pelear, permanezcamos serenos y seamos testigos de la salvación del Señor." Con frecuencia las personas se preguntan: "¿Qué significa permanecer serenos, sin hacer absolutamente nada?" *Permanecer serenos* quiere decir estar en equilibrio. En una ocasión le dije a un hombre que estaba muy nervioso y tenso: "Tómalo con calma y sé testigo de la protección del Señor". Él me contestó: "Eso me ha ayudado mucho". La mayor parte de las personas son puestas a prueba con demasiada dureza. Tienen que aguantar sus cargas y pelear sus batallas. Por esa razón, todo el tiempo están en conflicto y jamás consiguen lo que llamamos una demostración. Hazte a un lado, y sé testigo de la salvación del Señor. Parafraseando las Escrituras podemos decir: "¡Oh, Israel escucha!, jamás podrás ganar esa batalla luchando, sólo déjamela a Mí y te daré la victoria".

Si sigues el camino mágico de la intuición huirás de todas las dificultades y problemas, y crearás un camino recto hacia tu demostración. No hay que olvidar que nosotros siempre decimos que jamás ignoramos las pequeñas cosas cotidianas. Pero es un gran error creer que cualquier cosa es insignificante. En cierta ocasión fui a una tienda para comprar unas cosas. Hay dos tiendas en mi vecindario, una tiene precios más altos y en la otra los artículos son mucho más económicos, aunque vendían las mismas cosas. La razón me decía: "Ve al lugar más barato"; pero mi intuición me dijo: "Ve al lugar más caro". Evidentemente, seguí el camino mágico. Le dije al empleado lo que necesitaba. Entonces me dijo: "Esos dos artículos hoy están en oferta, dos por el precio de uno, porque están promocionando uno de los productos". De esa manera una corazonada me condujo al precio y lugar correctos. La diferencia en el precio fue tan sólo de cincuenta centavos, pero la intuición siempre vigila nuestros intereses. Si hubiera intentado conseguir algo más barato, habría ido a la otra tienda y hubiera pagado por los dos artículos. Si aprendemos de las pequeñas cosas, estaremos preparados para manejar las grandes cosas.

Leyendo las Escrituras, nos damos cuenta que el regalo que Dios otorgó a los seres humanos es el Poder. Los problemas y las circunstancias automáticamente nos seguirán. Dios le dio al ser humano este poder para su deleite. Le da autoridad sobre los elementos. Le da poder para sanarse y expulsar sus demonios.

"Para renovar sus energías ellos esperan eso del Señor. Alzar el vuelo con alas de águila, correr y no fatigarse, y caminar sin desfallecer".

Deja que nos demos cuenta de que ese invencible poder está al alcance de todos. "¡Quienquiera que llame en el nombre del Señor, será escuchado!" De esa manera encontraremos la Palabra que une al hombre con su omnipotencia. Esta Inteligencia Suprema va más allá que levantar cada carga y pelear cada batalla.

Todo el poder te es dado para llevar el cielo obre tu tierra.

Sé fuerte, no temas

No temas. ¡Sé fuerte!; el temor que habita en el ser humano es su único enemigo. ¡Cuando está temeroso se enfrenta a la derrota! Teme perder. Teme a la carencia. Se teme a sí mismo. Teme a las murmuraciones. El temor constante le roba todo su poder, porque ha perdido el contacto con la Casa del Poder Universal. "¿Por qué tenéis miedo, oh, vosotros, faltos de fe?" La fe se transforma en miedo. Esta fe se altera. Cuando está temeroso lo primero que sucede es que atrae cosas malas por su miedo: las magnetiza. Está sugestionado porque esta idea incesante lo tiene impresionado.

Daniel no estaba alterado pues sabía que su Dios era más fuerte que los leones, Dios hizo que los leones fueran tan inofensivos como gatitos. Tal como lo hizo Daniel, caminarás entre tus leones tan velozmente como sea posible y lo verás con tus propios ojos. Tal vez, toda tu vida has escapado de algún león en especial. Actuando así has provocado que tu vida sea miserable y tu cabello haya encanecido.

En una ocasión una estilista me contó que conoció a una mujer, cuyo cabello gris recuperó su color natural cuando ésta dejó de preocuparse. Durante una entrevista una mujer me dijo: "No soy muy miedosa, pero me preocupo demasiado". El miedo y las preocupaciones son idénticos y una misma cosa. Las preocupaciones que te acosan se volverán infructuosas si tú no tienes miedo. ¿Por qué tenéis miedo, oh, vosotros, faltos de fe? Yo creo que el miedo predominante es el miedo a las pérdidas. Tal vez se tiene todo lo que la vida nos puede dar, pero se arrastra conocido león de la desconfianza.

Oímos que refunfuña. "¡Esto es demasiado bueno para ser verdad! No puede durar". Y si le ponemos atención nos inquietaremos más.

Mucha gente ha perdido lo que más estimaba en la vida. Sin lugar a dudas, esto se debe a que temen la pérdida. La única defensa que pueden utilizar contra esos leones es la palabra. La palabra es una varita mágica, llena de energía y poder. Si sacuden su varita por encima de su león, lo transformarán en un gatito. No *obstante*, el león permanecerá como león a menos que caminen sobre él. Algunos me preguntarán: "¿Cómo se hace para caminar entre los leones?" Moisés le dijo a su gente: "¡No tengan miedo, permanezcan tranquilos y sean testigos de la salvación del Señor, el cual este día aleccionará a los egipcios, con quienes ustedes han vivido hasta hoy; los verán por ultima vez y nunca más! El Señor peleará por ustedes y conseguirán su paz". ¡Qué pacto tan extraordinario!

La Inteligencia Infinita sabe cuál es la salida. La Inteligencia Infinita sabe dónde está el suministro para cada solicitud. Pero debemos tener fe, resguardar nuestro equilibrio y hacer nuestro mejor esfuerzo. Existen muchísimas personas que tienen mucho miedo de otras. Evitan situaciones desagradables, e indudablemente la situación va detrás de ellos.

¡Uno de los Salmos más triunfantes es el Salmo 27!: "El Señor es mi luz y mi salvación, ¿a quién he de temer? El Señor es el refugio de mi vida, ¿por quién he de temblar?" También es cadencioso y musical. Quien lo escribió se dio cuenta de que ningún enemigo podía lastimarlo, porque el Señor era su luz y su salvación. No lo olvides, tus únicos enemigos están en tu interior. La Biblia nos menciona algo sobre los pensamientos del enemigo, sus dudas, sus temores, sus rencores, sus odios y corazonadas. ¡Toda situación negativa que haya en tu vida termina por cristalizarse, ha sido creada por tu infructuoso imaginar! No obstante frente a la Luz de la Verdad estas situaciones no pueden sostenerse. Así, afrontando sin miedo la situación, decretamos: "El Señor es mi luz y mi salvación; ¿a quién he de temer?"

Jesucristo fue el más grande metafísico, nos dejó reglas claras para controlar las situaciones por medio de la palabra y el pensamiento. "Tú deberás ser más sabio que mis enemigos." En primer lugar, debes ser más sabio que el ejército extranjero, los pensamientos de tus enemigos. Ante cada pensamiento negativo debes responder con una palabra de autoridad. Por ejemplo, el ejército extranjero cantará: "El negocio está en bancarrota, el dinero escasea". Deberás contestar de inmediato: "Mi suministro proviene de Dios y ahora brota como hongos durante la noche". Los tiempos difíciles no existen en el reino de Dios. Entre tanto deberás mantenerte totalmente alerta, como la canción de *Katy hacía:* "Katy hacía. Katy no hacía" y así sucesivamente. Al final saldrás victorioso, la Verdad predominará y habrás expulsado al ejército extranjero. Sin embargo si bajas la guardia, el ejército enemigo te atacará nuevamente diciendo: "Tú jamás tendrás éxito, no serás apreciado". Responde de inmediato: "Dios me estima, por consiguiente los demás me apreciarán. Nada puede obstaculizar el Plan Divino que me corresponde para alcanzar el éxito". Al final el ejército extranjero se dispersará y saldrá corriendo, dado que no conseguirá llamar tu atención. Habrás expulsado a los enemigos ávidos. Hambrientos de los pensamientos temerosos, pero no conseguirán tu atención ni tus actos de fe. La ferocidad del león proviene de tu miedo, su rugido nace de los temblores de tu corazón. Igual que Daniel, permanece tranquilo y muy pronto escucharás que llegan los ángeles que Dios envía para que te ayuden y acompañen.

La misión de Jesucristo era hacer que las personas tomaran conciencia. "Tú, que estás dormido, despierta". Los seres humanos se encuentran bajo el influjo del sueño Adámico de los opuestos. Creen que la escasez, la pérdida, el fracaso, el pecado, la enfermedad y la muerte son reales. La Biblia dice que Adán comió el fruto del árbol Maya de la Ilusión y cayó en un sueño profundo. Durante este profundo sueño él imaginó, vanamente, lo bueno y lo malo.

En su libro *Retorno a Matusalén,* Bernard Shaw afirma: "Adán concibió el crimen, el nacimiento, la muerte y todas las condiciones negativas". Esto se debió al avance del pensamiento racional. Evidentemente, Adán simboliza a la Mente Genérica. Durante la etapa del Jardín del Edén, el ser humano actuaba sólo en el superconsciente. Siempre que lo necesitara, cualquier deseo le era dado. Con el desarrollo del pensamiento racional se presentó la caída del ser humano. Pues comenzó a razonar sobre las insuficiencias, las limitaciones y el fracaso. *Se ganó el pan con el sudor de su frente*, en vez de ser provisto por la Divinidad.

El legado de Jesucristo fue traer a las personas de vuelta a la "cuarta dimensión", el Jardín del Edén consciente. En Juan 14 encontramos la recopilación de todas las enseñanzas de Jesús. Las llamó "evangelio," que significa "buenas nuevas". Con una maravillosa sencillez y sin desviarse, le dijo a la gente que si preguntaban y tenían confianza recibirían un milagro; atribuyendo este poder a la compañía constante del Padre. ¡Dios es el Dador, el ser humano el receptor! ¡La Inteligencia Suprema provee a las personas con todo lo que desean y necesitan! ¡Indudablemente, esta fue una doctrina para despertar a la gente! Y demostró lo que decía con prodigios y milagros.

La curación de un hombre que era ciego de nacimiento fue uno de los milagros más conmovedores. Los opositores de Jesús interrogaron a aquel hombre, tratando de encontrar algo para usarlo en su contra. Pero el hombre sólo dijo: "Únicamente sé algo, antes estaba ciego, ahora puedo ver". Esta es una extraordinaria afirmación que pueden utilizar por ustedes mismos: "Antes estaba ciego, ahora puedo ver". Posiblemente están ciegos frente a su bienestar, a las oportunidades, hacia donde los lleva la intuición; pero esa ceguera es aparente, tomando erradamente a los amigos por enemigos. Cuando abran los ojos al bien, sabrán que no existe enemigo alguno, porque Dios utiliza a cada persona y situación para su bien. Los estorbos son amistosos y los obstáculos son guijarros en el camino. Si se es uno con Dios, se es invencible.

Esta es una afirmación muy poderosa: "El Poder Invencible de Dios elimina todo lo que está frente a Él. Yo camino sobre las olas hacia mi Tierra Prometida". Caminando sobre las olas, tomando el rumbo hacia nuestro destino, ajeno a la marea de los pensamientos negativos, que nos harían zozobrar. Nuestros pensamientos y deseos siempre son tomados de algún lugar. Prentiss Mulford afirmó: "El propósito constante, ese enorme deseo, ese anhelo que jamás termina, es una semilla en la mente. ¡Está enraizada en ese lugar, está viva! ¡Jamás deja de crecer! Involucrada en ello hay una Ley maravillosa. Cuando se conoce esta Ley, hay que seguirla y confiar en ella, pues lleva a cada individuo a cosechar poderosos y bellos resultados. ¡Cuando se sigue esta Ley con los ojos abiertos, nos lleva hacia una vida más y más feliz; pero siguiéndola ciegamente, con los ojos cerrados, nos conduce hacia la desgracia!"

Esto quiere decir que el deseo es una gigantesca energía vibratoria y que se debe asimilar adecuadamente. Les doy esta afirmación: "¡Lo que la Inteligencia Infinita desea para mí, yo lo deseo. Exijo lo que me corresponde por Derecho Divino, así como estar en el Camino Perfecto bajo la Gracia!" En ese momento dejaremos de desear cosas malas, y los buenos deseos tomarán su lugar. Nuestros deseos tristes serán contestados amargamente, los deseos ansiosos se realizarán después de mucho tiempo o se cumplirán violentamente. Resulta fundamental no perder de vista este punto. Innumerables circunstancias desdichadas han sido provocadas por la tristeza o por los deseos ansiosos.

Les daré un ejemplo. Conocí a una mujer que se casó con un hombre al cual le gustaba que ella lo acompañara todas las tardes. Salió tarde tras tarde hasta que deseó poder permanecer en casa y leer un libro. Su deseo fue tan fuerte que empezó a florecer, hasta que su esposo se fue con otra mujer. Ella lo perdió a él y a su apoyo; sin embargo ahora tenía suficiente tiempo como para quedarse en su casa y leer un libro. Nada se ha presentado en nuestra vida sin que lo hayamos invitado alguna vez.

Prentiss Mulford también tenía varias ideas interesantes acerca del trabajo. Él decía: "El éxito en cualquier empresa, en el arte, en el comercio o en cualquier profesión, sencillamente hay que mantenerlo siempre fijo en la mente como un objetivo, y entonces analizarlo para hacer que todo esfuerzo canalizado hacia él sea juego o diversión. El tiempo hace el trabajo duro, nosotros prosperamos".

Compruebo que esto es verdad cuando recuerdo lo que viví en el mundo de las artes. En una ocasión vinieron ocho hombres de la Academia de Bellas Artes de Filadelfia; todos eran más o menos de la misma edad, y llegaron a ser artistas distinguidos y exitosos. Fueron conocidos como Los Ocho en el Arte Contemporáneo. Ninguno de ellos fue reconocido alguna vez por trabajar duro. Jamás dibujaron a la antigua; nunca trabajaron en forma académica. Sencillamente se expresaron. Pintaron y dibujaron porque les gustaba o por mero entretenimiento. Solían contar una divertida historia sobre uno de ellos, que había sido un muy conocido artista del paisaje, se le habían otorgado muchas medallas y menciones honoríficas en varias exposiciones. En cierta ocasión, durante una exposición personal en una de las grandes galerías de la ciudad de Nueva York, él estaba sentado leyendo el periódico. Entonces una entusiasta mujer se aproximó rápidamente a él y le dijo: "¡Usted podría decirme cualquier cosa sobre el maravilloso hombre que pintó estos encantadores cuadros!" Y él contestó: "Por supuesto, yo soy el tipo que pintó todas estas condenadas cosas. Las pinto por diversión, y no me interesa si a las personas les gustan o no".

Antes estaba ciego, ahora puedo ver que mi trabajo es adecuado, la expresión perfecta de mí. Antes estaba ciego, ahora puedo ver el Plan Divino de mi vida claramente y diferente. Antes estaba ciego, ahora puedo ver que el Poder de Dios es el único Poder y que el Plan de Dios es el único Plan. El pensamiento todavía pelea con la creencia en la inseguridad. "¡Tú, que estás dormido, despierta!" Dios es nuestra perpetua garantía de mente, cuerpo y actos. "No consiente que nuestro corazón se altere, que ninguno de nosotros tenga miedo". ¡Si tu extenso despertar es bueno, nada te podrá perturbar y atemorizar! En el reino de la realidad no existen las pérdidas, carencias o fracasos siempre que se despierte en la Verdad; la pérdida, la carencia o el fracaso se desvanecerán de tu vida. Todas esa imágenes nacen de tu imaginar vano.

El siguiente ejemplo ilustra de qué manera trabaja la Ley. Cuando visité Londres, hace ya algunos años, compré una maravillosa pluma fuente en Asprey. Era japonesa y se llamaba Pluma Namike. Resultó ser muy cara, incluso al entregármela me dieron una garantía por treinta años. Estaba francamente impresionada, dado que cada verano, en el cinco de agosto para ser precisos, recibía una carta preguntando si la pluma seguía en buen estado; se podía haber pensado que había comprado un caballo. No se trataba de una pluma común y estaba muy orgullosa de ella. La llevaba conmigo todo el tiempo, pero un buen día la perdí. De inmediato comencé a negar la pérdida. Y dije: "No existe la pérdida en la Mente Divina, por esa razón no puedo perder la Pluma Namike. Me será devuelta o tendré su equivalente". En ninguna tienda de la ciudad de Nueva York, que yo supiera, se conseguían esas plumas y Londres estaba muy lejos, pero yo dejé todo en manos de la Mente Divina, era imposible que perdiera la Pluma Namike. Cierto día, mientras vía, jaba en autobús por la Quinta Avenida, mis ojos vieron, por una fracción de segundo, un símbolo en una tienda. Me pareció que en ese momento estaba de pie afuera en la luz. Y leí: "Tienda de Artesanías Orientales". Jamás había oído hablar de ella, pero tenía una fuerte corazonada, tenía que entrar y preguntar por una Pluma Namike. Me bajé del autobús, fui a la tienda y pregunté. La vendedora me dijo: "Así es, de hecho tenemos un gran surtido y acabamos de bajar su precio a $2.50". Di gracias al Señor y lo alabé. Compré tres plumas, y conté mi experiencia en una de mis pláticas. Muy pronto todas se vendieron, pues la gente se abalanzó para obtenerlas. Indudablemente, esta fue una asombrosa maniobra de la Ley; todo gracias a que estaba completamente atenta a mi bien y porque no dejé que ninguna mala hierba creciera donde mi intuición me indicaba.

El estudiante de la Verdad sabe que debe aplicar el Principio en sus asuntos diarios. "Reconózcanlo bajo todas sus formas y los llevará por sus vías". "En realidad, en verdad les digo que quien cree en mí, y en las obras que realizo, también le serán cumplidas, y además de éstas existen obras más grandes que deben realizarse, porque voy hacia mi Padre". ¡Qué fe tan extraordinaria tenía Jesucristo en el ser humano! Tuvo la visión de la batalla que se aproximaba. El hombre hecho a imagen y semejanza de Dios (imaginación). "Y a quienquiera de ustedes que implore en mi nombre, que lo haga, para que el Padre pueda ser glorificado en el Hijo." Si ustedes solicitan cualquier cosa en mi nombre se las daré. Él les explicó a las personas que este era un sistema de dar y recibir. Dios era el Dador, el hombre el receptor. "¿Tú creerías que no estoy en el Padre y que el Padre no está en mí? Las palabras que pronuncio para ustedes no hablan de mí, pero el Padre es quien vive en mí, Él es el que lleva a cabo las obras." Él les dijo a las personas: "busquen el reino", se refería al reino de las ideas perfectas, don, de todas las cosas se les agregarán. ¡Él los despertó!

"Antes estaba ciego, ahora puedo ver, no hay nada que temer y no hay poder que me pueda lastimar. Veo frente a mí, claramente, el camino abierto de la realización. No existe nada que obstruya mi camino".

Tú lograste que Él tuviera el dominio sobre las obras de tus manos, todo fue puesto por ti bajo sus pies (Salmo 8, 6).

La gloria del señor

¿Quién es ese Rey de la Gloria?
El Señor, él es el Rey de la Gloria
Salmo 24, 10

Busqué en el diccionario la palabra *gloria*, y estaba definida como resplandor, esplendor. "Mis ojos han visto el brillo del Señor", esto es la Ley en acción. No somos capaces de ver a Dios, porque Dios es el Principio, el Poder, la Inteligencia Suprema que habita dentro de nosotros; lo que sí podemos hacer es vernos como lo que somos, las pruebas de Dios. "Los probaré aquí a mi lado —dijo el Señor de la Hostia—, si no, abriré las ventanas del oído, y ustedes derramarán una bendición tan grande, que no habrá lugar lo suficientemente amplio para recibirla." Probamos a Dios, dirigimos su poder y confiando en Él realizamos el trabajo. Tenemos una prueba de Dios, cada vez que recibimos una demostración. Los deseos de tu corazón no se han manifestado, se debe, seguramente, a que lo "planteaste incorrectamente"; es decir, no pronunciaste la "oración adecuada". Recibirán la respuesta en equivalencia a la manera en que fue enviada la solicitud. Por ejemplo: deseos tristes serán contestados con amargura, los deseos ansiosos se aplazarán por mucho tiempo o se cumplirán violentamente.

Digamos que está irritado por las carencias y limitaciones, y por vivir en un entorno pobre. Entonces dirá con gran sentimiento:

"¡Deseo vivir en una enorme casa, con un ambiente encantador!"
De esa manera, tarde o temprano, acabará siendo el conserje de una
gran y bella mansión, pero no tendrá nada de esa riqueza. Esta idea
se me ocurrió cuando pasaba frente a la casa y terrenos de Andrés
Carnegie en la Quinta Avenida. Parecía que todo estaba cerrado, la
puerta y las ventanas estaban tapiadas hasta arriba. Sólo había una
ventana abierta en el sótano. En ese lugar era donde vivía el conserje. En realidad era un cuadro muy triste. Así que afirmemos (o
deseemos) con alabanzas y dando gracias, para que seamos testigos
de la gloria de la Ley en acción.

Toda vida es vibración. Nosotros armonizamos con todo aquello de lo que somos conscientes, es decir armonizamos con lo que
vibramos. Si vibras con la injusticia y el odio sin duda los encontrarás, a cada paso, en tu camino. Creerás indudablemente que la vida
es dura y que todo está en tu contra. Hermes Trismegisto lo explicó
hace varios miles de años: "Si cambian sus sentimientos deberán
cambiar sus vibraciones". Pero yo lo vuelvo más poderoso y digo:
"Cambia tu mundo y deberán cambiar tus vibraciones". Ténganlo
presente en un sitio distinto, en el arranque de su pensamiento, y de
inmediato notará la diferencia. Digamos que guardas rencor contra
alguien que te ha dicho que no te estima. Pronuncie el siguiente
decreto: "Dios me estima, por tal motivo, esa persona me estima, y
yo me estimo a mí mismo". Instantáneamente notará algunas manifestaciones en lo externo.

En este momento tú eres un obrero del Señor, tus herramientas
son las palabras. Por eso debes estar seguro de que construyes adecuadamente, acorde con el Plan Divino. El juez Thomas Troward
dijo: "El ser humano es un distribuidor del Poder de Dios, él no
engendra esa energía". En la Epístola a los Hebreos 2, 6 leemos:
"¿Qué es el hombre, que te acuerdas de él? ¿O el hijo del hombre,
que de él te preocupas? Tú hiciste de él un pequeño todo amor un
poco inferior a los ángeles: y lo coronaste con gloria y honor. Tú
hiciste que tuviera el dominio sobre las obras de tus manos. Tú has

puesto todas las cosas de, bajo de sus pies". El Señor ha puesto todas las cosas debajo de nuestro entendimiento.

Actualmente estamos en la era del entendimiento. Ninguno de nosotros tiene más fe que los campesinos, pero tenemos la fe del entendimiento. Salomón afirmó: "Junto con todo lo que consigues, es entendimiento"; entendamos la forma en que trabaja la Ley Espiritual, para que ese poder se distribuya en nuestro interior positivamente.

La Ley de leyes es hacer para los demás lo que haríamos por nosotros; sin importar lo que sea, aquello que enviemos a otros se nos regresa, lo que hagamos retornará a nosotros. Por ejemplo, aquella mujer que deja de chismorrear, se resguarda de los chismorreos. La gente que critica será criticada todo el tiempo. Esto se debe a que viven en esa vibración. También es común que el reumatismo sea causado por los pensamientos amargos, pues estos crean acidez en la sangre, que es la causa del dolor en las articulaciones. El otro día leí un artículo en el periódico. En ese artículo se decía que un doctor tuvo una experiencia muy rara con una de sus pacientes. Aquella mujer se acaloraba cada vez que su suegra la visitaba. Eso no tiene nada de raro, pero en el momento en que ella se acaloraba (pensemos en todas las ocasiones en que hemos oído a las personas decir que el enojo las quema), le daba una calentura tremenda. No estoy hablando de todas las suegras. Conozco a muchas que son maravillosas, y sólo han traído paz y armonía con ellas. Los problemas en la piel son un indicio de que hay algo debajo de ella. Por ejemplo, irritación o enojo. Una vez más comprobamos que el ser humano es el que, por sí mismo, encauza el Poder de Dios. Si armonizas con ese Po, der, todas las cosas estarán bajo tu dominio: "Toda oveja y buey, incluso las bestias del campo. El ave de los aires y el pez del mar, y cualquier cosa que cruce el curso de los mares." ¡Qué cuadro de poder y mando para los seres humanos!

La humanidad tiene autoridad y poder sobre todos los elementos. Debemos ser capaces de "amonestar al viento y las olas". Debemos acabar con la sequía. Leí en el periódico que a las personas de cierta región árida se les pidió que no cantaran para llamar a la lluvia, pues "no volvería a llover jamás". Estas personas, que entendían algo de metafísica, tomaron conciencia del enorme poder de las palabras negativas. Percibieron que tenían que hacer algo para evitar la sequía. Los diluvios y epidemias se pueden detener: "El poder y el dominio sobre todas las cosas creadas le ha sido dado al ser humano". Siempre que conseguimos una manifestación, estamos demostrando nuestro poder y dominio.

¡Para que el Rey de la Gloria llegue, tenemos que elevar nuestra conciencia! Cuando leemos: "Tu cuerpo entero estará lleno de luz, si tu ojo es único", nos sentimos inundados por un resplandor interno. El ojo únicamente piensa en ver el bien, o estar tranquilo frente a lo que es aparentemente malo. Como dijo Jesucristo: "No juzgues por las apariencias: juzga el acto virtuoso (correcto)". Existe una Ley oculta conocida como la indiferencia. Esta Ley era conocida por Jesucristo: "Nada de esto me mueve". Poniéndolo en palabras más modernas diríamos: Nada de esto me perturba. La derrota y el fracaso vendrán debido a nosotros. "Ellos trabajarán en vano construyendo su casa, a menos que el Señor lo haga". La habilidad de imaginar es una facultad creadora y, como resultado de su imaginación retorcida, sus miedos terminarán por manifestarse en el mundo exterior. Gracias al ojo único el ser humano sólo ve la Verdad. Ve a través de la maldad, sabe cómo hacerla a un lado para que la bondad se presente. Transforma la injusticia en justicia y cuando transmite su buena voluntad desarticula a los enemigos aparentes. Ahora, Él regresará por las incontables hostias de Poder, por el ojo único que sólo ve la victoria.

En la mitología encontramos varios pasajes que hablan sobre los Cíclopes, una raza de gigantes, que se decía habían habitado en Sicilia. Estos gigantes tenían en medio de la frente un solo ojo. El sitio preciso donde radica la facultad de imaginar se encuentra en la frente (entre los ojos), así que estos legendarios gigantes nacieron de esta idea. Cuando tiene "el ojo único", usted realmente se transforma en un gigante.

Jesucristo, quien fue el más grande de todos los maestros, afirmó: "El *ahora* es el tiempo adecuado, *hoy* es el día de su salvación". Hace algunos días, vi una película que demostraba la tontería que es tratar de vivir en el pasado. Se llamaba *Bailando en la vida* y era una película francesa. Contaba la historia de una mujer, que a los dieciséis años había asistido a su primer baile. En ese momento era viuda y tenía más o menos treinta y cinco años. Había contraído matrimonio por dinero y jamás había conocido la felicidad. Mientras quemaba unos papeles viejos, encontró un decolorado programa de baile. En él estaban escritos los nombres de los seis muchachos que habían bailado con ella. ¡Cada uno de ellos le había jurado amor eterno! Entonces ella se sentó con el programa entre sus manos y el recuerdo de aquel baile apareció; era una escena maravillosa, los bailarines parecían flotar bajo el influjo de la música de un vals fascinante. La vida de esa mujer estaba vacía en ese momento, por eso decidió recuperar la juventud perdida, y comenzó a averiguar qué había sido de cada uno de aquellos muchachos cuyos nombres estaban en el programa. Un amigo que la acompaña le dice: "No puedes recobrar tu juventud perdida; si tratas de regresar al pasado perderás lo que tienes hoy". Sin hacer caso, comienza la búsqueda, y aunado a ésta, comienzan los desencantos. Uno de esos muchachos ni siquiera la recordaba. Cuando ella le preguntó: "¿No te acuerdas de mí? ¡Soy Cristina!" Él dijo: "¿Cuál Cristina?" Incluso varios de ellos vivían mezquinamente. Finalmente regresa a su pueblo natal, ahí seguía viviendo el quinto hombre. Trabajaba como estilista. Y mientras le hacía un permanente, recordaba con alegría los viejos tiempos. Entonces le dijo: "Me imagino que no se acuerda de su primer baile, fue aquí mismo en este pueblo; esta noche se celebrará un baile en el mismo sitio. Acompáñeme, ¡así podrá recordar los viejos tiempos!" Ella lo acompaña al baile; pero todo le parece trivial y desagradable. Las personas que están en la pista de baile están mal vestidas y carecen de encanto. ¡Ella le pide a la orquesta que toque su vals, el vals de su juventud perdida! Sin embargo, su compañero le dice que a las demás personas no les gustará un vals tan viejo. A pesar de todo, lo tocan. El contraste es muy grande; todos sus ensueños se han esfumado. Se da cuenta de que el baile que recuerda en realidad jamás existió como ella lo había creído. Sólo era una ilusión del pasado. Ella no podía recuperar su pasado.

Se ha afirmado que los dos ladrones que estaban en la Cruz, simbolizan los ladrones del tiempo. Uno hablaba del pasado y el otro del futuro; entonces Jesucristo dijo: "El *ahora* es el tiempo adecuado, hoy tú estarás conmigo en el Paraíso". Un antiguo poema escrito en sánscrito nos dice: "Por eso, miren atentamente en este día. Tal es el saludo de la aurora". Cualquier preocupación y miedo se transforma en ladrón del tiempo.

La Ley oculta de la indiferencia profunda es una de las más difíciles de seguir, ya que contiene el logro de un estado de conciencia, en el cual el mundo externo de sensaciones no influye de ninguna manera en la acción de la mente, y gracias a esto se puede estar en completa comunión con la Mente Divina. Para la mayoría de las personas su vida es una sucesión interminable de desequilibrios: insuficiencias, pérdidas, limitaciones, suegras, jefes, deudas e infamias. Este mundo es conocido como "valle de lágrimas." Todas las personas están totalmente enredadas en sus propios asuntos, luchando sus batallas y soportando sus cargas. Si alguien juzga a otro basado en las apariencias, la mayor parte del tiempo se encontrará a sí mismo en el banquillo de los acusados. Este banquillo se encuentra en medio de las situaciones adversas y enfrentando a los leones de las carencias y restricciones. "Si tu ojo es malo (si estás imaginando situaciones adversas) todo tu cuerpo se llenará de oscuridad. ¡Así es, tan grande es esa oscuridad que por esa razón la luz que está en ti es negra!" La luz del cuerpo es el ojo interno (o facultad de imaginar); por eso tu ojo es único, tú estarás viendo un solo poder, un plan y un diseñador, tu cuerpo y tus asuntos estarán repletos de Luz.

Así, te verás todos los días bañado en la Luz de Cristo. Ese brillo interno es un poder invulnerable y elimina cualquier cosa que no esté contemplada en el Plan Divino. Elimina todas las apariencias de enfermedad, escasez, pérdida o limitación. Elimina las situaciones adversas, o "cualquier arma que se levante en contra suya".

Siempre debemos tener preparada nuestra afirmación, esa Luz que se presenta cuando nuestro ojo es único. Tenemos que aprender a regresar a esa Luz, con la misma certeza con la que retomamos a la luz eléctrica. "Primero busca el reino de Dios y Su virtud, así todas las cosas buenas te llegarán por añadidura." Un antiguo refrán chino dice: "El filósofo deja que el sastre confeccione su abrigo". De la misma manera, permitamos que el Diseñador Divino cree el Plan de nuestra vida y descubriremos que las condiciones son perfectas eternamente.

Paz y prosperidad

"Dentro de tus paredes está la paz y en tus palacios la prosperidad" (Salmo 122, 6-7). Gracias a esta frase nos damos cuenta que la paz y la prosperidad van de la mano. Quienes manifiestan la apariencia de carencias, viven en un estado continuo de miedo y confusión. No están plenamente atentos a su bienestar, pierden el rumbo y sus oportunidades. Una persona pacífica es una persona con una amplia visión. Ve claramente y actúa velozmente. Jamás cae en el engaño.

He sido testigo de cómo personas confundidas e infelices cambian totalmente. Ahora les daré un ejemplo para explicar el funcionamiento de la Ley. Una mujer vino a verme en un degradante estado de tristeza. Se veía despedazada. Dado que lloraba continuamente, sus ojos estaban manchados. Su cara estaba pálida y cansada. El hombre que ella amaba la había abandonado e indudablemente era el ser más desgraciado que haya visto alguna vez. Noté la forma de su cara: ojos grandes, con la mirada lejana y una barbilla afilada. Fui durante varios años artista y adquirí el hábito de observar a las personas desde el punto de vista artístico. Cuando observé a esa criatura abandonada, pensé que su cara tenía la forma de un Botticelli. Frecuentemente veo Rembrandts, sir Joshua Reynolds, etcétera, en personas que encuentro. Pronuncié la palabra adecuada para esta mujer y le obsequié mi libro *El juego de la vida y cómo jugarlo*. Pasadas una o dos semanas, mientras daba un paseo me topé con una mujer. Tenía unos ojos hermosos y se veía muy bonita. Recuerdo que pensé: "Este rostro tiene la forma de un Botticelli". ¡Súbitamente me di cuenta de que era la misma mujer! ¡Se veía feliz y despreocupada! ¿Qué había sucedido? Nuestra plática y la lectura del libro le habían dado paz.

"¡Dentro de tus paredes está la paz!" Las "paredes" representan tu conciencia. Jesucristo le dio mucha importancia a la paz y a la tranquilidad. "Todos los que estén cansados y agobiados por su carga, vengan a mí y les daré alivio". Él se refería al Cristo que hay dentro de ti, tu mente superconsciente, donde no existen las cargas ni batallas. Los miedos, las dudas y las imágenes negativas habitan en el subconsciente. Hace algunos años, cuando regresaba de California, venía en un avión; estando en las alturas me invadió un curioso sentimiento de abandono. En las alturas nos encontramos en paz con nosotros mismos y con el resto del mundo. En las alturas los campos siempre se ven blancos por la cosecha. Únicamente los sentimientos evitan que seguemos nuestra cosecha de éxito, felicidad y abundancia. En la Biblia podemos leer: "Les restituiré los años de cosecha que las langostas han devorado". Bien, ahora podemos parafrasear y decir: "Les restauraré los años de éxito y felicidad que los sentimientos han destruido". Las personas que son tambaleadas por las dudas y temores, atraen el fracaso, la infelicidad y la enfermedad.

Leí en un periódico que, por lo general, las Leyes de la mente son aceptadas y entendidas. Se ha descubierto que el miedo al fracaso es el más grande de todos los miedos, y que al menos un setenta y cinco por ciento de los examinados psicológicamente tienen este temor. Evidentemente, esto también se refiere al fracaso en la salud, en los negocios, en las finanzas, en el amor, en el éxito, etcétera. Otros miedos importantes son: el miedo a la oscuridad, a estar solo, a los animales. Muchas personas tienen miedo a no ser entendidas, mientras que otras temen perder la cordura. Si se tiene miedo constante, mente y por un tiempo prolongado, las glándulas se ven afectadas; éste obstruye la digestión y comúnmente está asociado con los síntomas de los padecimientos nerviosos. Los miedos le roban al cuerpo la salud y destruyen la tranquilidad.

El peor enemigo de los seres humanos es el miedo mismo, ya que provoca que sigamos temiendo. La mala fe suele perturbarlo. Se trata, entonces, de mala fe suele a perturbarlo. Se trata, entonces, de mala fe colocada en donde debería estar la buena. "¿Por qué tienen miedo, oh, ustedes los faltos de fe?" El valeroso, que tiene la mente clara, atrae hacia sí todo lo bueno. Cualquier solicitud o deseo está aguardando en su camino. "Antes de que llames te habré contestado."

Ahora, parafraseando las Escrituras supongamos que decimos: "Cualquier cosa que solicites o desees ya está esperándote en tu camino". Frecuentemente una nueva palabra súbitamente cumplirá la realización. Si lo que necesita es información sobre algo, le será dada. Una buena amiga mía amiga contó esta sorprendente actividad de la Ley. Ella estaba traduciendo un antiguo manuscrito italiano que hablaba sobre la vida de un antiguo gobernante persa. No se había escrito ningún libro en inglés sobre el tema. Deseaba saber por qué razón los editores habían pospuesto su publicación. Una tarde mientras comía en un restaurante, ella comenzó a conversar con un hombre que estaba en la misma mesa. Ella le contó sobre del trabajo que hacía y la traducción del antiguo manuscrito italiano. Rápidamente él le dio mucha información: "Tendrá muchas dificultades para lograr que publiquen su libro, pues las ideas de ese gobernante persa se oponen a las ideas del gobierno actual". Él era estudiante y sabía más que ella sobre el asunto. Así aquel joven en el restaurante contestó su pregunta. Usualmente, esa información podía conseguirse únicamente en los archivos de alguna biblioteca pública. Dios se manifiesta en lugares insospechados. Sus milagros se realizan. Ella se había inquietado por esa razón, pero cuando estuvo en paz, feliz e indiferente, la información navegó hacia ella sobre un mar en calma.

"¡Oh, Jerusalén! Nuestros pies se mantendrán firmes dentro de tus puertas." Jerusalén simboliza la paz y el fundamento para el entendimiento. De esa manera el entendimiento siempre nos lleva hacia las puertas de la paz. ¿Cómo puede encontrar la paz una persona cuando toda su vida está en conflicto? Pronunciando la palabra correcta. Quizá no pueda controlar sus pensamientos pero puede controlar sus palabras, así poco a poco la palabra vencerá. La mayor parte de las personas han atraído la inarmonía porque han peleado sus propias batallas y aguantado sus cargas. Para que podamos armonizar o arreglar cada situación, debemos aprender a seguir los caminos de Dios. La palabra "armonizar" es excelente; he visto cómo endereza caminos torcidos, y realiza innumerables ajustes que ninguna mente humana hubiera podido concebir. Todo lo que el Reino produce es para ti, otorgado por la Inteligencia Infinita en el camino correcto, porque tiene ya garantizado un suministro abundante para cada solicitud. Pero tiene que haber plena confianza. Si hay dudas o temores, pierdes el contacto con esta Fuerza Suprema. Si eso te sucede será necesario que demuestres con algo tu fe. "La fe sin trabajo (o acción) es la muerte." La fe activa graba en el subconsciente la esperanza y te mantiene contactado con la Inteligencia Infinita. Tal y como Wall Street vigila el mercado de valores, tenemos que vigilar el mercado de nuestra fe. Con mucha frecuencia el mercado de la fe baja. Puede llegar a bajar tanto que se derrumba: se trata de situaciones infelices que podíamos haber evitado. Cuando esto sucede nos damos cuenta que el pensamiento racional, en lugar de la intuición, fue el que nos guió.

Conocía a una mujer que tenía varias pistas concluyentes que le indicaban qué camino debía seguir. Pese a esto, terminó por escuchar lo que la razón le dictaba y una gran desdicha bajó sobre ella. Nuestra guía certera es la Intuición. Practica haciendo caso de los pequeños detalles, posteriormente lo harás para las cosas gran . Tengo una amiga que es muy intuitiva. En ocasiones me llama por teléfono y me dice: "Tengo una corazonada y te llamé ya que tal vez tú sepas de qué se trata". Sin que falle jamás, en esos momentos tengo alguna tarea para ella.

En verdad estamos viviendo vidas mágicas; guiados, protegidos y proveídos. Todo los miedos desaparecerían para siempre con el establecimiento de este maravilloso sistema que el Universo ha dado a los seres humanos. La humanidad se mantendría firme ante las apariencias desfavorables, sabiendo lo que los primeros hebreos supieron: "El Señor, nuestro Dios, va a la vanguardia y gana todas las batallas".

Esta interesante historia me la contó un amigo. Había un hombre que estaba en el negocio del papel en Kalamazoo, Michigan, y había obsequiado mil ejemplares de mi libro a sus empleados. Él comenzó su negocio con un pequeño capital y dejando a un lado los juicios calculadores y el razonamiento. Ha erigido un negocio de más de doce millones de dólares por escuchar a sus guías y corazonadas. Todos los que trabajan para él tienen algún conocimiento de la Ley metafísica.

Hubo otro hombre que construyó su negocio basándose en la Ley de dar y recibir, y alcanzó un éxito asombroso. Él vino a Filadelfia con poco dinero y compró una revista, una vieja publicación. Su deseo era dar a la gente un gran servicio por un precio muy pequeño. Creyó en la ley de dar. Resultó una de las revistas más populares. Le dio al público lo mejor en forma de historias e ilustraciones y pagó bien por ellas. ¡Entre más dio, más recibió; y muchísimo dinero cayó sobre él! "¡Dentro de tus paredes está la paz y en tus palacios la prosperidad!" La paz y la prosperidad van de la mano. "Los que aman tu ley tienen Gran Paz y nada los dañará." Esta ley es la Ley de la no resistencia. "Supera a la maldad, ve más allá de lo malo con lo bueno." Transforma cualquier fracaso en éxito, la escasez en abundancia, y discordia en armonía.

Tu gran oportunidad

Sólo tienes un juez: tu palabra. Jesucristo afirmó: "Les digo que cada palabra indolente que las personas pronuncian, será tomada en cuenta para el día de su Juicio; por sus palabras serán salvados o condenados".

Todos los días son el día del Juicio. Nosotros intentamos enseñar que esta situación seguirá así hasta el fin del mundo. Si miramos atrás en nuestra vida nos damos cuenta que nuestras palabras han invitado a la felicidad o a la calamidad. El subconsciente no tiene sentido del humor. Las personas suelen bromear negativamente sobre ellos mismos, pero el subconsciente lo toma muy en serio. Mientras están hablando la imagen mental que crean se graba en el subconsciente y termina por materializarse en el exterior. Quien conoce el poder de la palabra hablada suele ser muy cuidadoso durante sus conversaciones. Para saber cuándo se vuelven nulas sus palabras tiene que observar la reacción que provocan. La gente comete sus peores equivocaciones cuando habla llena de furia y con rencor, porque hay tanto odio en sus palabras que terminan por volver. Debido al poder vibratorio de las palabras que usamos, comenzamos a atraer cosas. Alguien que frecuentemente habla de enfermedad, invariablemente atraerá la enfermedad.

Las fuerzas invisibles continuamente están trabajando para los seres humanos, y son ellos mismos quienes están jalando de las cuerdas, aunque no lo sepan. En la Biblia encontramos el siguiente pasaje: "La vida y la muerte están en manos de la lengua". De hecho la mayor parte de la gente habla destructivamente desde el amanecer hasta que anochece. Y es así porque se acostumbraron a no dejar de criticar, juzgar y quejarse de todo, están ansiosos de comentar con todos sobre sus desgracias y qué tan malos son sus familiares. Esas personas terminan por fastidiar a sus amigos y los demás los evitan. Hablan de sus problemas todo el tiempo. ¿Pero si ya conocemos el poder de la palabra, por qué no lo aprovechamos? Sacamos provecho de la radio, el teléfono y los aviones; pero estamos inmersos en la confusión en nuestra plática.

Ahora la ciencia y la religión se unen. La ciencia descubre el poder que hay dentro del átomo; la metafísica enseña el poder que guardan los pensamientos y las palabras. Cuando manejamos las palabras es como si estuviéramos manejando dinamita. ¡Tan sólo piense en el poder que tiene la palabra para curar! Un cambio químico se produce en el cuerpo cuando una palabra es pronunciada.

Una amiga mía se enfermó gravemente. El doctor le diagnosticó bronquitis crónica y estaba, a punto de contraer pulmonía. Sus hijas y el doctor estaban todo el tiempo a un lado de su cama, incluso tenía una enfermera particular; sin embargo pasaban los días y ella no mostraba ningún signo de mejoría. Era una estudiante de la Verdad, pero hacía más de un año había asistido a la última reunión, ni siquiera había dado seguimiento a las lecturas. Hasta que una mañana me telefoneó y me dijo: "¡Por favor pronuncia la palabra adecuada y líbrame de esto! Ya no puedo levantarme; no sólo estoy enferma, estoy derrotada. Mis palabras y pensamientos son tan negativos, que mi ánimo anda por los suelos". Gracias a la palabra hablada y su afirmación de la Verdad de inmediato se notó una mejoría. Tenía la firme corazonada de que saldría avante y de que estaría fuera de peligro, siempre que siguiera la Guía Divina. Cuando salió del hospital me llamó e invitó a almorzar al día siguiente. ¿Qué sucedió? Las palabras de la Verdad provocaron un cambio en su mente y, por consiguiente, un cambio químico se había dado en su cuerpo. Si decimos que creemos y jamás titubeamos, podemos decirle a cualquier montaña (obstáculo): "Tú desaparecerás"; y se hundirá en las aguas.

Por medio de sus buenas obras el ser humano libera la energía inagotable que habita dentro de él. Un hombre sin miedos, que es tranquilo, envía sus buenas obras a los demás y a todas las naciones; sería capaz de enfrentar a las montañas de odio y guerra y decirles: "Ustedes desaparecerán"; y regresarán a su nada original.

El odio y el fanatismo le quitan al ser humano su poder. Sería bueno que en el Metro y las tiendas hubiera letreros que digan: "¡Pon atención a tus pensamientos!" "¡Cuida tus palabras!"

Ahora tenemos que ser cuidadosos en la forma de encauzar esa poderosa energía que hay dentro de nosotros. Debemos encauzarla hacia la salud, las bendiciones y la prosperidad, enviarla en olas de bondad por todo el mundo. ¡Que esa poderosa energía emerja, pero silenciosamente! El pensamiento, que es la energía más poderosa del Universo, no tiene sonido. Tus buenas obras eliminan todos los obstáculos que hay en tu camino y liberan los deseos de tu corazón.

¿En realidad qué te corresponde? La respuesta es: "Todo lo que el Reino provee es tuyo". Cada buen deseo de tu corazón se te ha prometido. En la Biblia, encontramos tres mil promesas, pero esos obsequios únicamente pueden venir a nosotros si creemos en ellos, todo viene *por ti*, no a ti. La vida es vibración. Siente la riqueza y atraerás riqueza. Siente el éxito y el éxito llegará.

Escuché la historia de un jovencito que había nacido en un pequeño pueblo sin oportunidades, sin embargo él siempre pensaba en el éxito; tenía la firme convicción de que llegaría a ser un artista re, conocido. Nada podía desalentado porque él era el éxito mismo; únicamente pensaba en el éxito; un éxito refulgente. A muy corta edad, abandonó su pueblo natal y se fue a la gran ciudad; para reafirmar su posición, consiguió un trabajo como artista ilustrador en un periódico que se publicaba diariamente, todo esto sin tener experiencia previa. Jamás pasó por su mente algo que le dijera que no lo conseguiría. Asistió a una escuela de arte y de inmediato destacó.

Nunca aprendió de una forma académica. Recordaba todo lo que veía. Pocos años después de haber llegado a la ciudad, se convirtió en un artista reconocido. El éxito llegó a él porque siempre veía éxito. "Te daré la tierra que buscas."

A los hijos de Israel se les prometió que toda la tierra que alcanzaran a ver sería suya. La Biblia es un libro metafísico y se comunica con el individuo. Frecuentemente, nos dice a todos nosotros: "Te daré la tierra que buscas". ¿Qué estás visualizando con tu ojo interno? ¿Qué imágenes invitas a tu vida? Se conoce la capacidad de imaginar como las tijeras de la mente. Si tienes pensamientos de fracaso, podrás neutralizarlos con un pensamiento de éxito. Esto suena muy sencillo de hacer, pero cuando la idea del fracaso se ha arraigado profundamente, hay que estar atento todo el tiempo para eliminarla. En esos momentos se necesita pronunciar una poderosa afirmación. El pensamiento no siempre se puede controlar, lo que sí se puede controlar es la palabra, y poco a poco la palabra se graba en el subconsciente y salimos victoriosos.

Si tu mente está sumida en lo negativo sólo toma está afirmación: "¡Contemplo extasiado todo lo que está frente a mí!" Crea la esperanza de algo extraordinario y algo extraordinario vendrá a ti. Fomenta la idea de que los milagros y las maravillas ocurrirán. Cultiva la esperanza del éxito.

Son pocas las personas que traen a su vida lo adecuado. Viven en los márgenes de los deseos de su corazón. Siempre les parece que todo es demasiado bueno para ser verdad. Para quienes están despiertos espiritualmente nada es demasiado bueno para ser verdad.

Si lo que quiere es escuchar a las personas que todavía están sumidas en el sueño Adámico, vaya a un salón de belleza. El sueño Adámico es la aparen, te existencia de los opuestos. Adán cayó en un pro, fundo sueño después de haber comido el fruto del árbol de la Maya de la Ilusión. Evidentemente, Adán representa al hombre genérico; la batalla del hombre. La inútil contienda del hombre imaginando pérdidas, escasez, fracasos, pecado, enfermedad y muerte.

El despertar del hombre sólo puede ser por un poder, Dios, y una condición, el bien. Pero volviendo al salón de belleza. Lo que voy a contar a continuación es una cita exacta y un excelente ejemplo de lo que uno suele escuchar por ahí. Una mujer que se sentó a mi lado dijo con voz fuerte: "¡Aquí hace demasiado calor! Enciendan el ventilador o abran las ventanas". Una de las empleadas le preguntó: "¿Cómo se siente hoy, señora S?" Y, sus, pirando profundamente, ella le dijo: "Oh, estoy bien, pero tengo que cuidarme del mal tiempo".

A lo que la manicurista contestó, "¿Por qué no usa lentes?" Aquella mujer respondió: "¡No necesito lentes, por qué debo usarlos!" Entonces la manicurista le con, testó: "Porque todo el mundo los usa. Si se hace un examen descubrirá que hay algo malo en sus ojos". Cuando finalmente todo termina le parece apático y se pregunta si ellos realmente tenían razón o sólo lo aparentan. Y se encuentra en un camino de des, confianza y oscuridad. Esto es un ejemplo de lo que podemos escuchar por ahí; la manera en que la mayoría de las personas hablan. Resulta terrible ver esto cuando uno entiende el verdadero poder de la palabra, pues se puede ver lo que ellos están atrayendo para sí mismos y para quienes los rodean, hablando de enfermedades y cirugías.

Vuélvete uno con aquello que sientas que no describe nada negativo para combinarte con ello.

¿Qué te corresponde realmente? Aquellas bendiciones que te reconfortan por lo que dicen o las palabras silenciosas; las cosas que ves con tu ojo interno. Solamente tus dudas, miedos y odios alejan lo bueno de ti. Si odias o estás enojado por algo, sin pensarlo has amarrado esa cosa a ti; por lo que atraerás más miedo y enojo. Por ejemplo, una persona te ha tratado injustamente y te has llenado de cólera y rencor. Además no te sientes capaz de perdonar a esa persona. Así pasará el tiempo y te sucederá lo mismo con alguien más. Esto es así porque en tu subconsciente está grabada una imagen de injusticia. Y la misma historia se repetirá una y otra vez hasta que tu pensamiento sea maldecido con la desgracia y la infamia. Sólo existe una forma de contrarrestarlo. Permanece totalmente tranquilo frente a la injusticia y envía tus buenas obras a todos los involucrados. "Mis buenas obras son una poderosa fortificación rodeándome. Ahora convierto a todos mis enemigos en amigos, todo lo negativo en concordia, toda injusticia en justicia". Te sorprenderás de la forma en que trabaja la Ley. Con ayuda de esta declaración un estudiante llevó armonía al caos que reinaba en sus negocios.

Convierte en polvo a los tiempos difíciles, no mires hacia atrás o te encontrarás nuevamente bajo esas condiciones. Da las gracias por el amanecer de un nuevo día. Debes permanecer inmune ante todo desánimo y situación adversa.

Todo lo que quieras o necesites se encuentra en tu camino, pero tu despertar debe real para que se manifieste tu bienestar. Después de pronunciar las afirmaciones de la Verdad, súbitamente tendrás una fugaz manifestación. De repente te sentirás en un nuevo ambiente. Sentirás que todas las condiciones negativas que hubo en el pasado desaparecen. En cierta ocasión le dije a una mujer: "En este momento las murallas de la carencia y tardanza se derrumban a lo lejos, y entrarás a tu tierra prometida, por la gracia". Ella me dijo que, de repente, tuvo la imagen fugaz de una pared que se derrumbaba en la lejanía y que caminaba sobre ella. Tiempo después de esto, el cambio que necesitaba se presentó y, realmente, entró en su Tierra Prometida de Abundancia.

Conocí a una mujer cuya hija anhelaba tener un hogar y un esposo. En la época en que era adolescente, la hija había sufrido una decepción cuando se vino abajo una propuesta matrimonial. Debido al miedo y la desconfianza cuando un potencial compromiso se presentó en su vida, la muchacha se puso frenética, se imaginaba vívidamente otra desilusión. Su madre vino a verme para que pronunciara la palabra adecuada encaminada a ese matrimonio, el cual al ser planeado Divinamente no podía fracasar. Durante la entrevista la madre la llamaba insistentemente: "¡Pobre Nelly! ¡Pobre Nelly!" Entonces le dije: ."Deje de llamar a su hija 'pobre Nelly'.

Ayúdela a desmagnetizarse. Llámela 'Nelly afortunada' o 'Dichosa Nelly', ya que debe tener fe en que Dios cumplirá los deseos de su corazón". La madre y la hija no dejaron de pronunciar sus afirmaciones. Ahora ella es la señora Nelly, su Plan Divino se ha cumplido y el demonio del miedo desapareció para siempre.

En la Biblia encontramos afirmaciones maravillosas que sirven para neutralizar las formas de pensamientos negativos: "El poder del Espíritu es fuerte incluso para derribar murallas". La mente humana está indefensa para enfrentarse a esos pensamientos negativos. Estando con Dios, la mente superconsciente, la victoria es nuestra.

"Por lo demás, hermanos, todo cuanto hay de verdadero, de noble, de justo, de puro, de amable, de honorable, todo cuanto sea virtud y cosa digna de elogio, todo eso tenedlo en cuenta" (Filipenses 4, 8).

Si la gente hiciera caso de esto, harían una pequeña pausa durante sus pláticas, hasta que aprendieran a hablar sobre cosas favorables.

No preocuparse por nada

Gracias al conocimiento de la Biblia sabemos que no debes estar preocupado o temeroso, acumular o atesorar cosas, porque un poder imbatible e invisible se encuentra en las afirmaciones que los seres humanos pronuncian para proveer cada necesidad. No obstante, es necesario decirte que la palabra no actuará a menos que creas en Él. "Si comienzas a creer en el Poder de Dios, entonces todas las cosas serán posibles". Resulta difícil para los seres humanos creer en este poder, porque han tenido una educación total en desconfianza. Se supone que la cumbre de la sabiduría es la frase: "Sólo creeré en lo que puedo ver". Vivimos en un mundo superficial, donde se cree que todo "simplemente sucede". No acabamos de entender que lo contrario a todo lo que sucede sin razón es que todo tiene una causa, que somos nosotros mismos quienes accionamos la maquinaria que origina lo bueno o lo malo en nuestro entorno.

No somos conscientes de que esas palabras y pensamientos son como una carga de dinamita, y que deben manejarse con mucho cuidado, con sabiduría y en, rendimiento. Arrojemos hacia fuera, al éter, las palabras de ira, rencor e incluso la lástima, después de eso podremos preguntamos por qué la vida es tan dura.

Evitemos jugar con la fe; tengamos plena con, fianza en el Poder Invencible de Dios y "no estemos ansiosos por nada"; pero "en todo apoyémonos en la oración y la gratitud, que permiten que nuestras demandas lleguen hasta Dios". ¿Acaso hay algo que sea más sencillo o efectivo? La ansiedad y la rutina se han convertido en hábitos. En el subconsciente se han cimentado viejas formas de pensamiento que persisten como percebes adheridos al casco de un barco. Así como ese barco se coloca en un dique seco de vez en cuando para arrancarle los percebes, así tus percebes mentales deberán ser eliminados. El dique seco representa una maravillosa oportunidad.

Conocí a una mujer que toda su vida había tenido miedo, sobre todo en lo referente a las finanzas. Todo el tiempo estaba preocupada por el dinero. Pero se acercó a la Verdad, y se dio cuenta de cómo se había limitado; de repente inició un gran cambio en su fe. Dejó de confiar en lo aparente y empezó a confiar en Dios, para su abastecimiento. Escuchó sus corazonadas, en lo referente a su gasto. Si alguna de sus prendas de vestir hacía que se sintiera pobre, inmediatamente se deshacía de ella y conseguía algo nuevo para sentirse opulenta. Aunque tenía poco dinero, daba unas monedas (un diezmo) para buenas obras. Ella misma se rodeaba con nuevas vibra, dones. En poco tiempo, las cosas comenzaron a cambiar a su alrededor. Una conocida, vieja amiga de su familia, y que no le debía nada le dio mil dólares. Unos meses después, le llegaron otros mil. De esa manera una gran puerta de abastecimiento se abrió para ella y entraron muchos miles más. Había encontrado su suministro invisible del Banco Universal. Había buscado a Dios sólo por su suministro, y entonces los canales se abrieron. Lo importante es que había desechado toda preocupación sobre el tema dinero. Logró establecer en su subconsciente la total seguridad de que su abastecimiento provenía de Dios, y jamás le faltaría nada.

El ser humano es el instrumento por medio del cual la Inteligencia Infinita actúa. En él se manifestará como éxito, felicidad, prosperidad, salud y su propia perfección, a menos que el miedo y la ansiedad provoquen un corto circuito.

¡Ve al circo si necesitas ejemplos de fe valerosa! La gente que trabaja ahí realiza actos que, aparentemente, son imposibles porque creemos que lo son, y sin embargo somos testigos de cómo lo logran.

La fe implica que puedas visualizarte recibiendo todo lo que deseas. "Te daré la tierra que alcances a ver."

Jamás podrás hacer una cosa en la cual no te sientas a ti mismo haciéndola, ni ocuparás un sitio en el cual no te visualices ocupándolo. Yendo más lejos puedo decir que ni siquiera es suficiente visualizarlo o hacer una imagen mental (este es un proceso mental y frecuentemente da resultados insuficientes y limitados); debe ser una realización espiritual, un sentimiento en su vibración que ya está presente, que es totalmente real.

Quedé muy impresionada con la historia de un gran deportista, que fue el atleta más grande de todo el mundo, y que entrenaba en una hamaca. Según supe cierto día, él se encontraba recostado en su hamaca, adormecido por el sol, entonces apareció su entrenador y apunto de derramar las lágrimas le dijo: "Jim, por el amor de Mike y tu país, levántate, sal fuera de esa hamaca y has algo". Jim abriendo un ojo le contestó: "Precisamente estaba pensando en eso, incluso iba a mandar a buscarlo". "De acuerdo —dijo el entrenador—. ¿Qué es lo que quieres que haga?". "En primer lugar —le dijo Jim—, quiero que dibuje, a partir de aquí, una marca a veinticinco pies en la tierra". El entrenador lo hizo así. "¿Y después qué?", le preguntó el entrenador. "Eso es todo" le dijo Jim; y cerrando sus ojos, se volteó despreocupado. Pasaron por lo menos cinco minutos y el atleta abrió los ojos y miró las marcas durante unos cuantos segundos y entonces volvió a cerrar los ojos. "¿Cuál es la idea? —le gritó el entrenador—. ¿Qué es lo que haces?" Jim lo miró con reproche y contestó: "Estoy practicando el salto de longitud". Él hacía todo su entrenamiento en una hamaca: viéndose a sí mismo realizando el salto de longitud.

Sin la imaginación las personas padecen penurias y limitaciones. Podrás trabajar con mucho ahínco en lo externo y a pesar de eso no conseguir nada si no tienes visión. La visión significa que ves claramente la dirección que quieres tomar. Fija tu mira, da en la meta. Todas las personas que han logrado hacer grandes cosas lo han hecho así.

James J. Hill, quien extendió la línea del Gran Ferrocarril del Norte, afirmó que antes de que un durmiente fuera colocado, escuchaba en su oído interno el rugir de los trenes y el sonido de las máquinas trabajando. Había muchos obstáculos que superar, pero su visión era clara, y estaba muy arraigada en él. Además tenía algo a su favor: su esposa tenía fe en él. Decía que para hacer un sueño realidad se necesitaban dos.

Cuando Henry Ford hablaba de su suegra decía que ella había sido una buena mujer: "Ella creyó en mí".

"En el momento en que dos de ustedes se pongan de acuerdo, se logrará." Otros creerán en ti, si tú crees en ti mismo. El Poder de Dios se encuentra a tu lado cuando crees en ti, gracias a eso el miedo y la preocupación son arrojados muy lejos. Armoniza con la vibración de la confianza. Esta es la máxima de una persona intuitiva. Cada acto es realizado bajo la guía Divina y una "corazonada" nunca se equivoca, por eso siempre aparece en el lugar correcto y en el momento preciso. A pesar de esto, frecuentemente se necesita de mucho valor para seguir un presentimiento. Tomemos como ejemplo a un vikingo, quien valerosamente navegó por mares desconocidos. Claude Bragdon dice: "Vivir intuitivamente es vivir en la cuarta dimensión". El camino mágico llevó fuera de las tierras de Egipto a los hijos de Israel, fuera de la casa de la esclavitud. Este tema es muy importante.

Jamás comente una corazonada con alguien que siempre usa la razón. Solamente con los que tienen oídos para escuchar, permíteles conocer a dónde te lleva, o los puede llevar, y enséñales la obediencia inmediata.

"Cualquier cosa que necesites de Dios, Él te la dará." Esto es real para cada quien. Pero si no hemos recibido las bendiciones de la vida, se debe a que no hemos pronunciado nuestras afirmaciones o no tenemos "las palabras adecuadas". La Biblia enseña la Ley espiritual; debemos conocerla y utilizarla en cada momento para accionar la maquinaria de las afirmaciones y las manifestaciones en acción. Cada una de las máquinas deberá ser afinada y engrasada para mantenerla en perfectas condiciones. La fe activa y la esperanza sustentan a la máquina de la palabra para que funcione adecuadamente. Estas afirmaciones la mantienen bien engrasada y trabajando: "Cuando rezo, sé que ya lo tengo", "no debes estar preocupado por nada", "permanezco tranquilo y contemplo la salvación del Señor", "no restrinjo al Santo de Israel". Actuar es manifestación.

Cuando rece, hágalo lleno de alabanzas y gratitud. Mucha gente reza llena de odio y enojo. El otro día una mujer me escribió diciéndome: "Acabo de tener una excelente charla con Dios y sólo le dije lo que debo hacer sobre Él". Ella tenía la costumbre de mandar a las personas que estuvieran cerca de Él y mirar a Dios como si se tratara de alguien a quien podría intimidar para que hiciera algo por ella. Dios es la Inteligencia Suprema, se encuentra en nuestro interior y somos los canales por los cuales Él se expresa a sí mismo. No debemos resistirnos a sus designios, mantenernos en armonía, tranquilos, y esperar que nuestro bien se presente. Dios es el Dador, nosotros somos los receptores, Él debe abrir los canales. Podemos ver que realmente hay una técnica adecuada para rezar. Dios sabe cuál es el camino correcto, su camino, no nuestro camino. Desde que haces tu solicitud, la Inteligencia Infinita ya sabe cómo cumplirla. Si decides la forma en que tu oración será contestada, habrás bloqueado el canal diseñado divinamente para ese propósito. Por eso sueles decir: "Mis oraciones jamás son atendidas". Debemos aprender una técnica y enviar nuestra oración que es sincero deseo. Nos libramos de toda preocupación o engaño cuando decimos: "Si esto es parte del Plan Divino lo aceptaré, si no es así, recibiré equivalente de una manera perfecta, por la gracia". Tenemos que ser muy cuidadosos para no imponer algo que no esté contemplado divinamente.

Debemos ser conscientes de que mientras estemos unidos con el Poder de Dios, nada puede vencernos. "Los caminos de Dios son insospechados, sus métodos seguros."

Los Salmos 23 y 121 son dos de los más extraordinarios. Ambos provocan un sentimiento de total seguridad a quien los lee; fueron escritos por alguien que había experimentado el funcionamiento de la Ley espiritual.

Dios, que está en nuestro interior, nos protege, guía y provee cuando le tenemos absoluta confianza. La mayor parte de la gente permite que ese amor desaparezca por el miedo a la pérdida; toman innumerables precauciones en lo externo, pero no confían en el amparo de "El ojo que vigila a Israel". Pon bajo el resguardo la Ley de la Protección Divina cualquier cosa que ames.

Lo más importante para que tengas una demostración es tener fe sin temor. "¡Me presentaré frente a ti y enderezaré los caminos torcidos! Forzaré la entrada, haré pedazos las rejas de metal y separaré las barras de hierro". La Biblia habla sobre estados de conciencia. Las "rejas de metal" y "las barras de hierro" simbolizan las dudas, los miedos, el odio y las preocupaciones; además, son fruto de nuestra imaginación y vienen de nuestro pensamiento superficial, de creer en lo malo. Conozco una historia sobre una manada de elefantes salvajes que fue acorralada en un cercado, los hombres que los atraparon no tenían ninguna forma de mantenerlos ahí, por eso clavaron algunas estacas y pusieron una cuerda rodeando el cercado. Los elefantes creían que no podían salir. Hubieran podido pasar sobre la cuerda y escapar con mucha facilidad, pero tenían la "ilusión" de que la cuerda los confinaba. Lo mismo sucede con las personas: las dudas y los miedos son como una cuerda rodeando sus conciencias. Les parece que caminar hacia fuera, a un claro pensar, es imposible.

Para los seres humanos tener una visión clara es como tener una brújula: pues así saben a dónde van. Deja que tu intuición sea tu brújula para que siempre salgas fuera del bosque. Del mismo modo, una persona sin brújula, pero que escucha a su intuición, encontrará el camino que lo sacará de la selva, incluso será capaz de dirigir un buque en el mar. La intuición le dirá cómo pasar sobre la soga. Resulta asombroso ver cómo las personas han ignorado la habilidad más importante: la intuición. En el camino de los seres humanos siempre hay un guía o enviado. Frecuentemente los guías nos parecen tontos e insignificantes. Alguien que se encuentre totalmente inmerso en el plano material (de la razón), los ignoraría en el acto, pero el estudiante de la Verdad siempre tiene su oído atento al espiritual, él sabe que está recibiendo órdenes desde el Infinito. La Biblia menciona frecuentemente a "la pequeña voz silenciosa". Esta voz no es real, aunque a veces se registran palabras reales en el oído interno.

Cuando solicitamos que nos guíen y hacemos a un lado la voz de la razón estamos invocando sutilmente al abastecimiento Universal de todo el conocimiento; cualquier cosa resulta fundamental para saber de qué forma se revelará. Algunas personas nacen naturalmente intuitivas y siempre están en contacto con la Inteligencia Universal, pero sólo tomando una afirmación podemos contactar al superconsciente. La oración es como una llamada telefónica a Dios, y la intuición es Dios llamándote a ti. Muchas personas tienen su "línea ocupada" cuando Dios los llama y no reciben su mensaje. Cuando estás deprimido, furioso o resentido tu línea está "ocupada". Has escuchado alguna vez la expresión: "Estaba tan furioso que no veía nada". Podemos agregar: "Estaba tan furioso que no oía nada". Los sentimientos negativos sofocan la voz de la intuición.

Cuando estés deprimido, molesto o resentido, pronuncia una afirmación de Verdad, eso te ayudará a salir del bosque de la desesperación y restricción, porque: "¡Quien rece en nombre del Señor, encontrará la libertad!" La salida existe: "Muéstrame el camino".

Debemos dejar que la Inteligencia Infinita solucione nuestro problema a su manera, para lograr eso hay que dejar de planear, diseñar y hacer proyectos. El Poder de Dios es sutil, callado e invencible.

¡Aplana montañas, rellena valles y no sabe lo que es la derrota! Lo que nos corresponde es disponernos para recibir sus bendiciones y seguir a donde nuestra intuición nos guíe.

Ahora, la Inteligencia Infinita tiene el derecho de paso.

Sin miedo

«¿Por qué tienen miedo, oh, ustedes faltos de fe?» Basándonos en lo que leemos en la Biblia podemos decirte que no tienes nada de que preocuparte. El único enemigo de la raza humana es el miedo. El miedo es fe puesta al revés. Jesucristo dijo: "¿Por qué tienen miedo, oh, ustedes faltos de fe?" Si tienes la suficiente fe, todo será posible. Unidos con el Poder de Dios, los seres humanos son invencibles. La historia de Josafat es la historia de alguien que frecuentemente se vio superado en número por circunstancias desfavorables, pero que supo escuchar la voz misma del Infinito que le dijo: "No tengas miedo o te desalientes por culpa de este gran ejército, no estás solo para enfrentar esta batalla, Dios te acompaña". Tanto a Josafat como a su ejército se les dijo que no era necesario que combatieran. "Detente y permanece tranquilo, sé testigo de la salvación del Señor"; Dios acompañó a los suyos para la batalla. Antes de partir, Josafat le ordenó a su ejército que entonaran sus cantos al Señor para exaltar la belleza de su santidad, diciendo: "Alabemos al Señor, su misericordia será eterna". Cuando llegaron hasta la atalaya en el desierto, observaron al ejército enemigo y descubrieron que estaban muertos. El enemigo se había destruido a sí mismo. No quedaba nadie con quién luchar. La Biblia habla sobre estados de conciencia. Los enemigos son tus dudas y miedos, tus críticas y odios. Todo pensamiento inarmónico es un enemigo. Te verás superado en número por las circunstancias desfavorables, pero no tengas miedo o te desalientes por culpa de este "gran ejército"; no estás solo en la batalla, Dios te acompaña.

Si leemos con atención la historia de Josafat, lo vemos avanzando, pronunciando una afirmación: "Alabemos al Señor, su misericordia será eterna". No tenía palabras que decir al enemigo o sobre su propia debilidad. Estaba completamente atento al Señor, y cuando comenzó a cantar y alabarlo tendió la red sobre sus enemigos y ellos fueron vencidos. Cuando pronuncias tus afirmaciones de Verdad los pensamientos del enemigo son rechazados, se esfuman y dispersan, por eso todas las situaciones ad, versas desaparecen. Cuando Josafat y su ejército llegaron hasta la atalaya en el desierto, se dieron cuenta que todo el ejército estaba muerto. La atalaya en el desierto simboliza el estado elevado de tu conciencia, tu fe sin temor, tu lugar seguro. Permaneces allí por encima de todas las situaciones desfavorables, y junto con Dios obtienes la victoria.

"Cuando Josafat y su ejército se aproximaron para tomar los despojos del enemigo, encontraron riquezas y piedras preciosas, pero eran tantas riquezas que no podrían llevarlas todas, así permanecieron tres días recogiendo los despojos, era demasiado". Esto quiere decir que cuando permitas que Dios gane la batalla por ti, de cada situación desfavorable emergerán incontables bendiciones. "Por ti, Dios transformará las maldiciones en bendiciones, porque el Señor, tu Dios, te ama". El ingenio del Espíritu es maravilloso. La Inteligencia Infinita y no tolera ninguna interferencia en sus planes. Para la persona promedio resulta muy difícil "permanecer tranquila", pues significa mantener su equilibrio, y permitir que la Inteligencia Infinita tome el control de la situación. Normalmente actúan como los soldados lanzándose a la batalla e intentando manejar sus asuntos, pero esa actitud sólo les traerá derrota y frustración. "No necesitarás pelear esta batalla; detente y permanece tranquilo, sé testigo de la salvación del Señor en ti. Mañana irás de nuevo contra ellos, pero el Señor te acompañará". Eso significa que no debes evitar enfrentarte a las situaciones, camina sin miedo y encara al león que está en tu sendero, así el león volverá a ser nada. El león toma su ferocidad de tus miedos. Un gran poeta dijo: "En el valor tenemos genio, magia y poder".

Daniel era valiente, por eso las fauces de los leones pudieron ser cerradas. Mientras Daniel todavía estaba en el cubil de los leones, el Rey Daría lo llamó y le preguntó si Dios era capaz de salvarlo de los leones, Daniel le respondió: "¡Oh Rey que vives eternamente! Mi Dios ha enviado a sus ángeles y ellos han cerrado las fauces de los leones para que no puedan hacerme daño". En este relato encontramos un ejemplo del dominio sobre la actitud de los leones, como resultado del poder Espiritual; todos los leones cambiaron su ferocidad por la mansedumbre, y Daniel se mantuvo lejos de las bestias gracias a la Luz y el Poderío del Espíritu, que lo resguardaron plenamente de los leones. Difícilmente pasa un solo día sin que algún león aparezca en nuestro camino: los leones de las carencias, restricciones, miedos, injusticias, enojos o resentimientos. Pasemos sobre la situación que nos está asustando de inmediato. Si escapamos de ella, la tendremos pisándonos los talones por siempre.

Mucha gente pierde las cosas que más aman o aprecian porque todo el tiempo tienen miedo de perderlas. Hacen todo lo que pueden en el mundo material para garantizar su protección, pero todo se les devuelve en una devastadora imagen de miedo. Para conservar las cosas que aprecia y ama, debe entender que están protegidas por la Divinidad, por esa razón nada puede pasarles. Les voy a dar el ejemplo de una mujer que estaba muy interesada en un hombre muy apuesto y popular entre las mujeres. Decidió hacer todo lo posible para que él no se encontrara con cierta mujer porque estaba convencida de que ella intentaría, por todos los medios, "atraparlo", como dice la expresión popular. Una tarde que fue al teatro, se encontró con que él estaba con aquella mujer. Se habían encontrado en una fiesta. Sus miedos habían materializado la situación. Conocí a una mujer que tenía siete niños. Ella logró entender que todo está protegido Divinamente y que ellos crecerían libres de amenazas. Un buen día un vecino se presentó en su casa muy preocupado y le dijo: "Sería mejor que llamara a sus hijos, están subiendo y bajando de los árboles, ¡se van a hacer daño!" Mi amiga le respondió: "Está bien, sólo juegan a esconderse en el árbol. No se preocupe y nada les pasará". Así como lo hizo Daniel, ella modificó la situación y dejó que Dios los cuidara.

Una persona normal está resentida, se opone a todo o se preocupa de todo. Le toma antipatía a las personas que saben y a las que no saben. Se resisten a todo desde que amanece. Se entristecen de todo lo que hacen y de lo que no hacen. Estar con esas personas es muy cansado. Terminan por cansar a todos sus amigos. Son así porque no viven en el maravilloso *ahora* y pierden todas sus oportunidades en el juego de la vida.

El Paraíso en la Tierra es vivir sin miedo, vivir en el *ahora* plenamente; esto es, no dudar en utilizarlo que tenemos, saber que detrás de nosotros se encuentra la esfera de la abundancia atrayéndonos. Lo mejor es que sabemos que la fe activa y la palabra hablada liberan ese suministro. El poder de la palabra hablada fue conocido, desde hace miles de años, en Egipto.

En la Biblia encontramos lo siguiente: "¡Contemplen todas las cosas nuevas que he hecho!" Por medio de las palabras de Verdad seremos capaces de renovar nuestras mentes, cuerpos y asuntos. Cuando eliminamos todo temor vivimos vidas mágicas. Así como Josafat, vamos avanzando sin miedo cantando: "Alabemos al Señor, su misericordia será eterna". En nuestra atalaya, conciencia elevada, permanecemos tranquilos y contemplamos la salvación del Señor.

La cristiandad se basa en la fe. La fe nos da una convicción firme para actuar honradamente. Aun, que uno esté rodeado por circunstancias desfavorables, esta firme convicción se graba en la mente subconsciente, y se abre un canal para que la manifestación de la salud, la riqueza y la felicidad se presenten. Para cada ser humano existe un suministro eterno. "Antes de que llamemos se nos responderá." Este suministro está aguardando que lo liberemos por medio de nuestra fe y de la palabra hablada. Leemos que Jesucristo lo enseñó como una ciencia exacta.

Durante la Feria Mundial se colocó en el Edificio Edison una panorámica de la ciudad de Nueva York. En el atardecer, cuando la ciudad se iba iluminando y los edificios mostraban una infinidad de luces, el hombre que explicaba la muestra nos dijo: "La ciudad es iluminada gracias al poder de la electricidad, con tan sólo presionar un interruptor, con el giro de una mano". Edison fue un hombre que tuvo mucha fe en las Leyes de la electricidad. Supo lo que se podía hacer con ella si se producía y dirigía adecuadamente. Parecía tener inteligencia propia. Después de muchos años de paciencia y amorosa dedicación a su trabajo, inventó un bulbo que fuera útil. Ahora ese poder ilumina al mundo, porque él supo cómo aprovecharlo y dirigirlo.

Jesucristo le enseñó a los seres humanos a encauzar y aprovechar su pensamiento. Él sabía que el miedo era tan peligroso como la energía eléctrica fuera de control. Las palabras y los pensamientos se deben manejar con sabiduría y cuidado. La imaginación es el taller del hombre, y una idea que ande sin control, crea una imagen de miedo, y es casi tan segura como montar un caballo salvaje.

Desde que nacemos y hasta que llegamos a la edad adulta cargamos con la duda y el miedo. Decimos que la era de los milagros ya pasó y esperamos que suceda lo peor. Alguien que es optimista se ríe de esta idea. En la actualidad un comentario iluminador es: "Un pesimista es alguien que vive con un optimista", "Primero cómete las manzanas con manchas"; estos pensamientos supuestamente son de "sabiduría elevada". La gente parece no darse cuenta que siguiendo estos consejos jamás alcanzarán las manzanas buenas; para ellos, estarán demasiado manchadas por el tiempo que estuvieron fuera de su alcance.

El mundo sería más hermoso si toda preocupación y miedo desaparecieran. Esos hermanos, la preocupación y el miedo han hecho trabajar a las personas como esclavos, destruyen la salud, borran riquezas y estropean la felicidad. Sólo existe una forma de librarse del miedo, y es transformándolo en fe; lo opuesto al miedo es la fe. "¿Por qué tienen miedo, oh, ustedes faltos de fe?" Desde hace siglos estas palabras resuenan. Jesucristo les enseñó a los seres humanos que mientras estuvieran en el Padre, podían contar plenamente con su guía, protección y suministro, siempre que lo crean posible. Jesucristo usó el Poder de Dios una y otra vez para convencer a sus partidarios. Gracias al suministro invisible pudo llevar los panes y los peces, levantó a los muertos y tomó las monedas de las bocas de los peces. Y afirmó: "Por donde yo vaya sucederán grandes cosas".

Sabemos que enseñó la ciencia de la mente, que es una ciencia exacta, así como el poder del pensamiento y de la palabra. Nos dijo que debemos tener fe, porque la fe graba las ideas en la mente subconsciente. Cuando una idea se graba por vez primera en el subconsciente, tiene que ser objetiva. Este es el motivo por el que Jesucristo les dijo a esas personas que si creían (que es tener fe), todo sería posible.

¿Cómo podemos eliminar las preocupaciones, también conocidas como "antife"? La única manera de contrarrestarlas es pasando por encima de las cosas que te están asustando.

Hubo un hombre que había perdido todo su dinero. Vivía en un cuarto miserable y todas las personas que lo rodeaban también eran muy pobres; tenía muchísimo miedo de gastar el poco dinero que le quedaba. Todo su capital sumaba más o menos cinco dólares. Había intentado conseguir algún trabajo pero siempre que lo conseguía, lo perdía. Un buen día despertó vislumbrando una vida de carencias y decepción, pero entonces tuvo una idea (o corazonada): asistiría a una exhibición de caballos. Tornó todo lo que tenía y se despidió con la idea de rodearse nuevamente de personas ricas y exitosas, pues ya estaba hastiado de su ambiente de carencia. Sin ningún miedo gastó todo su dinero en un boleto para la Exhibición Ecuestre. "Casualmente" encontró a un viejo amigo, quien le dijo: "¡Hola, Jim! ¿Dónde te habías metido todo este tiempo?" Antes de que el evento acabara, su viejo amigo le había dado un puesto muy alto en su empresa. Ese presentimiento suyo y actitud valiente hacia el dinero lo habían colocado de nuevo en armonía con el éxito.

Fomenta la costumbre de hacer grandes equilibrios en tu fe. Así recibirás maravillosas respuestas.

Como ya te habrás dado cuenta, miramos asombrados a las personas que ejecutan actos increíbles en el circo. Estas personas tienen fe en que pueden realizar esas acrobacias, y somos testigos de cómo lo hacen. Nunca podrás lograr nada si no puedes visualizarte a ti mismo haciéndolo. Para realizar estos difíciles actos se necesita toda una vida de preparación y armonía. Tu éxito y felicidad dependen de tu preparación y armonía. Caminar en la cuerda floja es como confiar en Dios. La duda y el miedo son la causa de que pierdas el equilibrio (armonía) y de que caigas en las carencias y limitaciones. Hay que practicar, tal y como lo hace el artista del circo. No importa cuántas veces caigas, inténtalo otra vez. Pronto adquirirás la costumbre de prepararte y buscar el equilibrio. Entonces el mundo será tuyo. Caminarás seguro en tu reino. Parece que todos los artistas del circo aman su trabajo, sin importar que sea difícil. La banda toca, el público aplaude y sonríe, pero no lo olvides: ellos entrenaron sin música ni aplausos.

La armonía, el ritmo y el equilibrio son las llaves hacia el éxito y la felicidad. Cuando estás fuera de ritmo, estás fuera de la suerte.

En Filipenses 4, 6 leemos: "No se inquieten por cosa alguna; antes bien, en toda ocasión, presenten a Dios sus peticiones, mediante la oración y la súplica, acompañadas de la acción de gracias, que él los escuchará". Verdaderamente este resulta ser un maravilloso trato, todo en favor de los seres humanos. La humanidad, libre de preocupaciones y miedos; pide con acción de gracias, y tu bienestar te será dado.

Victoria y realización

Victoria y realización son dos extraordinarias palabras. Desde que fuimos conscientes de que las palabras y pensamientos son una especie de energía, tenemos sumo cuidado al emplear las palabras que queremos ver materializadas.

La vida es como un crucigrama, sólo hay una palabra correcta que te da la respuesta. Actualmente mucha gente está utilizando a la ligera palabras destructivas en sus conversaciones. Dicen por ejemplo: "¡Estoy quebrado!", "¡Estoy enfermo!" Nunca olviden que por sus palabras serán juzgados o salvados.

Las palabras que pronuncias no regresan neutralizadas, y te puedes condenar por ellas. Si cambias tus palabras cambiarás tu mundo, porque la palabra es tu mundo. Ahora todo el mundo está consciente de las calorías que consume, y tienes mucho cuidado en elegir tus alimentos. Las personas no pasan más tiempo comiendo pasteles calientes, bistec, papas, pastelillos y tres tazas de café en el desayuno. Mantienen su peso correcto porque comen pan tostado y jugo de naranja.

Esta dieta es una disciplina tremenda, pero sólo así se consiguen resultados. ¿Por qué no intentas llevar una dieta de palabras adecuadas?; porque, literalmente, te alimentas de tus palabras. Eso es lo que vale una afirmación. Con ella estás construyendo, intencionadamente, una imagen favorable en tu mente. Tal vez en estos momentos tu mente puede estar atiborrada y bloqueada con ideas negativas; pero si continuamente pronuncias una afirmación de Verdad, esas formas de pensamiento negativo desaparecerán. Ese tipo de pensamientos han sido creados en tu vano imaginar. Tal vez desde niño se te enseñó que la vida es dura, la felicidad efímera y que el mundo es frío y poco amable. Estas ideas están grabadas profundamente en tu subconsciente, por eso descubrirás que esas cosas se hicieron realidad. Cuando entiendes la Verdad todas esas imágenes externas se transforman. Para los estudiantes son sólo apariencias, las cuales cambian cuando tus imágenes subconscientes cambian.

Si le hablo a la gente sobre el poder de la palabra, y les digo que esas palabras y pensamientos son una clase de energía y siempre regresan cargadas con algo, me dicen: "¿Oh, en realidad es tan sencillo como eso?" A mucha gente le gustan las cosas problemáticas y difíciles de entender. Supongo que por esa razón las enseñanzas de Jesucristo, que eran sumamente simples, se olvidaran después de unos cuantos años. Las personas fundaron sus credos y ceremonias usando tan sólo la mitad de lo que entienden. En estos tiempos, en pleno siglo veinte, las enseñanzas que estaban perdidas están siendo reveladas y tenemos una vez más un cristianismo primitivo.

"¡Reza, ten fe, y recibirás!" Gracias a esto sabemos que nuestras peticiones o esperanzas se graban en el subconsciente y se realizan. Podemos decir si rezas pero no tienes fe, no recibirás. La esperanza se crea a partir de la fe.

La Inteligencia Infinita, de la que los seres humanos obtienen su abastecimiento, es llamada por Jesucristo "Padre Celestial". Estar con el Padre es descrito por Jesucristo como tener un padre cariñoso y amoroso, ansioso por derramar todas sus bendiciones sobre sus niños. "No tengas miedo, pequeño rebaño, darte su Reino es un maravilloso deleite para tu Padre". Jesucristo enseñó que la Ley de Dios simplemente era una Ley de amor y buenos deseos: "Ama a tu prójimo como te amas a ti mismo", "haz por otros lo que quisieras que hicieran por ti". Cualquier violación de la Ley de amor provoca un corto circuito. "El camino del infractor es cruel." Dios es la Ley inalterable: "Yo soy el Señor (la Ley), y no cambio".

Las Ideas Divinas no se pueden alterar, no están sujetas a ningún cambio. Qué extraordinarias palabras: "Inalterables, no están sujetas a ningún cambio".

En cierta ocasión una mujer vino a consultarme, estaba llena de miedos y odios. Me dijo que durante años el temor de que algo le sucedería y la dañaría si conseguía el deseo de su corazón, la había atormentado. Le di la siguiente afirmación: "El Plan Divino de tu vida es una idea perfecta en la Mente Divina, incorruptible e inalterable, y no puede ser dañada de ninguna manera". En ese momento una pesada carga fue liberada de su mente. Por primera vez en años estaba inundada por un sentimiento de felicidad y libertad. Conoció la Verdad y la Verdad le dio un sentido de libertad, en poco tiempo supo lo que era la libertad real en lo externo.

Cuando la palabra se pronuncia, la Inteligencia Suprema es la que hace que los seres humanos lleguen a ser uno solo con ella. Esta Inteligencia Suprema espera que los humanos la activen, pero deben saber cuál es el camino correcto, y no se debe ser limitada.

Cuando hay Actividad Divina en nuestro cuerpo tenemos salud. Sólo hay una enfermedad, la congestión; y una cura, la circulación. La congestión y el estancamiento son lo mismo. La gente suele decir "cayó en un hoyo". Una nueva idea los sacará del hoyo. Tenemos que salir del hoyo de los pensamientos negativos.

La palabra entusiasta se define en el diccionario como: "alguien que está inspirado o poseído por un dios". El entusiasmo es la Luz Divina y a su vez aviva el entusiasmo de otros. Para ser un buen vendedor tienes que demostrar entusiasmo por los artículos que vendes. Si estás aburrido o sientes indiferencia por tu negocio, algo que resultará evidente para los clientes, nadie se interesará por sí mismo.

En cierta ocasión una mujer vino a consultarme para que su negocio se volviera un éxito. Ella me dijo: "Soy dueña de una tienda, pero casi siempre está vacía. Mi tedio es tan grande que la abro hasta muy entrada la mañana, ¿cómo la debo usar?" Yo le contesté: "Desde luego no existe un mejor uso que el sentir y trabajar por ese o cualquier negocio. Con tu actitud estás alejando a las personas. Entusiásmate con lo que tienes que vender. Sé entusiasta contigo misma. Sé entusiasta con el Poder de Dios que esta en tu interior y levántate temprano para abrir tu tienda y prepárate para recibir a una gran muchedumbre".

Por ese tiempo estaba colmada con la Esperanza Divina. Se daba prisa para abrir su tienda tan temprano como podía, había mucha gente esperando afuera y no dejaban de venir en todo el día.

Con frecuencia la gente me dice: "Le regalo mi negocio". Entonces les respondo: "No; pero trataré por usted, el negocio es para usted". La carga que tenga tu pensamiento penetra en cada artículo de venta y el medio ambiente que lo rodea. Jesucristo fue un entusiasta divino, pues el mensaje que Él tenía que traer del Padre es que éste habita dentro de cada hombre. Era un entusiasta en lo que se refiere a la fe. Le dijo a la gente que cualquiera que "rezara en su nombre" conseguiría lo que necesitara. Fue un mensaje de peticiones y respuestas. Les dijo cómo armonizar con la Ley espiritual. "Reza, ten fe y recibirás". "Cuando rezas sabes que ya lo tienes". "¿Por qué tienen miedo, oh, ustedes faltos de fe?"

La Luz Divina se vuelve a encender en la mente de todos los estudiantes de la Verdad, después de dos mil años. En estos días se está dando un renacimiento cristiano, un nuevo nacimiento, un reavivamiento de la cristiandad. Él enseñó los principios universales, sin dogmas o ceremonias. Vemos cómo miembros de todos los cultos y religiones se acercan a este movimiento de la Verdad. Pero no por eso se alejan de sus iglesias. Ahora, muchos clérigos incluso enseñan que los metafísicos son los maestros; pero Jesucristo es el más grande de todos los metafísicos, porque Él probó sus principios y realizó milagros a su paso. Envió hacia delante a sus discípulos, "a divulgar el Evangelio y sanar al enfermo". Alrededor de trescientos años su mensaje perduró, no obstante después se perdió su Luz Divina y las palabras: "Tú serás sanado" ya no fueron pronunciadas. El dogma y las ceremonias ocuparon su lugar. Pero ahora vemos a las personas reunirse en los Centros de la Verdad para ser curados, bendecidos y para conseguir su bienestar. Han aprendido cómo "orar correctamente" y tienen una fe activa.

Una mujer me contó cómo fue contestada su oración. En cierta ocasión recibió una carta de su hijo; en ella le contaba que viajaría en su carro al sur de California para arreglar algunos negocios. Pero esa mañana ella leyó en el periódico que estaba cayendo un diluvio en esa zona, de" inmediato invocó a la palabra para la Protección Divina. Sabía que su hijo estaría bien, pues tenía un gran sentimiento de seguridad. En poco tiempo tuvo noticias de él, le dijo que algunos asuntos imprevistos habían demorado su viaje, por lo que no pudo viajar. Si hubiera salido cuando lo tenía planeado, hubiera llegado a la zona donde estaba el diluvio. Llegamos a ser Divinamente Entusiastas sobre la forma en que se contestan nuestras oraciones, a las cuales llamamos "manifestaciones" o "demostraciones", gracias a ellas tenemos expuesta la Verdad y permanecemos tranquilos, libres de limitaciones.

El Salmo 24, 7 es uno de los más entusiastas entre todos los Salmos de alabanza y acción de gracias: "¡Puertas, levanten sus dinteles, levántense, portones antiguos, para que entre el Rey de la Gloria! ¿Quién es ese Rey de la Gloria? Dios, el fuerte, el valiente en la batalla".

Los dinteles y los portones simbolizan la conciencia del ser humano. Cuando la conciencia se eleva, hace contacto con el superconsciente, dentro de Dios, y el Rey de la Gloria entra. Este Rey de la Gloria atrae tus cargas y lucha tus batallas, es decir soluciona tus problemas.

La gente promedio pasa por tiempos difíciles *sin dejar* que el Rey de la Gloria entre. La duda, el miedo y la desconfianza mantienen los dinteles y portones cerrados con llave, dejando afuera su bienestar.

Una estudiante me contó de una ocasión en la que por un pensamiento atrajo algo negativo. Sus viejas y queridas amigas la habían invitado a una reunión. Para ella era muy importante asistir. Estaba tan deseosa de ir, que continuamente repetía: "Oh, espero que no pase nada imprevisto y no pueda ir". El día de la recepción se levantó con un insoportable dolor de cabeza. Desde hacía algunos días padecía de esos dolores de cabeza, que la mantenían en cama mucho tiempo, sin embargo habían pasado muchos años sin que ella se sintiera mal. Sus dudas y miedos habían atraído esa enfermedad. Entonces me llamó para solicitar mi ayuda: "Por favor pronuncia la palabra adecuada para que esté curada en la tarde y pueda ir a la reunión". Yo le contesté: "Por supuesto, no existe nada capaz de interferir con el Plan Divino de Dios". Y pronuncié la palabra adecuada. Poco tiempo después, mi alumna me contó de su milagro. Me dijo que a pesar de que se sentía mal, se alistó para asistir. Pulió sus joyas, preparó el vestido que iba a usar y se ocupó de cada detalle, aunque se sentía muy débil para moverse. Más tarde, cuando ya casi era de noche, me dijo que tuvo una sensación extraña, como si la neblina que se alzaba en su mente se disipara; se sintió absolutamente bien. Asistió a la reunión y se la pasó de maravilla. Estoy segura que su curación hubiera llegado más pronto si ella no hubiera dicho tantas veces: "Tengo que estar bien aunque sea por esta noche". Continuamente nos limitamos por medio de nuestras palabras, diciendo esa sólo hasta que llegó la noche ella se sintió completamente bien. "Por tus palabras serás juzgado o condenado."

Conocí a un hombre que dondequiera que fuera era el entro de atracción, porque siempre se mostraba entusiasta sobre cualquier tema del que se hablara. Si se trataba de zapatos, ropa o un corte de cabello, entusiasmaba a los demás para que compraran las mismas cosas. Jamás conseguía nada material para él, tan sólo era su entusiasmo natural. Alguien ha dicho: "Si quieres ser interesante para los demás, muestra interés por algo". Una persona con intereses es una persona entusiasta. Solemos escuchar que la gente dice: "Dime en qué estás interesada".

En el mundo hay mucha gente que carece de intereses vitales y tienen hambre de escuchar lo que otras personas hacen. Normalmente encienden la radio desde muy temprano y la apagan hasta altas horas de la noche. Se deben entretener cada minuto. Sus propios asuntos carecen de interés hasta para ellos.

En una ocasión una mujer me dijo: "Me encanta conocer los asuntos de otras personas". Evidentemente vivía en el chisme. Toda su conversación se basaba en frases como: "Se lo dije", "se lo di a entender" u "oí por ahí". Resulta redundante decir que ella pagaba de esa manera su deuda *kármica*. Todo el mundo sabía acerca de sus asuntos, una enorme infelicidad la había alcanzado. Es peligroso relegar tus propios asuntos y fomentar una curiosidad mal, sana en lo que los otros están haciendo. Todos debemos estar ocupados en perfeccionarnos, y tener un interés sensible por los demás.

Obtenga el mayor provecho de sus desencantos, transfórmelos en felices sorpresas. Convierta todo fracaso en éxito. Cambie todo lo imperdonable en perdón; toda injusticia en justicia. Si hace esto se mantendrá suficientemente ocupado afinando su propia vida, que o tendrá tiempo para ponerse a investigar lo que les pasa a los demás.

Al realizar sus milagros, Jesucristo despertó el entusiasmo de las multitudes por la curación de los enfermos y por el levantamiento del muerto. "Y una muchedumbre lo siguió porque fueron testigos de los milagros que hada en aquellos que estaban enfermos." Cuando leemos esto, sentimos el entusiasmo de las multitudes que lo rodearon. Gracias a Él todas las cosas fueron posibles, que Él y el Padre eran, realmente, uno mismo.

Con Divino entusiasmo glorifico lo que tengo y observo con asombro como va aumentando.

La sabiduría de vivir,
de Florence Scovel Shinn,
se imprimió en enero de 2022,
en Corporación de Servicios Gráficos
Rojo, S. A. de C. V. Progreso 10, col. Centro,
C. P. 56530, Estado de México.